依托项目：贵州财经大学引进人才科研启动项目（2019YJ006）

信息经济学视野下的
消费者冷静期制度研究

XINXI JINGJIXUE SHIYEXIA
DE
XIAOFEIZHE LENGJINGQI ZHIDU YANJIU

许丹琳　　著

法律出版社 LAW PRESS · CHINA
——北京——

图书在版编目(CIP)数据

信息经济学视野下的消费者冷静期制度研究 / 许丹琳著. -- 北京 : 法律出版社, 2023

ISBN 978-7-5197-7754-8

Ⅰ. ①信… Ⅱ. ①许… Ⅲ. ①消费者权益保护-研究-中国 Ⅳ. ①D922.294.4

中国国家版本馆 CIP 数据核字(2023)第 058149 号

信息经济学视野下的消费者冷静期制度研究
XINXI JINGJIXUE SHIYEXIA DE XIAOFEIZHE LENGJINGQI ZHIDU YANJIU

许丹琳 著

责任编辑 章 雯 慕雪丹
装帧设计 汪奇峰

出版发行 法律出版社
编辑统筹 法商出版分社
责任校对 赵明霞
责任印制 胡晓雅
经　　销 新华书店

开本 710 毫米×1000 毫米 1/16
印张 17.25 **字数** 222 千
版本 2023 年 12 月第 1 版
印次 2023 年 12 月第 1 次印刷
印刷 北京建宏印刷有限公司

地址:北京市丰台区莲花池西里 7 号(100073)
网址:www.lawpress.com.cn
投稿邮箱:info@lawpress.com.cn
举报盗版邮箱:jbwq@lawpress.com.cn

销售电话:010-83938349
客服电话:010-83938350
咨询电话:010-63939796

书号:ISBN 978-7-5197-7754-8
定价:79.00 元

凡购买本社图书,如有印装错误,我社负责退换。电话:010-83938349

前　言

冷静期制度是一项通过扩大消费者权利以保护消费者的制度，采用倾斜保护的方式调整在特殊领域中经营者与消费者之间的关系，使之趋于均衡。它也是现行消费者保护立法中的重要组成部分，与其他相关制度共同组成消费者保护法律体系。这一制度的构建，是基于在社会分工出现伊始便随之产生的信息不对称，并且伴随分工的不断细化，信息不对称更加广泛地存在于社会经济生活的方方面面之中。信息不对称本身是一个中性现象，之所以产生消极影响，是由于信息通常与利益休戚相关，因而在制度规制不足的情况下，信息优势方在行动选择过程中更容易倾向于为机会主义行为，导致劣势方受到损害。众所周知，信息不对称也存在于经营者与消费者之间。尤其是在现代社会中新型消费方式与消费品不断推陈出新的背景之下，多元化的消费方式为消费者提供了更多便捷，不断创新的消费品也更好地满足了消费者攀升的消费需求。但事物总是具有两面性，随之产生的则是程度更为严重、消极影响更大的信息不对称问题。因此，消费者保护立法应当实现在对信息不对称进行有效分析的基础上，对其加以规制。以信息经济学作为分析工具，能够为信息不对称的研究提供分析方法。将信息经济学的既有分析方法与研究成果运用于冷静期制度的研究中，能够对经营者与消费者之间信息不对称的产生与程度的差异性进行准确分析，同时也能够为冷静期制度的改进提供新的思路，使制度在实施过程中尽可能地实现效用最大化。需要强调的是，由于冷静期制度具有一定的特殊性，过度适用不仅无法实现其应有效果，更可能产生负面作用。因而，在现阶段，其适用范围应当予以严格界定。信息不对称的程度与产生原因是界定制度适用范围的重要来源，结合我国市场现状与域外立法经验，将冷静期制度分为要约规制型与标的规制型两类，更有利于未来制度的优化与体系化建设。

在对制度进行系统分析之前，厘清其核心概念之间的关系必不可少。正如博登海默所说，概念是解决法律问题所必需的工具，没有限定严格的专门概念，我们便不能清楚理性地思考法律问题。由此可见，概念的明晰是制度建立的基础。与冷静期制度密切联系的一个概念即信息，冷静期制度虽然并不直接调整信息，但信息却是其制度建立的关键要素。在任何决策之中，信息都必然是决策的重要依据。信息总是与不确定性相关联，当一个决策主体面临着选择时即表明他面临着多种可能性，与之相伴的还有不同程度的风险。在决策过程中，存在不确定性也就意味着存在通过信息以减少不确定性的可能。信息不对称的客观存在，则影响了通过信息来降低风险的可能性，甚至在一些情况下信息不对称会使主体面临的不确定性增加。信息经济学在研究过程中打破了新古典经济学的完全信息假设，针对信息不对称条件下主体间关系的均衡实现有着较为全面的分析与阐释。也正是利用这些分析方法与理论工具，我们能够对市场中经营者与消费者之间的信息不对称问题有更深入的分析，并为论证冷静期制度的理论基础提供新的视角。

在冷静期制度建立的正当性分析上，信息经济学视角能够提供一种全新的解释路径。仅从制度本身来看，目前冷静期制度已经为大部分国家与地区的消费者立法所采纳，在不同的立法中对其规定不尽相同，通过对制度间设计的差异进行梳理，能够为冷静期制度的研究提供更完整的视域。在我国，冷静期制度正式构建的时间较晚，早期仅在国务院颁布的《直销管理条例》等法规中有类似规定，直至2014年《消费者权益保护法》（以下简称新《消法》）才将其规范纳入。虽然现阶段这一制度已经初具雏形，但对其正当性的论证却仍显薄弱。采信息经济学分析方法，将消费者问题置于委托—代理理论的框架之下，通过制度功能作用的论证、制度的比较分析，能够给予冷静期制度的构建以更有力的证成。在信息可核实性理论的验证之下，消费者权益受到侵害通常与信息的可核实性相关，而冷静期制度正包含着能够提升在信息不可核实情形下对消费者实现有效保护的功能，既能够对信息不对称问题产生一定的事前规制效果，也能够为消费者提供低成本且便捷的信息不对称事后策略。在实践中，一方面，冷静期制度的特殊性决定了其适用应当具有明确的范围；另一方面，信息不对称各有差异、程度不同。是故，一项制度要充分发挥其对信息不对称的精准克服作用，必须要以制度的实施效果为考量。将信息不对称与市场的具体情形相连接，逐步划定制度适用之界限，再以信息不对称产生的不同原因、不同程度为依据将之类型化，可作为冷静期制度改进与完善的起点。

以不同类型的信息不对称为基础，可将冷静期制度分为要约规制型与标的规制型。在此应当再次予以明确的是，冷静期制度的适用是具有局限性的，过度适用不仅会造成资源的浪费，还会导致市场运行的稳定性受损。因此，在制度的适用界定过程中，类型化有着重要作用。此外，类型化对于制度的具体行使规则与法律后果的设置也都具有重大意义。

首先，从要约规制型冷静期制度的立法来看，在各国立法中都主要包含以特殊交易方式订立的合同，即上门推销与远程交易。在新型消费方式大受欢迎的今天，传统的线下交易虽然仍占有一定市场份额，但不可否认的是，采用网购、邮购等方式进行的消费已经占据了消费者的部分生活。以信息经济学的分析方法对两类特殊交易方式的特殊性予以论证，并对各国立法回应予以分析，阐明制度对信息不对称的规制作用，能够为我国要约规制型冷静期制度的完善提供理论基础与经验借鉴。

其次，在标的规制型冷静期制度的研究中，由于我国冷静期制度目前的适用范围较窄，标的规制型冷静期制度尚未建立，因而先就标的规制型消费者保护的理论基础进行论述与阐释。在此基础上，对各国立法中此类冷静期制度的规定予以分析总结，最终勾勒出制度轮廓。具体来说，即通过与要约规制型冷静期制度进行对比分析，探讨由于二者间存在的差异所衍生出的制度设计异同。此后对标的规制型冷静期制度的适用对象进行类型总结，由此可知，在各国立法中主要包括金融商品和分时度假产品。再通过对制度立法的国内外评述，对域外立法从立法模式到立法内容进行逐一分析，并对我国制度的缺失予以反思，以推进我国该类型下的制度构建与发展。

通过一系列的综合分析与论证，我国冷静期制度的不足之处已显而易见。能够明确其未来的改进方向，以促进提升制度实施的有效性，是针对这一制度进行研究所期望实现的目的。申言之，基于这样一种思路来探讨我国制度的完善或许是可行的，即以信息经济学分析为出发点，以成本—效益理论为基础对不同模式选择下可能付出的成本与可能取得的收益进行分析，由此可知，采纳半统一式立法模式更符合我国现阶段的立法需求。此后，以制度的严格适用为前提，基于信息不对称的差异性进行类型化，并以此为依据分别明晰要约规制型与标的规制型冷静期制度的完善方向。通过两类冷静期制度的对比分析，可以分别进行有针对性的规则设置，改进要约规制型冷静期制度存在的缺陷，填补标的规制型冷静期制度的立法空白。在具体适用范围的确定上，应当对两种类型的信息不对称程度与影响等因素进行充分考量，结合我国立法需求将制度适用限制在四种特殊类型的对象之内，避免过度滥用造成市场运行效率降低。具体到行使规则与法律后果的规定上，则应当以均衡理论为基础，充分考量经营者与消费者之间的利益平衡，既保护消费者的权益，同时又防止经营者对策行为的出现。最后，再辅以配套制度的规则完善，更能够有效提升克服信息不对称的综合能力。不仅为消费者提供了一个全面且有效的保护框架，而且维护了市场的稳定性。

目　　录

绪　论

一、选题背景及意义

正如法国社会学家让·鲍德里亚所言："消费的真相在于它并非一种享受功能，而是一种生产功能。"[①] 他认为，"生产社会已经被消费社会所取代，社会的根本结构和基础也已经从生产主导转向消费主导"[②]。尤其在2020年疫情出现后，消费水平下降对经济产生的巨大影响，已然揭示了消费主导型社会在世界范围内逐渐形成。当然，我国也正受到这种现象的影响，迈入大量生产、大量消费的时代。一直以来，我国居民消费水平伴随市场经济的发展不断得到相应提升，居民消费绝对数也在持续增长，截至2022年，数据显示消费已逐渐成为拉动经济增长的主动力。[③] 同时，伴随科学技术的革新，我国消费领域也发生着日新月异的变化，消费形式与消费品本身都不再局限于传统模式，呈现出多元化样态。一方面，这样的发展无疑使人类生活更加便捷，如获取生活必需的消费资料更加便利、消费需求更易得到满足等；另一方面，新型消费模式、新型产品的出现进一步加深了人们对商品的依赖性，商品无时无刻不伴随人们而存在，并不断影响着生活的方方面面。在现代社会中，新型消费模式与新型消费品的兴起使消费者与经营者的地位差距日益增大。消费者在市场交易中的弱势性，主要体现在以下两个方面：其一，经济实力。现如今的消费市场中，经营者大多已经广泛实现了企业化，其中不乏实力雄厚的大型企业甚至垄断企业，仅凭消费者一己之力已经难以实现在商品交易中平等的讨价还价。其二，信息。在经营者与消费者的交易过

---

① ［法］让·鲍德里亚：《消费社会》，刘成富等译，南京大学出版社2014年版，第6页。

② ［法］让·鲍德里亚：《消费社会》，刘成富等译，南京大学出版社2014年版，第20页。

③ 参见中华人民共和国国家统计局编：《中国统计年鉴2022》，中国统计出版社2022年版。

程中，信息对消费者的决策有着重要作用，买不买、买什么最终都涉及消费者对信息掌握和处理的程度。作为生产或销售的经营者在交易中具有天生的信息优势，消费者则往往处于信息劣势。在信息劣势情况下，消费者可能作出以下四种选择：（1）因害怕交易而放弃或减少交易；（2）在信息不充分的情形下直接作出交易决策；（3）选择从众行为；（4）通过主动搜集信息，以优化交易决策。[①] 无论在以上选项中选择哪一项，都势必导致消费者利益受到不同程度的损害或者增加消费者的交易成本。这种信息弱势在新型特殊消费模式与新型消费品交易中则更加凸显，如上门推销、远程销售、金融商品、分时度假等交易领域中，要约方式的特殊性或者交易标的本身的特殊性，决定了消费者在上述领域难以有效获取、甄别信息，继而难以有效克服信息不对称问题。

在此交易形式多样化、交易内容复杂化的背景之下，一系列为解决消费者问题的法律法规与政策应运而生。《消法》在尚未修改与后来立法修改之初，为消费者提供制度保障。早期，如 2002 年通过的《上海市消费者权益保护条例》、2005 年国务院颁布的《直销管理条例》及 2007 年淘宝网推出“七天无理由退货”等立法及实践中的无因退货规则，此类规则初具冷静期制度的轮廓，自推出以来广受消费者好评，虽然在适用上存在不少问题，但也为冷静期制度的立法修订积累了一定的实践经验。在 2014 年 3 月 15 日正式施行的新《消法》中，更对特殊交易模式下产生的问题作出了立法回应，于新《消法》第 25 条首次引入了消费者冷静期制度。自此开始，消费者的权利行使进入了有法可依的新阶段。但是，冷静期制度在实践中的实施情况也表明，这一制度的全面推行并没能如预期般顺利。2014 年 4 月 28 日，中国消费者协会发布了一则《网购企业

---

① 参见应飞虎：《信息、权利与交易安全——消费者保护研究》，北京大学出版社 2008 年版，第 24 页。

落实消费者“后悔权”调查报告》，可以看出我国冷静期制度的推行还存在相当大的阻力。在本次调查中，一方面，网购企业怠于履行其告知义务，30.2%的消费者表示商家没有提供详细地址和有效的联系方式；另一方面，消费者权利行使受阻，有2657位消费者提出了无理由退货要求，其中85.66%的消费者得到了商家的口头同意。但是，根据调查结果，17.58%的消费者退货实际上未取得成功。在467位没有成功退货的消费者中，81.58%的消费者是被商家直接拒绝退货，18.42%的消费者虽商家口头答应退货但最终没有取得成功。此外，针对冷静期制度的解释，网购商家也存在对不退货理由的解释混乱的现象，给消费者依法维权造成困扰。[①] 在新《消法》施行后，国家工商总局又针对冷静期制度实施过程中出现的适用商品范围、商品完好标准、退货运费承担等问题，出台了《网络购买商品七日无理由退货暂行办法》（以下简称《网购退货暂行办法》）于2017年3月15日起施行并在2020年进行了修订。《网购退货暂行办法》的出台在一定程度上解决了经营者擅自解释退货商品范围、退货理由等问题，2020年又根据过去适用存在的一些问题进行了修订，提高了制度的可适用性。然而，这一系列的冷静期制度相关法律法规仅应用于网购等远程交易，在其他类型的商品交易中仍为空白。因此，如何从理论研究和实践探索两个方面出发，对冷静期制度克服信息不对称的功能、适用范围、权利行使期限以及行使方式进行深入分析，就显得弥足重要，这也是本书选题的根由。

本书对消费者冷静期制度的研究从剖析信息与决策的关系、信息对决策的影响开始，选取了信息不对称这一视角，事实上，消费者问题的研究核心之一即信息不对称问题。在消费过程中，消费者拥有决策权，

---

① 参见中国消费者协会：《网购企业落实消费者“后悔权”调查报告》，载中国消费者协会官网2014年4月28日，http://www.cca.org.cn/jmxf/detail/24207.html。

正确的决策则有赖于充分的决策依据与科学的决策方法，而信息作为正确决策的基础与前提，其重要性不言自明。信息不对称相关理论以市场参与者在不完全信息和非对称信息条件下的经济活动和经济行为为研究内容，从这一视角出发对消费者问题予以探究，既具有理论意义也具有实践意义，并在一定程度上弥补了该领域的研究空白。例如，在多样化、复杂化的市场中，普遍存在"柠檬市场"的问题，不同消费领域的消费者都面临着这一问题，信息不对称导致消费者无法区分在同一价格水平上的商品是低质量的还是高质量的，当"柠檬"（低质量的商品）充斥消费市场时，高质量的商品则会逐步退出市场。冷静期制度的建立能够在一定程度上抑制此类问题的出现，如远程购物中，消费者通常在商品交付履行阶段才能分辨出该商品质量的优劣、是否与卖家描述相符等，尤其是服饰等类型的商品。有此制度保障，当产品质量不符合预期时，消费者即能够通过行使"七天无理由退货"的权利避免自身利益受损，也正是由于赋予消费者这一权利，才能够迫使经营者为避免退货带来更大的利益损失而选择充分提供商品信息，最终实现社会总体福利水平的提升。现阶段，针对消费者冷静期制度的研究多从以下几个方面着手，如从民法的"契约自由"视角探讨其正当性，域外消费者冷静期制度的比较研究，以及单一制度的成本效率问题，而没有从信息不对称角度分析考察冷静期制度背后的理论意义，只一味强调规则的细化，在适用中却难以取得预期效果。是故，从信息经济学下的视野出发，进一步探讨完善消费者冷静期及其配套制度的有效实施路径使之成体系化，不能真正解决核心问题。此外，本书的研究对我国消费者冷静期制度的实施也有着积极意义。目前，冷静期制度相关法律法规逐步细化，提高了其实施的效率，但在实践中，仍存在适用范围不明、行使规则适用性较差、经营者对"无理由退货"告知义务不完善等问题，而针对冷静期的适用如何作出解释使其发挥应有作用，也是本书所力图解决的问题之一。

综上所述，本书的研究是基于中国国情，在借鉴域外成熟经验的基础上，运用信息不对称相关理论对消费者冷静期制度进行研究。提出在我国未来的消费者冷静期制度完善中，应当分别从特殊要约型、特殊标的型两类交易类型出发，修正现有制度之不足，同时构建完整的制度以填补立法空白，此外也进一步完善冷静期配套法律制度，为消费者提供一个体系化的保障性框架。

二、消费方式变迁的历史脉络

在消费者领域，冷静期制度的确立与信息及消费方式的变迁都息息相关，而对消费方式形成与发展的历史脉络进行梳理，能够更加清晰地显示出信息对决策的作用，以及信息不对称产生的过程。社会分工与商品交换的出现使信息不对称初现端倪，这种自然形成的不对称称为信息的初始不对称。[①] 在分工与交换的不断细化发展之下，货币随即产生，传统的消费方式也有了雏形。而今进入信息化时代，传统消费方式已经不再能够满足消费者需要，信息化带来的多种消费方式逐步进入消费者生活的方方面面，信息不对称的消极影响也出现在消费者交易的各个环节，极易导致消费者作出错误的决策。

（一）社会分工与商品交换的相互促进

分工与交换作为一个既古老又新颖的问题，在经济学领域得到了广泛的探讨。对于二者的起源，古代思想家从个人兴趣、天赋和需要等方面进行分别论述。[②] 亚当·斯密作为古典分工学说的集大成者，认为引起

---

① 参见应飞虎：《信息、权利与交易安全——消费者保护研究》，北京大学出版社2008年版，第13页。

② 参见蔡继明：《论分工与交换的起源和交换比例的确定——广义价值论纲》（上），载《南开学报（哲学社会科学版）》1999年第1期。

分工的原因是人类“互通有无、物物交换和互相交易的倾向”。但他并没有进一步论述人类的这种倾向，只是说，“这种倾向，在人性中，到底是一种原始的不容进一步解说的原理呢？或者多半是理性和言语的能力的必然结果呢？这不是我们现在要研究的问题”①。亚当·斯密认为，分工的局面，一经完全确立，一己劳动的生产物只能满足自身欲望的极小部分。他有大部分的欲望，须用自己消费不了的剩余劳动生产物，交换自己所需要的别人劳动所生产的剩余物品来满足。于是，一切人都要依赖交换而生活，或者说，在相当限度内，一切人都成了商人，同时，社会本身亦就成了所谓商业社会。② 那么，分工与交换是如何推进的呢？伴随社会分工的不断细化，物物交换在人的生活中也越发频繁。对于分工与交换之间的关系，马克思认为，“如果没有分工，不论这种分工是自然发生的或者本身已经是历史发展的结果，也就没有交换”。在我国，学界也存在“不是交换引起分工，而是分工引起交换”③ 的观点。但是，也有学者认为，这种观点存在一个明显的缺陷，就是把分工与交换割裂开来，把交换看成分工引起的结果。那么分工又是由什么引起的呢？它显然又是以交换为前提的。因为，如果没有交换这一前提，人们就不可能专门从事单一的生产。④

综上所述，在分工初始时期，交换的范围、交换的种类往往也较窄，但随着分工的逐步细化发展、交换范围的拓宽，便形成了商业社会的雏形。由此可见，分工与交换互相作用，一方面，分工受到交换的影响，在分工效率与规模上体现出差异；另一方面，分工所创造的剩余增加又

---

① ［英］亚当·斯密：《国富论》（上），郭大力、王亚南译，译林出版社2011年版，第9页。

② 参见［英］亚当·斯密：《国富论》（上），郭大力、王亚南译，译林出版社2011年版，第17页。

③ 鲁友章、李宗正主编：《经济学说史》（上册），人民出版社1979年版，第181页。

④ 参见蔡继明：《论分工与交换的起源和交换比例的确定——广义价值论纲》（上），载《南开学报（哲学社会科学版）》1999年第1期。

能推进交换的发生。此外，自然形成的信息不对称在货币出现之前以物物交换为主的时期，已经初现端倪。在这一时期，人们只能通过物物交换满足需求，交换双方既是消费者同时也是经营者，例如，甲需要牛肉且有多余的羊肉，乙需要羊肉且有多余的牛肉，那么甲、乙便可以通过交换获取所需物品。但由于交换范围的限制等原因，此时的信息不对称对交换双方的影响并不明显。

（二）货币的产生与传统消费方式的雏形

亚当·斯密认为，自分工确立以来，各时代各社会中，都不乏深思远虑之人，他为避免不便，自然而然地，要在自己劳动生产物之外，在自己身边随时安置一定量的特殊物品：这特殊物品，在他想来，拿去和任何人的生产物交换，都不会见拒。[①] 由此，货币便逐步产生。货币的产生能够解决物物交换中价值衡量、需求各异等问题带来的不便，可以说货币的产生源于交换，并最终使交换水平以及分工的效率与规模都得以提升。

兼具价值尺度与交换媒介职能的货币的出现，使商品交换得以飞跃式的发展。货币形式的更迭，历经以家畜等为共通媒介、以金属为交换媒介、再到铸币、最后发展为纸币的这样一种过程，亦即商业社会逐步形成的历程。在货币产生以后，物物交换时期经营者与消费者混同的身份逐步分离。在货币发展的过程中，逐步形成这样一种市场，当人们想要获取需要的商品时，首先会以自己拥有的剩余物品换取货币，再用货币换取所需商品。例如，甲拥有一头牛而急需一头羊，他会通过将牛变卖获取货币后，再另行购买羊。由此可见，与物物交换时期不同，虽然

---

① 参见［英］亚当·斯密：《国富论》（上），郭大力、王亚南译，译林出版社2011年版，第17页。

甲也兼具经营者与消费者两种身份，但此时两种身份已经分离而不再同时出现。此后，伴随货币的形式不断演变，其价值尺度与交换媒介职能越来越得以完好履行时，便形成了在现实的场所、即时以货币为交换媒介购买商品的市场，这些时间、空间等要素也是构成传统消费方式的基础。在这一时期中，除了自然形成的信息不对称之外，人为形成的信息不对称也逐渐出现。一般认为，自然的信息不对称源于分工，分工使各主体行为内容有所差异，每个主体因而拥有其他主体所没有的私人信息；人为的信息不对称则是源于制造，制造主体的目的主要在于通过信息垄断侵损他人利益。[①] 因此，当人为的信息不对称出现时，与商品交换相关的纠纷也随之出现，信息不对称的负面影响浮出水面。

（三）信息化社会与现代消费方式的变革

我国商品经济发展是一个缓慢且长期的过程，纵观几千年的中国封建社会，都是以小农经济为基本经济结构。[②] 在这一时期中，虽然传统消费方式已经初见雏形，但由于受进入流通的商品数量、运输条件等因素限制，仍是以自给自足型生产为主。改革开放以后，我国经济进入高速增长时期，伴随市场经济的逐步发展，消费型社会正在悄然形成。市场上商品的种类、数量不断丰富，运输条件的提升拓宽了商品流通的范围，加快了商品流通的速度，居民的购买力日渐上升，成为一个切切实实的消费者。此阶段中，我国消费者主要采用传统的消费方式，即在实际的场所中使用货币当场购买商品或者获取服务，例如，在商场中购买服装、生活用品、家电，或者在理发店理发等。通常，购买商品或服务是通过

---

① 参见应飞虎：《信息、权利与交易安全——消费者保护研究》，北京大学出版社 2008 年版，第 13 页。

② 参见张锦鹏：《制度变迁与宋朝小农供给行为研究》，载《中国社会经济史研究》2003 年第 1 期。

现金当场进行结算支付，具有即时性的特点。此外，所购买的商品多是实体商品，服务多是当场可评价的、能够进行直观感受的，消费者可以在实际接触商品或者体验服务后再作出消费决策。我国最初的消费者保护相关法律法规也是构建于传统消费方式之上的，是故，这一时期内虽然存在信息不对称问题，但消费者的权利尚能得到保障。

虽然传统消费方式已经能够满足人们生活的基本需求，但由于受空间、时间等因素的制约，在消费时欠缺便利度。进入 21 世纪后，在经济发展与科技进步的推动之下，我国加快了信息化的步伐，逐渐进入数字时代。信息化对消费方式的革新有着重要推动作用，消费途径的多样化打破了传统消费方式的时间、空间等约束，上门推销、网络购物、电视电话购物、信用消费、预付式消费等层出不穷的新型消费方式为人们足不出户消费提供了可能。例如，在互联网已经较为普及的今天，消费者通过互联网可以便捷地在线购买所需的大部分商品，而无须再到实体商店中购买。也正因此，网络购物等新型消费方式成为许多消费者的首选。然而，信息化在给消费者提供便利的同时也为以传统消费方式为基础所建立起的消费者保护法律体系带来了挑战。网络购物等新型消费方式虽然能够省去消费者到店购买所花费的成本，但也使信息不对称问题越发严重，在经营者交付商品前消费者无法切实地看到、感受到所购买的商品，仅能根据经营者描述进行判断。在这种情况下，经营者出于利益考虑，便容易隐瞒商品负面信息，甚至人为制造信息不对称，致使消费者无法作出正确的消费决策，继而损害消费者的利益。因此，通过立法规范新型消费方式下的信息问题便显得极为重要，是消费者保护法律体系中必不可少的一环。

三、文献综述与冷静期制度的相关概念界定

目前，消费者冷静期制度在英美法系与大陆法系的很多国家和地区

已经形成比较完善的制度体系，实践经验也较为丰富。相比而言，我国的消费者冷静期制度立法进程则缓慢一些。2008 年全国人大常委会将 1994 年《消费者权益保护法》（以下简称旧《消法》）的修改纳入立法规划之后，针对冷静期制度的研究逐渐发展起来。在 2013 年新《消法》通过前，研究主要集中于对消费者冷静期制度的域外介绍、我国引入该制度的正当性基础探讨以及引入的立法建议，在 2014 年新《消法》正式施行后，对冷静期制度的研究逐步转向对其的效率分析、规范范式的选择以及法律的解释与适用。

（一）文献综述

在消费者保护领域建立起冷静期制度是不少国家和地区的共同做法，并且许多国家也基本建立了较为成熟的冷静期制度体系。但在我国，它仍处于启蒙阶段。自 2008 年旧《消法》的修正被全国人大常委会纳入立法规划之后，冷静期制度才进一步为人所熟知。近几年，消费方式变革所带来的不仅有便利，也有经营者与消费者之间日趋增大的地位差距。在此背景下，冷静期制度的引入显得十分必要。用这一制度以缓和新型消费方式所产生的自然形成的信息不对称，同时也在一定程度上抑制利用新型消费方式而出现的人为制造的信息不对称，激励信息优势方主动提供更全面的信息以供决策。通过设置冷静期制度，赋予消费者新型权利，从而使消费者与经营者之间达到一种相对公平的地位。

首先，在今后的制度构建中，对相关概念的解读是制度发展的基础要件，通过对这一制度展开从概念到构建的深入分析，能够汲取外国制度构建及应用的经验，加快我国制度的完善进程。如前文所述，虽然很多国家设有冷静期制度，但在各国立法中对此制度的称谓却并不统一，如有消费者撤回权（Right of withdrawal）、冷静期（Cooling - off Period）、合同的撤销权（Right of rescission）、合同的取消权（Right to cancel）以及契约的解除权等多种称呼。在域外成熟适用的国家中，立法模式主要分为欧洲模式和美国模式，在欧洲主要将其称为消费者撤回权（Right of withdrawal），如德国、法国①；在英国则被称为取消权（Right to cancel）等。在美国则主要称为冷静期（Cooling - off Period），但立法中也有不尽统一之处，如美国在1960年制定并于1961年更名的《诚实借贷法案》（Truth in Lending Bill）中、1968年的《消费者信用保护法》中称为合同的撤销权（Right of rescission）② 等。除此之外，在其他不同国家和地区对这一制度还有撤销权、后悔权、反悔权、犹豫权等不同称谓，如日本的《访问销售法》撤回权或解除权。③ 在我国，对其的称呼也同样并不统一，不同学者的研究中出现了反悔权、撤回权、后悔权、冷静期、冷却期等不同称谓。采反悔权说的学者主要从基本概念设定的角度出发，认为冷静期一说来源于英美法系，不符合大陆法系民法的设定习惯。在反悔权、后悔权或是撤回权中择一设定，内里实际上并无太大差异，采反悔权一说在概念上更能够贴合无理由退货制度的本意。据此，将反悔权界定为，经营者采特定方式销售商品，在合同实际履行后的一定期限内，消费者享有对完好的商品无须说明理由即可予以退货的合同解除权。④ 采撤回权说的学者主要参考《德国民法典》的说法，这一学说也是目前较多学者采纳的观点，一般认为"消费者的撤回权"是消费者订立消费者合同之后，在一定期间内依法享有对自己所订立的合同表示后悔，并通

---

① 欧盟的立法中，不同的法律文件也采用了不同的概念，如在远程销售指令（97/7/EC）、分时产权指令（94/47/EEC）和远程金融服务指令（2002/65/EC）中称为撤回权或撤销权。参见张靖：《我国消费者保护中的冷却期制度研究》，湖南大学2011年博士学位论文。

② 参见周显志、陈小龙：《英美日消费信用合同"冷却期"制度及其借鉴》，载《经济前沿》2002年第8期。

③ 日本《访问销售法》（1976）第6条，参见谢次昌：《日本关于访问销售等法律》，载《国外法学》（现《中外法学》）1986年第4期。

④ 参见杨立新：《非传统销售方式购买商品的消费者反悔权及其适用》，载《法学》2014年第2期。

过撤回订立合同的意思表示使该合同归于无效的权利。[①] 也有学者认为，“撤回权”不能被称为“后悔权”主要基于两点：其一，“后悔权”一词带有强烈的道德否定性评价色彩，而撤回权则是标准的中性词，具有用语上的科学性；其二，后悔权带有一定的误导性。[②] 采冷静期或冷却期说的学者一般认为，正是由于消费者常因销售者采取的销售攻势造成被迫屈服或受诱惑而订立合同，因此，就有必要对严格遵守合同的原则进行修订补充，设定一个对于消费者来说使之头脑冷静再考虑的期间，这个期间就是冷静（却）期。相应地，冷静（却）期制度就是给予债务人（消费者）在相应期间内，在不负违约责任的前提下，解除合同的权利。[③]

在各国的冷静期制度中，一般都具备以下几个构成要件：其一，其适用主体主要是消费者。在大多数国家的立法中，冷静期制度的适用主体均以消费者为主，而不包括与之相对的其他主体。但也有一些地区的立法中不仅包括消费者，也包括企业[④]。其二，客体主要为消费者与经营者之间的合同。其三，适用范围及适用期限具有法定性，通常，在各国立法中冷静期制度的适用都有一定的范围与期限，为防止权力滥用，其多适用于采用特殊的要约方式或交易对象为特殊标的的合同，如网络购物、上门推销、金融产品等。根据要约方式与标的的复杂性不同，权

---

① 参见迟颖：《论德国法上以保护消费者为目的之撤回权》，载《政治与法律》2008 年第 6 期。

② 参见孙良国：《消费者撤回权中的利益衡量与规则设计》，载《浙江社会科学》2012 年第 7 期。

③ 参见张靖：《我国消费者保护中的冷却期制度研究》，湖南大学 2011 年博士学位论文。

④ 如《欧洲民法典草案》即将冷静期制度的适用主体扩大到企业。参见王金根：《欧洲民法典草案消费者撤回权制度研究》，载《北方法学》2012 年第 5 期。

利行使期限在各国立法中一般规定为3～14天[①]，一些具有特殊性的产品或销售合同还规定了更长的冷静期限。其四，权利行使的无因性。无因性是冷静期制度区别于其他权利制度的本质要件之一，亦即消费者在行使其权利时无须说明理由，权利行使后也不必承担责任或义务。其五，经营者所负有的告知义务。在冷静期制度较为成熟的地方立法中，虽然对义务履行形式的规定不尽相同，但通常会对经营者在冷静期制度中所负告知义务予以规定，以保障冷静期制度的功能与目的的实现。

具体来说，各国冷静期制度的立法概况如下：冷静期制度立法最初源于英国，在英美法系国家中，尤以英国、美国的冷静期制度最为成熟。这项制度在大陆法系国家中的发展也并不统一，其中德国、法国、日本等国家制度较为成熟。冷静期制度的立法较为分散，即使在同一个国家的冷静期法律规定中也可能存在不统一之处，因而这一制度在不同国家和地区中的发展也各有异同。因此，本书主要以英美法系中英国、美国与大陆法系中德国、日本为主进行制度的发展比较分析。

在冷静期制度的适用范围上。在英国，冷静期制度的适用范围由最初的消费信用领域发展至上门推销领域，随即又针对分时度假和远程销售领域进行了规定（如绪表0－1所示）。

① 如欧盟《第2011/83/EU号指令》第9条规定的远程销售合同或非营业地销售合同（off－premises contracts）冷静期间为14日，而在美国联邦立法中针对上门推荐规定的冷静期间为3日，在我国新《消法》中通过网络、电视、电话、邮购等方式进行的远程销售规定的冷静期间为7日等。

绪表 0-1 英国冷静期制度适用范围发展脉络

消费信用	上门推销	分时度假	远程销售
1974 年《消费信用法》	1987 年《消费者保护条例》	1992 年《分时度假法》①	2000 年《消费者保护（远程销售）条例》
2006 年《消费信用法》②	1988 年《消费者保护条例（修正案）》	1997 年《分时度假法（修正条例）》	2005 年《消费者保护（远程销售）修正条例》
2010 年《消费者信用（欧盟指令）条例》③	1998 年《消费者保护条例（修正案）》	2003 年《分时度假法（修正条例）》	
	2008 年《于消费者家中或工作地等场所缔结的合同的取消条例》	2010 年《分时度假、假期、转售和交换合同条例》	

在美国，冷静期制度的发展轨迹与英国相类似，早期将这一制度局限于消费信用及上门交易领域，后逐步扩展至远程交易与分时度假领域。在美国，冷静期制度最初源于宾夕法尼亚州和密歇根州等地的州立法，而这些州立法中的冷静期条款主要适用于上门缔结的通过分期付款买卖部分特定商品的合同。④ 美国联邦立法则在经历一系列的提案与讨论之后，在 1968 年通过了《诚实借贷法》，赋予了消费信用交易中的消费者冷静期期间撤销交易的权利。至 1972 年，冷静期制度在美国立法中的适用范围扩展至上门交易领域。上门交易这一消费方式在美国由来已久，

---

① 《分时度假法》颁布后，英国还陆续出台了三部法令作为配套法规，细化了有关分时度假基本法的具体应用规程。

② 具体可见英国 *Consumer Credit Act* 2006（2006），legislation. gov. uk，http：//www. legislation. gov. uk/ukpga/2006/14/contents。

③ 具体可参见英国 *The Consumer Credit（EU Directive）Regulations* 2010（2010），legislation. gov. uk，http：//www. legislation. gov. uk/uksi/2010/1010/contents/made。

④ See Ross Richard R.，*The Illinois Cooling - Off Provision：Three Days to Do What*，Southern Illinois University Law Journal，Vol. 2，p. 421 -425（1977）.

其中产生的问题逐步受到立法者的关注。因此，1972 年美国联邦贸易委员会（Federal Trade Commission）出台了《关于在家中或其他特定场所交易的冷静期规则》（Rule Concerning Cooling – off Period for Sales at Homes or at Certain Other Locations）赋予了上门交易中的消费者冷静期权利。在远程交易领域，美国联邦贸易委员会出台了《邮购、网购或者电话购订单规则》，在此三类主要远程交易方式中，消费者有权在经营者发货前取消其购物订单。① 在分时度假领域，美国主要通过各州的州立法分别进行规定，在部分州立法中含有冷静期制度相关规定。②

在德国立法中以撤回权为制度称谓，其适用范围最初也主要集中于消费信用领域，后逐步扩展至上门交易、远程销售、分时度假及保险等领域。对冷静期制度最早的规定可见于德国 1974 年对《分期付款法》的修订中，在新增的第 1b 条第 1 款中赋予了消费者撤回权。上门交易领域则于 1986 年才得以适用冷静期规则，于该年颁布的《上门交易法》中赋予了消费者在上门交易这一形式下进行的销售活动的撤回权。在分时度假领域，德国于 1996 年颁布了《部分时间居住权法》赋予消费者撤回权。针对远程交易的立法则是在 2000 年颁布，其中规定了消费者撤回权，使消费者在远程销售中也能够在法定期间内撤回自己所订立的合同。此外，与英国、美国不同的是，德国在保险领域也确立了冷静期规则，1990 年修订的《德国保险法》第 8 条第 4 款中赋予了消费者撤回权。

在日本，冷静期制度最初确立于 1961 年颁布的《割赋贩卖法》中（后该法于 1972 年修订），针对消费信用领域规定了在分期付款买卖中消费者撤回承诺或解除合同的权利。此外，日本 1976 年制定的《访问销售

---

① 参见美国联邦贸易委员会：*Mail*, *Internet*, *or Telephone Order Merchandise Rule*（2011/9），https：//www. ftc. gov/enforcement/rules/rulemaking – regulatory – reform – proceedings/mail – internet – or – telephone – order。

② 参见汪传才：《分时度假的消费者保护初探》，载《法律科学（西北政法大学学报）》2006 年第 4 期。

法》中也对冷静期制度予以规定。2001 年，日本对该法进行了修订，并更名为《特定商业交易法》，在该立法中，冷静期制度的适用范围扩大至上门交易、通信销售、电话销售、连锁销售等六种特殊的交易方式。

在立法模式上，目前仍以分散型立法为主要模式。在冷静期制度的发展历程中，英国、美国等国家以颁布单行法的形式分别规定了不同领域的冷静期制度适用规则。这一形式也延续至今，除英国、美国等英美法系国家外，也有部分大陆法系国家①采用这一立法模式。法典化的立法模式则以德国为代表，在德国撤回权制度确立并逐步发展的初期，其也是以单行法的形式予以规定的，如对消费信用的撤回权规定于 1974 年修订的《分期付款法》中，对上门交易的撤回权规定于 1986 年制定的《上门交易法》中，以及在《远程课程保护法》、《远程交易法》及《部分时间居住权法》等单行法的相关规定中赋予消费者撤回权。直至 2001 年债法改革，多项相关单行法均被废止，消费者撤回权及退还权制度在《德国民法典》第 355 条至第 359 条中得以统一规定，由此实现了德国撤回权制度的法典化，仅有个别单行法未纳入《德国民法典》中仍独立于法典之外。② 在日本，其立法模式与德国相近，在立法统一度上介于英、美两国及德国之间，属于半统一式立法模式。日本最初的冷静期制度虽然也出现于单行法的相关规定中（日本 1961 年《割赋贩卖法》），但其后的立法与美国、英国、德国等国不同，并未通过颁布单行法进行规定，而是选取了统一立法的模式，将对不同领域的冷静期制度适用规定合并至一部法律中，如 1976 年《访问销售法》。至此，日本形成了部分统一、部分分散的特别立法模式。

其次，在消费者冷静期制度的正当性研究方面。在域外立法中，对

---

① 采用分散型立法的大陆法系国家有法国、意大利等。

② 参见迟颖：《论德国法上以保护消费者为目的之撤回权》，载《政治与法律》2008 年第 6 期。

冷静期制度的立法动因主要有以下几种观点：其一，基于意思自由、信息与消费者理性说。澳大利亚有学者曾就消费者需要行使撤回权的原因做过一项调查，根据其调查结果，消费者行使撤回权的主要原因表现在三个方面：意思不自由（主要由经营者的情景垄断产生）、信息不对称和非理性行为。[①] 也有学者直接将消费者撤回权的立法动因总结为消费行为中存在的以下问题：情景垄断（situational monopolies）、非理性行为（irrational behavior）、信息不对称（information asymmetries）。其二，基于经营者与消费者地位不平等说。20 世纪 60 年代，在德国，许多外国公司，特别是一些信誉不佳的公司，通过上门推销的方式销售本公司的股票。立法者认为，在这种情况下，买卖双方的谈判地位不平等，买方因对订约没有心理准备而遭受不利，因此应赋予买方撤回权。[②] 而后，撤回权又确立于 1974 年修订的《分期付款法》等一系列法律法规中。并于 2002 年《德国民法典》的修正过程中，将多部制度相关单行法的内容纳入《德意志联邦共和国新债法》。[③] 其三，消费者有限理性说。例如，拉塞尔·科罗布金（Russell Korobkin）和托马斯·S. 尤伦（Thomas S. Ulen）就对消费者消费行为中的有限理性进行了论证。[④]

在我国，对消费者冷静期制度的正当性研究虽然从未间断，但其研究视角主要集中于消费者意思表达自由与消费者有限理性两方面，而对信息不对称问题的研究则通常附属于意思表达自由研究之中。以“意思表达自由”为正当性基础的研究中，有学者认为，消费者撤回权的正当

---

① 参见卢春荣：《消费者撤回权制度比较研究》，复旦大学 2012 年博士学位论文。

② 参见迟颖：《论德国法上以保护消费者为目的之撤回权》，载《政治与法律》2008 年第 6 期。

③ 参见金福海：《消费者法论》，北京大学出版社 2005 年版，第 170 页。

④ See Russell B. Korobkin & Thomas S. Ulen, *Law and Behavioral Science: Removing the Rationality Assumption from Law and Economics*, California Law Review, Vol. 88, p. 1051 – 1144 (2000).

性基础并非“消费者是弱者”或者“保护消费者”，而在于其在意思形成阶段的意思不自由。消费者撤回权之规范目的在于救济消费者意思形成之障碍，在其于精神上或信息上处于弱势的情况下，给予消费者一定期间思考，由其决定撤回意思表示还是使意思表示产生效力。① 也有学者提出，法律制度服务于其目的与功能，其目的的正当性，往往能决定制度构成的正当性。在传统民法框架之下，经营者与消费者的合同一经订立，双方都应当对该合同负有一个“合同坚守”的义务。然而，“合同坚守”也应当坚守源于自己真实意愿的合同，倘若消费者在特定种类的合同订立中，不能或者难以表达自己的真实意愿，那么立法者就应谋设法律机制，使消费者能摆脱非基于真实意愿的合同约束。② 还有学者认为，目前有关撤回权正当性的解释说服力都不强，因而有必要对撤回权正当性进行重新解释。其分析路径从两个视角开始：一个是内部视角，另一个是外部视角。内部视角关注消费者的决策自由是否受到影响。外部视角着眼于两个方面：第一，合同法律观念或思潮的变化是否为撤回权提供可能；第二，消费者在现行法律制度体系内是否能够获得有效的救济。③

从“信息不对称”角度对冷静期制度的正当性的探讨并不深入，例如，有学者认为，消费场合中消费者意思自由的实现需要一定的条件，包括但不限于能够理解交易标的、拥有决策所需的充分信息、有可供选择的交易对象等。但由于谈判实力非对等、信息不对称等原因，特定交易环境或交易条件下的消费者往往会陷入非理性决策的境地，特别是在无法比较商品及价格、难以检验检测商品等场合，而“撤回权的救济具

① 参见王洪亮：《消费者撤回权的正当性基础》，载《法学》2010 年第 12 期。

② 参见张学哲：《消费者撤回权制度与合同自由原则——以中国民法法典化为背景》，载《比较法研究》2009 年第 6 期。

③ 参见孙良国：《消费者何以有撤回权》，载《当代法学》2011 年第 6 期。

有捍卫消费者理性做出决定的目的”[①]。另有学者提出，消费者在日常消费中往往处于天然的弱势地位，经营者通常对商品情况更为心知肚明因而占有“卖家优势”。这样，在市场竞争并不非常充分的前提下，便会形成消费者对商品信息的了解不完整，从而导致交易不公平。尤其是一些新兴交易方式中，消费者往往等到交付后才发现并不如己所愿，但商家没有违约、欺诈，产品也没有缺陷，通过既有法律法规无法妥善解决，此时启用后悔权制度则能有效解决由于信息不对称导致的资源错配现象，也能使消费者获得最大限度的心理满足。[②] 还有学者提出，信息不对称并不能成为冷静期制度的正当性基础，该学者认为信息不对称是一种客观现实。只要是民事主体，他们都存在信息不对称，商事主体自然也不例外，因此商人与商人之间的合同、商人与消费者之间的合同以及消费者与消费者之间的合同都存在信息不对称。但是信息时代与农业时代或工业时代有较大差异。因为现代的产品、服务等都高度复杂化、专业化、标准化、信息化。单纯以信息不对称为由特别赋予消费者撤回权应属不充分。[③]

除以上几种较为主流的观点之外，也有学者认为消费者冷静期制度并不具备正当性基础，分别对信息不对称与意思表达不自由两个依据进行了否定，其一，在信息不对称方面，该学者认为，从电商交易实践来看，网络交易中的商品信息公开在许多方面较之传统“面对面”交易有过之而无不及，继而认为网络购物较之传统购物存在更严重的信息不对称的判断并不能成立。其二，在意思表达不自由方面，该学者认为以消费者意思表示不自由作为撤回权的正当性基础，与我国消费者撤回权的

① 张良：《论我国消费者撤回权制度的立法完善》，载《湖北社会科学》2016 年第 6 期。

② 参见米新丽：《确立消费者后悔权制度的思考——以〈消费者权益保护法〉的修改为视角》，载《消费经济》2012 年第 5 期。

③ 参见孙良国：《消费者何以有撤回权》，载《当代法学》2011 年第 6 期。

立法设计存在诸多冲突。由于目前学界在证成撤回权正当性基础的问题上基本上采纳的都是意思表达不自由理论，故在提出更有说服力的理论之前，应认定消费者撤回权不具有正当性。①

最后，在2014年我国新《消法》正式施行后，集中于消费者冷静期制度客体适用范围与行使期限研究方面。在客体适用范围研究中，我国主要采用比较研究的方法，首先对域外制度进行介绍，而后对我国适用范围予以评析。经研究得出以下结论，冷静期制度在域外的适用范围较之我国更为广泛。在权利行使期限研究中，我国在传统上更多地受欧洲大陆法系的影响，故理论界对消费者撤回权的研究受欧洲（尤其是德国）的影响更大。这也影响了我国在这一领域的立法。修订后的新《消法》对于通过网络、电视、电话、邮购等方式进行的远程销售规定了强制性的7日内无条件退货的消费者撤回权。另外，我国已有的《直销管理条例》规定了消费者在直销中享有30日内无条件退货的撤回权。由此可以看出，我国消费者撤回权的立法模式与欧洲更为相似。② 有学者认为，对消费者撤回权应确定多长时间的行使期限，应考虑到我国的实际情况。消费者撤回权制度在我国是一项全新的制度，从认识、理解再到接受，需要一个过程。期限过短，失却保护消费者之意义；反之，期限过长，也会打击经营者积极性，尤其不利于我国初见雏形的市场经济的培育。③

（二）冷静期制度的相关概念界定

1. 冷静期制度的基本内涵

从文献分析中可以看出，对冷静期制度的规定国内外普遍存在一定

---

① 参见徐伟：《重估网络购物中的消费者撤回权》，载《法学》2016年第3期。

② 参见白江：《对消费者撤回权立法模式的反思》，载《法学》2014年第4期。

③ 参见张学哲：《消费者撤回权制度与合同自由原则——以中国民法法典化为背景》，载《比较法研究》2009年第6期。

差异，即使在制度较为成熟的先进国家的立法中，对其的制度设计也各有不同，甚至在同一国家的不同单行法中对其的规定都存在不一致的地方。首先界定其概念，其次对该制度的起源以及该制度在不同法系中的发展进行分析与性质辨析，在此基础之上能够更好地解决冷静期制度在“本土化”过程中可能产生的概念冲突、性质争议等基础性问题。

通过对前文中各学者对这一制度的称谓观点进行梳理，本书最终使用的是冷静期制度，之所以选用这一称呼，主要是出于以下几个方面的考虑：首先，冷静期制度的使用更有利于推进立法的体系化构建。在冷静期的期间内，不仅是消费者被赋予了权利，同时经营者也被赋予了一定的义务。这一权利的行使是一个动态过程，围绕着这一权利，既有权利适用的问题也有义务的承担、法律后果的产生等一系列问题，因而仅用具体权利作为制度称谓对此制度的体系化构建具有局限性。其次，撤回权、解除权、撤销权等称谓的使用，容易与民法中的各项权利产生概念混淆。例如，在民法中，存在可撤销的合同及合同的约定或法定解除，因而直接适用解除权、撤销权的称谓容易产生与民法上权利相等同的误解，进而使该项消费者权利在实践中产生适用条件的区分乏力。此外，虽然学界现多借鉴德国及欧盟立法中的概念以采用撤回权这一称谓，但撤回权仍存在与合同要约的撤回相混淆的可能。因此，这一制度并不适宜采用既有概念作为称谓，以避免产生歧义，而“冷静期制度”的采用也更能切合其最初的立法原意。[①] 最后，后悔权、反悔权等称呼虽然较形象，但缺乏严谨性。这类称谓较为口语化，并非严谨的法学术语。在大多数有过法律移植的国家里，进行外国法移植时往往会根据本国实际情况对移植的法律进行“本土化”，“本土化”固然是法律移植的一个重要

① 消费者冷静期制度最初立法的原意，即让在上门推销领域受到销售员高压销售策略劝诱而订立合同的消费者有充分的时间冷静下来重新思考所缔结的合同。参见张靖：《我国消费者保护中的冷却期制度研究》，湖南大学2011年博士学位论文。

环节，但使用不当则容易产生对制度解读的争议，进而对法学研究与司法实践产生不良影响。[①] 采用反悔权等称谓即有此仅追求“本土化”之嫌，正如有学者所说，反悔权、后悔权带有一定的道德色彩，较容易对消费者的权利行使产生误导或不当激励。就该项制度中消费者所享有权利的具体称谓，本书则选取了“无因退回权”一词。使用这一称谓主要基于以下几个方面的考虑：首先，冷静期制度中消费者所享有的权利是一项特殊的新型权利。这项消费者权利有别于既有的其他权利，因此如前文所说，采用既有的权利概念容易产生混淆，同时也无法体现该项权利的特殊性。其次，采用无因退回权也能够避免使用无因退货权可能产生的概念限缩问题，既充分体现了这一权利的特殊性，同时也能够切合立法原意，便于在法律适用过程中对该项权利的理解。

在制度内涵方面，通过前述分析可知，虽然各个国家和地区由于在法律用语上存在一定区别，因而对这一制度的称呼有所不同，但对其概念本质的理解并非大相径庭。因此，本书认为，冷静期制度的内涵本质即赋予消费者一种新型权利，使消费者在与经营者订立合同后的一定期限内，无须说明理由即可解除与经营者之间的合同并返还合同标的物，无须承担法律责任。相对地，在这一制度中，经营者则负有告知义务，并且在合同解除后应当无理由地返还消费者所支付的价款。

2. 冷静期制度的缘起与演进

在从生产型社会向消费型社会转变的时代背景之下，学者与立法者对消费者的态度也逐渐发生转变，冷静期制度正是在这种转变中所诞生的。随着对消费者保护问题关注度的提升，冷静期制度的适用范围也进一步扩大，而这一制度产生与发展的历史轨迹，都为此后消费者冷静期

---

① 参见李永军：《论债法中本土化概念对统一的债法救济体系之影响》，载《中国法学》2014 年第 1 期。

制度的进一步完善提供了基础。

首先，起源。20 世纪 60 年代掀起了消费者权益保护立法的热潮，一直以来备受忽视的消费者问题成为聚焦点，为消费者冷静期制度的建立提供了契机。在此之前，消费者保护经历了一个漫长的低谷。在 19 世纪古典自由主义与传统经济学理论盛行的时期，一般认为消费者是理性的，在交易中并不具备特殊性，仅通过契约就足以保障买卖双方的权利，而通过市场竞争也能改善买卖双方地位的差距，因而无须采取干预手段将消费者作为特殊对象予以保护。直至 20 世纪，这种观点才逐渐受到质疑，把消费者作为市场交易中的弱势方加以保护的观点日渐崛起。1962 年，美国总统肯尼迪向国会提交的《关于保护消费者利益总统特别咨文》中首次提及消费的四项权利[①]，使长久以来的学术研究成果得以逐渐转化为立法，1969 年，尼克松总统补充了消费者的第五项权利[②]，至此，消费者的权利种类得以逐步扩充，其弱势地位得到各界的重视，消费者保护相关立法中已有立法纷纷开始进入修改完善程序，而缺失部分则开始进入立法程序，消费者冷静期制度也是此时登上了消费者保护的舞台。

在这样一个消费者保护运动不断兴起的时代背景下，英国于 1964 年颁布了《租赁买卖法》，一般认为，这是最早通过立法确立的冷静期制度。而冷静期制度的雏形最早可追溯至古罗马时期，优士丁尼的《买卖契约》（《学说汇纂》第 18 卷）中有关于买卖契约可进行约定撤销的规定。[③] 当然，在此规定中消费者所享有的权利并不具有特殊性，不同于本

① 美国总统肯尼迪在《关于保护消费者利益总统特别咨文》中提出，消费者应当享有以下四项权利，即“获得真实信息的权利”（the right to be informed）、“获得安全保障的权利”（the right to be safety）、“自由选择的权利”（the right to choose）、“自由发表意见和建议的权利”（the right to be heard）。

② 尼克松总统补充的第五项权利即“求偿权”（the right to redress）。

③ 参见［古罗马］优士丁尼：《买卖契约》，刘家安译，中国政法大学出版社 2001 年版，第 160 – 161 页。

书所讨论的现代冷静期制度中消费者的权利，可以认为，该规定仅仅是冷静期制度最初的思想萌芽。据考证，冷静期制度的概念最早在立法上被提出是在19世纪末，1891年，德国学者Heck就建议规定分期付款买卖（Abzahlungskauf）情况下的后悔权（Reurecht）制度。他认为，在分期付款买卖的情况下，顾客可能被劝诱购买非必需的以及超出其财产能力的标的物，其原因在于心理上的因素，即与目前的享受相比，将来才履行的义务往往被低估。这一建议在当时并未被德国立法者采纳。[①] 此后，伴随一波波的消费浪潮，消费者问题逐渐受到关注，其弱势地位也终被正视，如何为消费者实现其权益提供法律保障框架成为学界和立法者探讨的重点。继英国颁布《租赁买卖法》之后，美国、德国、法国、日本等国也陆续出台了冷静期相关立法，最初适用的范围较窄，多适用于消费信用、上门交易等非传统消费方式中。冷静期制度由此逐渐发展起来，虽然其基本内涵在英美法系与大陆法系中具有同质性，但由于立法理念等的不同，冷静期制度在英美法系与大陆法系中的发展既有相似之处，也存在一定的差异性。

其次，我国冷静期制度的发展脉络。相较于西方发达国家，我国冷静期制度的引入较晚，制度发展也尚属初级阶段。我国冷静期制度从思想萌芽到在立法中予以确立经历了一个漫长的时期，最终经过修订，2014年开始正式施行的新《消法》将这一制度纳入其中，该法第25条规定了在几种特殊消费方式中，消费者享有在7日内无理由退货的权利。在此之前，我国也获取了冷静期制度立法和实践的经验。

在立法经验上，我国冷静期制度早期主要体现在一些行政法规及地方性法规中。伴随经济的高速发展，我国也步入消费社会的行列，消费者问题愈加凸显。因此，为保护消费者权益不受侵害，1993年我国出台

---

① 参见王洪亮：《消费者撤回权的正当性基础》，载《法学》2010年第12期。

了旧《消法》。但这一时期消费者仍主要采用传统消费方式进行消费，因而旧《消法》中并未对消费者冷静期制度作出规定。然而，伴随社会发展进程不断革新的消费方式很快就带来了新的消费者问题，因此部分地方性法规中初次尝试引入了冷静期制度。这一制度最早见于1996年辽宁省人大通过的《辽宁省实施〈中华人民共和国消费者权益保护法〉规定》中，规定了消费者能够在保持所购买的整件商品原样的前提下，在7日内提出退货，经营者应当退回全款并不得收取任何费用。该法规中所规定的消费者7日退货权利还比较粗略，在适用范围上仅排除了食品、药品、化妆品三类商品，对消费方式也并未作出特别规定。但由于缺乏可操作性，这一条款在2004年终被废止，这是冷静期制度在我国立法尝试中的初次失败，也为此后的制度建立提供了经验借鉴。电子商务作为科技革新的产物在21世纪初开始飞速发展，因此，为满足当时的发展需求，各地纷纷出台法规政策，如2002年北京市颁布实施了《电子商务监督管理暂行办法》，其中第26条即引入了冷静期制度。在这一法规中，对冷静期制度的适用进行了细化，在适用范围上限于电子商务领域，并对退换可能产生的各种费用予以规定。其后，冷静期制度又被纳入在2003年开始施行的《上海市消费者权益保护条例》中。在该条例中，对冷静期制度的适用领域同样进行了明确规定，即仅限于上门推销的商品，而在冷静期期限上规定为7日，并规定了保质期短于7日的商品的适用除外。随即，国务院、商务部以及安徽省、广西壮族自治区等出台的一系列消费者权益保护行政法规、地方性法规中陆续确立了这一制度，但此时的冷静期制度仅是一个制度的雏形，各地方性法规、行政法规中对权利的行使条件、冷静期期间、适用范围上的规定均有不同，消费者所享有的还不是真正意义上的无因退回权。但自此，消费者冷静期制度进入了一个蓬勃发展的时期，立法条款不断细化、适用范围也不断扩大，各项法规虽均有不完善之处，后期也陆续经历了修改与废止，却仍为此后的冷静期制度构建提供了良好的铺垫。

在经营者与消费者的交易中约定享有无理由退货权，为冷静期制度的构建提供了有益的实践经验。自1995年安利进驻中国市场以来，其无理由退货规则获得消费者极大的好评。随后，无理由退货规则逐渐为国内各大商家所效仿，在合同中经营者纷纷与消费者进行约定。由于此时的无理由退货规则均为经营者与消费者的约定，因而也不具有确定的适用范围。从电器销售市场到建材销售市场，甚至房产、汽车等大额交易市场中的经营者均有采用这一规则。在这一阶段中，我国的经济、社会、科学等方面都取得了突飞猛进的发展，信息化程度不断提升，电子商务不断繁荣，信息化时代使我们的消费方式更加多样化，如网络购物就在多种消费方式中脱颖而出，并逐渐占据了一席之地。在一众电商中，淘宝网受众面最广，发展也较其他电商更快。2007年，淘宝网率先推出“7天无理由退货”规则，涉及的商品种类林林总总，各线上经营者纷纷采用这一规则以吸引更多顾客，虽然在规则实施过程中仍存在一些不确定因素，因而难以完全达到预期效果，但这一规则的推出为冷静期制度的建立提供了具有相当价值的实践经验。

（三）冷静期制度的法律性质辨析

冷静期制度确立以来，产生争议最多的问题之一即该制度中权利的性质。学界一般认为冷静期制度中的无因退回权属于形成权的一种[①]，但对该权利与我国民法体系中的解除权、撤销权以及要约的撤回所存在的异同却有多种观点。此外，该制度与我国已有的其他消费者保护制度在适用中也偶有混淆，制度间虽有相近之处但却是互相不能替代的。因此，

---

① 形成权是依照权利人单方意思表示即可生效从而改变相应法律关系的权利。参见朱庆育：《民法总论》，北京大学出版社2013年版，第504页。

对权利性质与相关制度的辨析能够解决我国冷静期制度构建中可能存在的基础性争议，以推进制度的完善。

1. 冷静期制度中无因退回权与相关权利辨析

对于消费者冷静期制度中权利的性质争议，不仅在我国，在国外制度较为成熟的地区也同样存在。在我国消费者冷静期确立的过程之中，对其权利性质的认定也受到国外学说的影响。其中，以下两类是较为主流的观点：其一，法定的合同解除权说；其二，合同的撤销权说。此外，由于长期以来对冷静期制度称谓的混乱，因而也易产生其与要约撤回的混淆。因此，本书主要与解除权、撤销权及要约的撤回进行辨析。

首先，与合同解除权之辨析。大陆法系国家认为合同解除是指合同在有效成立后，没有履行或没有完全履行前，根据当事人一方的意思表示，使合同关系溯及地消灭，尚未履行的给付不再履行，已经履行的给付应予返还的民事制度。[①] 在我国《民法典》第562条规定了合同的约定解除，第563条则规定了合同的法定解除。从权利依据角度能够较易辨别出冷静期制度中无因退回权与约定解除权的不同，无因退回权具有法定性，是经过法律予以确认与保障的权利，而约定解除权则是基于合同双方当事人的约定而产生，当约定条件成就时当事人一方才可解除合同。是故，无因退回权与约定解除权之间区别较大，不易混淆。然而，其与法定解除权则不存在法定与约定的区别，二者都具有法定性。因此，有不少学者赞同这一观点，即认为冷静期制度中的权利是特殊的法定解除权，且其依据可源于《民法典》第563条中规定的“其他情形”。[②] 但是，这一观点忽略了二者的差异，除了法定性这一特征相同外，无因退回权与法定解除权之间还存在较多不同。一方面，我国《民法典》中规

① 参见曾祥生：《论合同解除权与撤销权之竞合》，载《求索》2010年第1期。

② 参见杨立新：《非传统销售方式购买商品的消费者反悔权及其适用》，载《法学》2014年第2期。

定的法定解除权产生的情形，归纳起来可以分为两类：一类是因不可抗力产生的法定解除权，另一类是因一方违约而产生的法定解除权。被认为可以作为无因退回权权利依据的《民法典》第563条第1款第5项“其他情形”，实际也主要体现为因违约而适用法定解除权的情形[①]，能够为《民法典》第563条的原则所涵盖，继而被归纳到“因违约而产生的法定解除权”中。[②] 由此可知，虽然都具有法定性，但《民法典》中法定解除权的行使主要基于合同订立后在履行过程中出现问题这一前提，而冷静期制度中无因退回权的行使则并不需要以此履行瑕疵为前提，正如其称谓一般该权利的行使不需要任何前提或者理由。另一方面，权利行使的主体亦有区别。合同解除权的赋予旨在保障当事人双方的利益，当在合同履行过程中出现了某种不正常情形时，如果继续履行合同，将使一方当事人付出极大代价或遭受重大损失，因此法律规定这一方当事人可以解除合同。[③] 法定解除权的行使主体并未规定为某一方所专有，当合同的履行出现问题时，合同双方当事人均可行使解除权以保障自身利益不受损害。无因退回权的行使则仅限于消费者一方，经营者作为交易另一方并不享有这一权利。此外，从上述分析也可看出，二者的立法目的也有所不同。《民法典》中解除权的规定旨在保障交易双方的利益，而冷静期制度则着重保护消费者的利益。

其次，与合同撤销权之辨析。在对无因退回权的性质探讨中，也有观点认为冷静期制度的设立是为了防止消费者意思表示瑕疵，大多数国家的法律中将意思表示有缺陷的合同归为可撤销的合同，因而也可将其列入可撤销合同中。[④] 但这一观点即对冷静期制度中的无因退回权与合同

---

① 如《民法典》分则中租赁合同、承揽合同等合同中所规定的法定解除权。

② 参见彭庆伟：《浅论合同法定解除权的行使》，载《法学评论》2000年第6期。

③ 参见彭庆伟：《浅论合同法定解除权的行使》，载《法学评论》2000年第6期。

④ 参见董新凯、夏瑜：《冷却期制度与消费者权益保护》，载《河北法学》2005年第5期。

撤销权产生了混淆。民法中的撤销具有广义与狭义之分，我国《民法典》中的撤销权则属狭义范畴的撤销权，即指有瑕疵意思表示的（或法律行为的）撤销，如因错误、误传、被欺诈、被胁迫等而为意思表示的撤销。[①] 这种意义上的撤销权是作为一种意思表示瑕疵的救济手段而存在的权利，合同双方当事人只要存在意思表示瑕疵均可行使这一权利。反观冷静期制度可以看出，虽然撤销权与无因退回权均属于形成权，且均具有法定性，但二者存在根本上的差异。其一，权利行使的条件不同。从以上分析可看出，撤销权的行使以意思表示瑕疵为前提，而无因退回权的行使并不以此为前提，无论是否存在意思表示的瑕疵，消费者都有权行使其权利且无须说明理由或提供证明。其二，权利行使的主体不同。合同双方当事人均可行使撤销权，而无因退回权仅有消费者能够享有并行使。其三，立法目的不同。如合同解除权一般，撤销权的确立也并不是仅为了保护合同一方的利益，而是在于维护合同自由与意思自治，而冷静期制度的确立则主要在于倾斜保护消费者的权益。

最后，与要约撤回之辨析。要约的撤回是指需受领的意思表示在到达对方时生效，表意人因而有机会利用发出后到达前的时间间隔，收回之前发出但尚未生效的意思表示。[②] 我国《民法典》第475条中规定，要约可以撤回。撤回要约的通知应当在要约到达受要约人之前或者与要约同时到达受要约人。由此可以看出，要约撤回权与无因退回权存在以下几点区别：一是权利行使的阶段不同。要约的撤回通常发生在合同订立前，要约人为阻止前项意思表示生效而撤回要约。无因退回权则是在合同订立后方可行使，合同订立后消费者无须说明任何理由即可行使这一权利，最终达到合同双方权利义务关系恢复原状的效果。二是权利行使

① 参见王泽鉴：《民法总则》，北京大学出版社2009年版，第470页。

② 参见朱庆育：《民法总论》，北京大学出版社2013年版，第207页。

的期限不同。如《民法典》第475条所规定的，要约的撤回权的行使需要在要约发出后而尚未生效的这段期间内，这一期间的长短是无法准确估量的。无因退回权则是规定了明确的冷静期期间，我国新《消法》中将这一行使期限规定为7天。此外，与合同解除权、撤销权等权利一样，在权利行使主体等方面要约撤回权与无因退回权也有所不同，在此就不进行一一赘述。

综上所述，通过辨析可知，冷静期制度中的无因退回权既不同于合同解除权、合同撤销权，更明显区别于要约的撤回权，作为一项新型消费者权利更能有效发挥其对消费者权益的保护功能，有益于冷静期制度此后的发展与完善。

2. 冷静期制度与相关制度辨析

我国引入冷静期制度之前，消费者对退货权的行使主要体现在质量“三包”制度、无理由退货规则之中。虽然这些制度与规则在一定程度上保障了消费者的权益，但伴随信息化时代的到来，新型消费方式快速普及，这些制度与规则也开始显得日渐乏力。随后，冷静期制度的确立缓解了消费者之困，但其与质量“三包”制度、无理由退货规则在形式上具有相似性，因而对此几种制度进行辨析，能够使冷静期制度在实施过程中得以更好的落实。

首先，与质量“三包”制度之辨析。自“三包”制度确立以来，其在消费者保护中发挥了一定的积极作用。这一制度也历经了一些变迁，我国最初被立法确立的老“三包”制度是在1986年4月发布的《工业产品质量责任条例》中，其中老“三包”被表述为“包修、包换、包退”，此后旧《消法》、《产品质量法》及《部分商品修理更换退货责任规定》等法律法规中对其进行了修正，最终表述为“修理、更换、退货”，并在条文中进一步细化该制度。可以说，“三包”制度是我国消费者保护法律体系中独具特色的一项制度，具有强烈的本土色彩。[1] 反观消费者冷静期制度，其与“三包”制度中退货的区别，本书以《产品质量法》中的规定为例进行论述，可明确二者有以下几点不同。第一，适用前提条件不同。从我国《产品质量法》第40条规定中，可明确“三包”制度中退货权的行使必须满足产品存在瑕疵这一前提条件。但在冷静期制度中，消费者行使无因退回权无须满足任何前提条件。第二，适用范围不同。虽然在《产品质量法》中规定了可以行使退货权的三种情形，但无论通过何种消费方式，只要产品存在瑕疵消费者即可行使这一权利，并无具体的适用范围限制。在冷静期制度中，只有采用通过法律确定的特殊消费方式进行交易，消费者才能够享有无因退回权。第三，经营者是否享有抗辩权不同。在“三包”制度中经营者拥有抗辩权，在冷静期制度中经营者则不享有抗辩权。消费者行使权利无须说明理由且无须承担责任，经营者面对退货要求不能以产品不存在瑕疵等为由拒绝履行退货义务。此外，在《部分商品修理更换退货责任规定》中还对“三包”制度的权利行使期限进行了较为细致的规定，与冷静期制度中也有明显不同，在此就不进行一一赘述。

其次，与无理由退货规则之辨析。无理由退货规则自进入我国以来，在消费者保护制度的构建里程中具有非常积极的历史意义。冷静期制度与无理由退货规则具有高度的相似性，且因冷静期制度的称谓混乱，极易使两者产生混淆，导致该制度在实践中难以很好落实。二者最大的区别即在于冷静期制度中的无因退回权是法定权利，而无理由退货规则中的退货权是约定权利。无理由退货规则是经营者自愿推出的政策，而冷静期制度如前文所述，是一种法定权利，是通过立法以确认赋予消费者的权利。因此，在强制力上二者也有明显差异。无理由退货规则由于是

---

① 参见钟瑞华：《中国“三包”制度总检讨》，载《清华法学》2005年第2期。

约定权利，因而强制力较差，并且这一规则具有较强的不确定性。但在冷静期制度中则不存在这样的问题，通过立法的确认，消费者的这一权利便有国家强制力为保障，因而也能够为经营者与消费者提供确定的指引，使交易中消费者的权益不会轻易受到损害。此外，在无理由退货规则中，权利的适用范围、行使期限等问题均可进行约定。通过约定，消费者不仅在特殊消费方式中能够享有无理由退货权，在其他多种消费方式中也均可享有并行使该权利。在权利行使期限上，也可约定较 7 天更短或更长的期限。是故，无理由退货规则虽然推动了我国消费者保护的发展，但它由于自身存在的不确定性、弱强制力等缺陷，在实践中难以为消费者提供较全面的保护，与冷静期制度在效果上也有着较大差距。

四、研究思路与基本结构

本书的写作遵循了从理论到实践，从问题到解决的传统思路，在对冷静期制度的概念、演进与性质进行分析的基础之上，明确冷静期制度的内涵与外延，为制度发展提供基础要件。充分借鉴国外成熟制度经验，结合我国基本国情，从信息不对称视角对冷静期制度进行了深入剖析。除绪论与结语外，本书主要包含五章，其基本内容与基本逻辑如下：

第一章题为“信息、决策与信息不对称”，本章旨在明确信息与决策之间的关系，得出充分的信息是决策的基础，是正确决策的依托。冷静期制度的引入则能够赋予消费者更多的信息获取机会与获取时间等，提升决策效率。信息不对称相关理论分析方法打破了常规经济学的部分观念，能够为我国冷静期制度提供新的视野。

第二章题为“冷静期制度的规制机理解释”，本章旨在解决两个问题：第一，以信息约束理论的分析方法与理论成果为工具，对冷静期制度的构建进行正当性论证，将消费者信息不对称问题置于委托—代理框架下，验证冷静期制度对经营者和消费者行动选择的影响。据此，能够对冷静期制度的功能进行进一步分析，以均衡理论为指引，在制度配置中充分考虑双方的权利义务分配，促进制度的有效实施。第二，对冷静期制度进行类型化分析，将其分为要约规制型与标的规制型分别予以探讨。信息不对称的产生往往会有多种原因，导致不同的后果，但信息不对称本身是中性的，因而并非信息不对称的领域都需要制度的规制。类型化分析能够回答这样一个问题，即什么样的信息不对称需要进行规制。过于宽泛的制度适用往往会产生过犹不及的效果，因此明确这一问题之后，才能够对冷静期制度的适用范围进行合理界定。

第三章题为“要约规制型冷静期制度研究”，本章内容主要与域外制度相结合，实际上是对冷静期制度国内外经验的比较研究。首先，以前述信息不对称理论为基础，对要约规制型冷静期制度的基本类型进行了介绍。其次，探讨了要约规制型冷静期制度的价值定位。对其作为克服信息不对称的事后策略的有效性加以分析与验证，并进一步得出冷静期制度正是这样一种机制，其对经营者与消费者之间利益格局进行重新调整，通过延伸消费者权利以实现对其的全面保护。最后，对要约规制型冷静期制度的国内外立法进行评述。通过对不同国家和地区中制度的具体规则加以对比分析，反思我国冷静期制度设计中存在的缺陷。

第四章题为“标的规制型冷静期制度研究”，标的规制型冷静期制度的适用可总结为针对金融与分时度假两类商品，目前我国在此领域中尚未有明确的立法规定。但这些领域中，标的本身具有特殊性、复杂性，因而信息不对称的形式也相当严峻，冷静期制度的适用显得十分必要。通过与要约规制型的比较研究，可知二者间存在的差异性会导致制度设计也不能全然相同。再对域外标的规制型冷静期制度的类型、权利行使期限以及权利义务划分进行分析，进一步探讨制度构建的现实可行性，也为下文中制度的构建提供经验借鉴。

第五章题为“我国消费者冷静期制度的信息不对称规制改进”，本章旨在构建一种冷静期制度完善的整体策略，即在信息不对称视角之下，分别从立法模式选择中的成本—效益分析，制度类型化中的信息不对称要素分析，信息不对称的产生、程度及其消极影响分析以及均衡理论四个方面，对冷静期制度的立法理念与立法模式确定，不同类型下冷静期制度的范围界定、权利行使规则与法律后果设置分别进行探讨，并且强调在制度改进的过程中，始终应当秉承权利的无因性与无偿性，否则将会阻碍消费者权利的行使，导致制度事实上的低效率。再辅以其他相关制度的共同作用，最终构建起一个体系化的消费者保护制度，为经营者和消费者提供有效指引，同时优化市场运行效率。

五、研究方法与创新之处

（一）主要研究方法

本书综合运用了多种研究方法，整体来说，主要包含以下三类：

首先，文本分析法。本书将有针对性地对与本书内容相关的文献进行研究分析，从中获取与本书研究对象相关的信息与学术观点。对冷静期制度的分析性文献搜集工作主要集中于欧美等制度成熟国家的经验成果，而对冷静期制度的适用性文献搜集工作则主要集中于本土学界的研究成果。

其次，经济分析法。市场规制的立法和执法均具有相当的交叉研究色彩，因而在对冷静期制度的研究中，本书将大量的信息经济学理论应用于对此制度的分析研究之中。

最后，比较研究法。消费领域的冷静期制度在我国发展较晚，至今也仅在我国远程销售这一类型的交易领域中得以适用。因此，在未来的改进中，我国消费者冷静期制度还面临着极大的挑战。通过对不同国家和地区的消费者冷静期制度进行有效比较研究，能够为我国冷静期制度发展提供有益借鉴。

（二）创新之处

本书可能的创新之处在于：

其一，研究视角的创新。目前已有的消费者冷静期制度研究成果主要集中于以下三类：一是与其他国家或地区消费者冷静期制度的比较研究；二是对消费者冷静期制度的正当性研究；三是冷静期制度的经济分析研究。然而，一系列研究忽略了与冷静期制度的产生及发展息息相关的信息问题。本书对消费者冷静期制度进行了系统的信息理论分析，阐明信息不再是可以忽视的条件，而是作为必然存在的约束条件存在。由此能够进一步推动冷静期制度的信息不对称克服作用的发挥，有利于从根本上改善消费者的弱势地位。

其二，分类研究的创新。在本书的第二章到第四章中，将对交易进行类型化，根据要约方式与标的性质的特殊性划分为特殊要约型与特殊标的型两类，两类交易也由于各自特性而存在不同形式的信息不对称问题。在此基础之上，对消费者冷静期制度予以完善，使之能够针对不同类型的交易进行有的放矢的规制。

其三，所提出的解决方案的立足点创新。现有研究多立足于单一的消费者冷静期制度进行研究，无论是对其进行的经济分析还是法律适用分析，均脱离了消费者保护体系，因而存在片面化问题。本书立足于整体，提出对冷静期相关配套制度的全面完善，通过制度联动满足制度实施的效益最大化要求，这些内容共同构成一个有机的整体，为消费者提供系统性的保障机制。

第一章

信息、决策与信息不对称

无论是在消费者的决策、权力机关的决策还是其他主体的决策中，信息都有着至关重要的作用，充分的信息是决策的基础，是正确决策的依托。冷静期制度的引入能够赋予消费者更多的信息获取机会与获取时间等，提升决策效率。因此，对信息与消费决策关系进行梳理必不可少。信息不对称作为信息经济学的核心，打破了传统经济学的部分观念，对此问题的分析方法与理论成果能够为我国冷静期制度研究提供新的视角。

第一节　信息与决策

在当今社会中，信息已经成为一种不可或缺的要素。随着信息化时代的到来，信息与经济社会之间的密切关联逐渐为各领域的学者所重视。在任何领域的决策中，无论决策主体是谁，一个正确决策的作出总是需要满足一定的信息条件，以依靠这些信息来作为依据。然而，信息不对称是一个不可忽视的客观存在，会导致决策主体付出更高的决策成本，降低决策效率，因而对其进行基础性分析必不可少。

一、信息概述

在现代社会中，信息在经济体系中的重要地位已经得到一致确认。这一概念看似简单，事实上却具有一定的复杂性，其因学科领域的不同而有着多种定义。在以信息作为分析对象前，对其价值与成本的探讨能够为此后的分析提供基本理据。

（一）内涵

伴随社会经济不断发展，“信息”这一概念在各个领域开始得到越来越广泛的应用，无论是在日常生活中还是经济交往中，信息总是扮演着相当重要的角色。然而，信息本身具有复杂性，随着使用环境的变化，“信息”这一概念也不断演进而表现出不同的含义。[①] 也正因如此，信息在不同学科领域有着不同的定义。

“信息”最初作为科学术语被引入学术界是由拉尔夫·哈特莱（Ralph Hartley）通过1928年发表的《信息传输》一文而实现的。[②] 此后，克劳德·香农（Shannon）又从信息供给角度对信息进行定义，这也是比较主流的经典性定义，他将信息定义为：信息是用以消除随机不确定性的东西。[③] 作为信息论的奠基人，香农还提出了“信息熵”的概念，使信息论成为一门真正意义上的学科。按照香农的理论，一条信息的信息量大小和它的不确定性有直接的关系。[④] 具体来说，不确定性越大的事物所需要的信息量也就越大，二者成正相关。相应地，不确定性较小的事物所需要的信息量也就相对较小。当然，这一理论也具有局限性，如其忽视了信息效用这一关键因素，但对信息此后在其他学科领域的广泛运用与发展仍有着较大的积极作用。在经济学领域中，信息在传统经济学盛行的早期备受忽视。乔治·施蒂格勒（George Joseph Stigler）曾经非常形象地指出，学术界人士都知道信息是一种有价值的资源：知识就是力量。但在经济学界，这一命题却如大城市中的贫民窟——几乎完全

① 参见马费成编著：《信息经济学》，武汉大学出版社2012年版，第1页。

② 参见黄琪：《信息不对称与市场效率的关系研究》，山东大学2014年博士学位论文。

③ 参见王勇：《香农信息定义分析与改进》，载《情报杂志》2008年第8期。

④ 参见张光华：《美国次贷危机研究——基于信息经济学的思考》，吉林大学2011年博士学位论文。

被忽视：最好的技术被假定是已知的；商品和消费者偏好的关系是已知数。[1] 对信息形式的探讨，则最早出自肯尼思·阿罗（Kenneth J. Arrow）在1957年发表的《统计和经济决策》与《决策理论和运筹学》两篇经典论文当中。[2] 关于信息这一概念，肯尼思·阿罗认为，所谓“信息”，就是根据条件概率原则有效地改变概率的任何观察结果。此外，经济学界还将信息定义为信息就是传递中的知识差。[3] 对于信息的定义，还有很多从不同学科角度出发的不同观点，本书仅从经济学这一角度出发将信息作为分析对象，因而不对其他信息定义进行一一罗列与解释。

（二）信息价值与信息成本

恰如前述，信息曾经历一段备受忽视的时期，因而信息的价值也并非一开始就为学者们所认识。如在经济学领域中，传统经济学以完全信息为前提假定，认为市场中的信息都是对称的，信息并不具备如土地、能源、自然资源等要素一般的稀缺性，因而也是不具有价值的。现如今，信息已经在多个领域得到广泛的应用，究其原因则是在各学科发展过程中，越来越多的学者认识到信息在其中的重要推动作用，从这个意义上讲，信息是具有价值的。具体来说，信息的价值在于它能够帮助决策主体作出更优的决策，从而实现效率最大化的目的。例如，随着企业信息化的深入发展，信息作为现代企业重要的生产要素，在生产系统中，其应用能够缩短生产周期并节约其他资源（如劳动力、资本、能源等）。信息资源的开发利用以及企业流程的“四流合一”（信息流、物流、工作流及资金流），在自身创造价值的同时，能够促进企业价值链各环节的改

---

① 参见［美］乔治·施蒂格勒：《信息经济学》，载罗卫东编选：《经济学基础文献选读》，浙江大学出版社2007年版，第131页。

② 参见马费成编著：《信息经济学》，武汉大学出版社2012年版，第2页。

③ 参见陈瑞华编著：《信息经济学》，南开大学出版社2003年版，第38页。

善，使价值链各环节增值。[①] 当然，信息的价值也不是恒定的，同样的信息对不同的主体也可能具有不同的价值，因此信息的价值有时会面临无法直观体现的问题。信息如同其他能源、自然资源一样也具有稀缺性，但信息又不同于其他资源，难以在不损害其稀缺性的情况下精确地确定其效用，因此其价值就像稀缺性一样，难以完全确定。[②]

综上所述，信息具有稀缺性且具有内在价值是毋庸置疑的。那么，要获取信息必然会产生成本。充分信息的获取通常需要经历信息搜集、信息传递、信息处理等一系列环节，而每一环节均会产生成本。因此，本书以消费者领域为例对信息获取过程中可能产生的成本予以分析。首先，信息搜集成本。在市场交易中，无论是经营者还是消费者均需要获取充足的信息以作出决策，因此，经营者或消费者会付出时间、金钱等成本以获取信息，如消费者上网搜集资料，经营者进行问卷调查等方式。其次，信息传递成本。为了将信息有效地传递出去，信息优势方（如经营者）通常会付出一定的成本。在实践中，经营者信息的传递通常也表现为信号的传递。广告即信号传递的一个典型例证，假设销售高质量产品的经营者较之销售低质量产品的经营者更愿意为产品做广告，那么观察到一个经营者做广告就能推断出这一经营者销售的产品可能质量更好，而此时广告本身就成为质量的一个信号。[③] 概言之，销售高质量产品的经营者做广告的行为即选择传递信号的行为，而广告即信号传递所投入的成本。最后，信息处理成本。信息处理成本与以下两个方面密切相关：其一，信息过多时主体所付出的信息筛选成本。伴随科技日新月异的发展，信息获取的渠道也不再单一，除了传统的报纸、电视

---

① 参见张海涛、靖继鹏：《信息价值链：内涵、模型、增值机制与策略》，载《情报理论与实践》2009 年第 3 期。

② 参见应飞虎：《从信息视角看经济法基本功能》，载《现代法学》2001 年第 6 期。

③ 参见［美］道格拉斯·G. 拜尔、［美］罗伯特·H. 格特纳、［美］兰德尔·C. 皮克：《法律的博弈分析》，严旭阳译，法律出版社 1999 年版，第 101 页。

等，更可以通过互联网获取信息，而渠道多元化的副产品信息泛滥问题也随之广泛存在于生活中。在此背景下，当消费者需要购买某件商品时，往往需要从众多的商品相关信息中筛选出对自己有用的、正确的信息，从而导致信息处理成本提高。其二，专业化信息的处理成本。在市场中，不同的交易标的具有不同的特征，其复杂性也各有差异。对技术含量较低的产品，消费者所付出的处理成本则较低，而对技术含量较高的产品，则会付出较高的处理成本。此外，根据消费者自身所掌握知识的多少与类别，对交易标的信息的处理能力也会有所差别。由此，信息处理的成本高低主要根据信息处理主体自身的知识水平、领域等不同而波动。

二、信息、选择与决策

无论在经济领域还是其他领域中，当一个决策主体面临着选择时即表明他面临着多种可能性，而这种不确定性也伴随着风险。在决策过程中，存在不确定性也就意味着存在通过信息以减少不确定性的可能，而事实上，充分的信息能够促进决策主体作出正确且高效的决策，掌握信息并有效运用信息是优化决策、提升交易效率的关键所在。

（一）不确定性与选择

人的一生面临着无尽的选择，每个选择都隐藏着无限的可能，由这些不确定组成所谓的命运，在命运中，每个人都曾是决策者。在经济社会中亦是如此，一个经济体系由各不同部分所组成，作为其成员的经营者、消费者、投资者及政府等决策主体时时都面临着不同的选择，在选择之下必须作出决策。虽然决策主体最终作出的选择仅体现出一种结果可能性[①]，但正如肯尼思·阿罗所说，他们所选中的结果不是不可回避的，其实只是一系列可能性中的一种可能。在决策过程中——无论是在经济领域还是其他方面，对于我们来说，可得到的机会以及我们决策的后果，都是不完全确知的。[②] 决策的过程即体现为选择的过程，因此，决策主体在面对多种选择的同时也面对着不确定性。不确定性又分为内生不确定性与外生不确定性，顾名思义，内生不确定性是指产生于体系内部的不确定性，如市场中经营者的商品定价即典型的内生变量。外生不确定性是指产生于体系外部的不确定性，如消费者的消费偏好是典型的外生变量。毫无疑问，不确定性的存在影响着决策主体的选择，也正是因为这种不确定性的存在，使决策主体不得不面对选择的风险。

不确定性使风险广泛存在于现实经济活动之中，对风险的感知能力与风险偏好等因素都影响着决策主体对风险的识别与选择，只有有效识别风险才能够规避、防范风险，也才能够减少市场中的不确定性，最终作出正确的选择。首先，风险感知能力是决策主体赖以作出决定的重要要素。根据风险感知能力的不同，个体对风险的识别能力也会有所不同，继而对同一事件产生不同的决策，得出不同的结论。在一个有效率的决策中，感知风险并识别风险是必须满足的前提条件。以消费者为例，对其风险感知能力产生影响的主要因素如表 1 - 1 所示。对其进行进一步分析可以看出，这五大因素均与信息相关。经营者提供的信息、媒体的报道、经营者间的竞争都在向消费者发出信号，而消费群体的差异性及消费者与经营者等主体对政策的解读，则是涉及对接收到的信息的处理。风险感知能力决定着消费者的风险识别效率，而信息则是提升

① 例如，消费者在交易中面临着购买或者不购买的选择，最终决策只能是唯一的买或者不买。再如，投资者在面临投资机会时他也仅能作出投资或者不投资的选择，因而决策的结果通常仅体现出一种可能性。

② 参见［美］肯尼思·J. 阿罗：《信息经济学》，何宝玉、姜忠孝等译，北京经济学院出版社 1989 年版，第 157 页。

风险感知能力，促进风险识别，并降低不确定性的关键要素。当信息充分、个体信息处理能力较强时，消费者的风险感知能力相应较强且更容易识别风险；当信息不充分、个体信息处理能力较弱时，消费者的风险感知能力也相应较弱继而无法正确识别风险，此时消费者作出有效选择往往需要付出较大的代价。是故，有效识别风险能够降低不确定性从而实现效率最大化，其中信息则是能够提升风险识别效率的关键要素之一。其次，作出何种选择也与决策主体的风险偏好密切相关。风险偏好主要分为以下几种：风险爱好者、风险中立者与风险厌恶者。在现代经济社会中，市场的参与者，无论是经营者还是消费者等，通常更多时候是风险厌恶者，或者至少是风险中立者，他们更希望获取确定的收益，或者至少不反对降低市场中的不确定性。当然，风险的存在是获得收益的基础，与高风险相伴的时常还有高收益，因而人们并不总是风险厌恶者。此外，身份的不同也会使个体对风险的偏好有所不同。如在消费者领域中，大多数消费者都是风险厌恶者，在一起交易中，他们更愿意通过各种方式转移或者降低风险，通过获取信息、处理信息以减少市场中的不确定性，在众多选择中正确识别并规避可能的风险，以最大限度地获取确定的收益。经营者中却不乏风险爱好者，以营利为目的的经营者为了利益最大化，往往会通过承担高风险以获取由之带来的高收益。在法律法规尚未完善之处，则也可能通过损害消费者的利益来提高自身的收益。

表 1-1　消费者风险感知影响因素①

影响因素	表现形式	对购买决策的影响
经营者的信息提供不完全	产品质量不完全符合技术指标或产品未进行严格标识	消费者购买风险增大，并且需要花费较大成本才能作出决策

① 根据已有的相关研究的图表进行重新整理。原表参见王志涛、苏春：《消费者风险感知、风险偏好与企业食品安全的风险控制》，载《上海经济研究》2014 年第 9 期。

续表

影响因素	表现形式	对购买决策的影响
消费群体的差异性	教育程度、生活区域、居住环境、收入状况、职业等差异	受教育程度高、居住环境较好、收入状况良好的消费群体更易作出正确的消费决策
		受教育程度低、居住环境较差、收入状况不佳的消费群体更易作出错误的消费决策
媒体报道的偏差	因涉入程度不深、当事人回避、不了解实际情况而放大或者减弱风险信息	风险放大效应会抑制消费者固有的购买力
		风险减弱效应会导致消费者对风险认识不足，容易造成非理性消费
竞争的激烈程度加剧	产品种类繁多，质量和价格各异	多类产品对比充足，更易作出正确决策
		多类产品对比不足，不易作出正确决策
	通过兼并或纵向一体化上下游企业提高自己品牌知名度	品牌效应能够极大降低消费者的交易成本，提升决策效率
公众与企业对政府食品安全政策的不同解读	公众与企业对政策关注点不一致，政府政策可能存在漏洞	消费者难以根据政府的政策作出购买决策，导致购买风险增加

（二）信息与决策

如前文所述，不确定性是客观且广泛存在的，正是因为有了不确定性才有了选择，决策即在众多可能性中择一而定，而作出正确高效的决策所依赖的基础与核心则是信息。事实上，如图 1-1 所示，一个决策作出的过程也是一个信息交换、处理与运用的过程，它体现为决策主体通过对信息进行收集、判断与选择的程序，最终依据分析得出结论的过程。在现代社会中，任何人或者机构都可能成为决策主体，小到买一份食物，大到法律的制定，都是个体或者机构进行选择的结果，而买的食物是否有利于自身健康，制定的法律是否为高质量的法律，都有赖于决策主体对信息的掌握与运用。然而，信息的获取、处理和运用是一个相当复杂的程序，不仅是信息本身具有复杂性，我们所身处的环境也具有相当的复杂性。其一，信息具有时效性特点，总是在不断产生且不断变化。以金融市场为例，当一个决策主体获取信息后通常会即时对其进行分析处理，再以这些信息为依据作出投资决策。金融领域中环境与结构变化往往十分迅速，如信息处理滞后，则其可能无法为决策者提供正确的指引，继而导致决策产生偏差甚至最终作出错误的决策。因此，不仅在金融领域中，甚至在整个经济领域中，决策者都更倾向于尽可能地获取新信息并快速处理新信息，以避免信息滞后带来的资源配置低效或无效的后果。其二，信息传递的复杂性。决策过程中必然会产生信息交流，而信息从一个主体流向另一个主体的过程可能受到很多因素的干扰，最终使信息无法充分传递给决策主体。以政府决策为例，高层决策者的信息来源主要包括政府体系内的垂直信息流、横向信息流以及政府体系外的社会信息流，这些对政府活动有影响的信息资源构成了政府决策的信息基础。在中央与地方政府的信息垂直性传递中，可能出现纵向信息封锁问题；在没有隶属关系的部门间、地区间或者组织间等的信息水平共时性传递过程中，可能出现横向信息隔离问题；在信息的社会传递过程中，则可能出现社会信息封闭问题。[①] 由此可见，信息传递在不同的阶段、不同的环境中都存在不同的阻隔因素，继而导致信息偏差的出现，信息接收者最终无法获取到完整且正确的信息。同时，信息具有稀缺性和价值属性，也可以作为一种商品，其与市场中各主体的利益[②]密切相关。无论在经济

① 参见钟开斌：《危机决策：一个基于信息流的分析框架》，载《江苏社会科学》2008 年第 4 期。

② 这种利益既可以是有形的，也可以是无形的。

活动还是家庭生活中，信息都必不可少，且大量信息具有明显的使用价值。于是，市场参与者在其活动中产生信息，而信息一旦产生并被有目的地积累，就可以转化为以一定价格在市场上交易的商品。[①] 现代市场中已经逐步出现了很多整合信息后发布以获取利益的平台，如饿了么等App软件即具有此功能。因而，既然信息与利益息息相关，那么在消费者与经营者的交易活动中，经营者作为信息优势方所提供的信息往往也会具有倾向性，他们更愿意提供能够促使交易达成的积极信息，而不愿提供可能使交易无法达成的消极信息。在这种情况下，消费者由于无法获取充足的信息也就无法作出有效的决策。概言之，在现代市场经济背景之下，消费者看似拥有最终决策权，既可以选择交易对象，也能够决定是否购买某种产品、买多少某种产品，然而，这种决策权得到有效行使的前提却是，消费者能够获取充分的信息并且有效地运用它们。

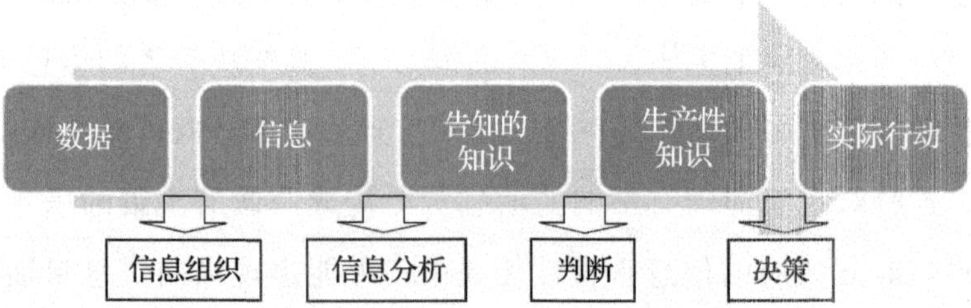

图1-1　泰勒的信息生命周期模型

综上所述，信息是决策的基础与依据，充分的信息是正确决策的保障，而决策作出的过程也是对信息进行运用转化的过程，掌握充分的信息并有效运用这些信息才能够大幅提高决策效率，提升决策质量。信息自身与所处环境的特性，导致可能出现信息滞后，或者在信息传递过程

① 并不是所有信息都能够作为商品，一般来说，用于交换的信息商品具有两个显著特征：一是具有独占性或专有权；二是具有可获得性或使用价值。参见陈瑞华编著：《信息经济学》，南开大学出版社2003年版，第362页。

中出现阻隔等问题。实践中很多低效或者错误决策的作出，信息获取渠道过窄、信息传递效率过低等都是导致这一结果的主要原因。

三、信息不对称的客观存在

信息作为一种稀缺资源必然会存在分布不均衡的问题，在实践中，信息不对称一直客观存在，并且根据产生根源的差别可分为先天型信息不对称和后天型信息不对称。在信息交流的不同阶段中，信息不对称也有其不同的体现，既有信息获取中的传递障碍，也有信息处理中的能力障碍等，这些因素综合导致了信息不对称问题的加重。

（一）信息不对称的产生根源

信息不对称通常是指在经济或者社会生活中，一方主体占有其他人所不知道的影响决策作出的相关信息，亦即信息在各主体间的分布是不均匀的。因此，信息不对称是广泛存在的客观事实，尤其是在市场经济不断发展的今天，市场中大量存在信息优势主体与信息劣势主体。如前文所述，信息往往与利益相关，市场信息更是如此，因而信息优势主体在没有有效制度规制的情形之下，就容易做出利用优势地位损害信息劣势方利益以谋取自身利益的行为。信息不对称则主要有先天型信息不对称与后天型信息不对称两类。

先天型信息不对称主要指自然形成的信息不对称，是由于主体特性而导致的信息分布不对称，如主体的身份、能力、信息成本等因素形成的信息障碍。首先，最初的信息不对称形成是由于社会分工的开始，是主体身份导致的信息不对称。正如亚当·斯密所说，分工的局面，一经完全确立，一己劳动的生产物只能满足自身欲望的极小部分。① 随着分工的不断细化，各主体逐渐开始只掌握自己相关领域的信息，而对其他领域的信息则知之甚少，演化至现代，即使是某一专业领域的专家也未必能说自己掌握了所在领域的完全信息。在这一过程中主体不同的身份逐渐形成，而每个主体相较于其他人都具有一定的信息优势，例如，主要负责奶牛饲养的农场主就不会充分了解关于小麦种植的信息；负责加工织物的纺织工也不会了解负责钢铁铸造行业的详细信息。然而，为了维持生活轨道的正常运转，农场主也需要购进小麦，纺织工也需要钢铁修建的房子，而关于小麦与钢铁的具体信息，则只有它们的生产者最清楚。同理，种植小麦的农民和铸造钢铁的工人也需要购进牛奶和织物，而他们也并不能充分掌握这些产品的信息。这便是由于社会分工而自然形成的信息不对称，这种不对称是无法避免的客观存在。其次，个体对事物的理解本身存在偏差，这种偏差使主体对信息的处理出现不同结果，继而导致信息不对称。主体的信息处理能力通常会受到如成长环境、教育背景等外部因素的影响，成长环境较好、受教育水平较高的个体较之成长环境较差、受教育水平较低的个体往往能够更好地处理所获取的信息，在信息搜集过程中也体现出更高的搜集能力。最后，信息成本的存在也导致了信息不对称的出现。通常来说，主体在作出一个决策前都会进行简单的成本收益分析，当一个决策作出后它的成本大于收益，那么可以说这个决策是一个低效率或者无效率的决策。为作出有效率的决策，主体总是需要以充分的信息为基础，但信息的获取、处理等都会耗费一定的资源，从而产生信息成本，而此类成本的存在则加重了信息不对称。一方面，信息成本广泛存在于各个主体的信息获取过程中。虽然市场中

① 参见［英］亚当·斯密：《国富论》（上），郭大力、王亚南译，译林出版社 2011 年版，第 17 页。

存在信息优势主体与信息劣势主体两方，但信息优势主体也并不能掌握完全的信息，其在获取信息的过程中也需要付出成本。例如，在市场交易中，经营者往往处于信息优势方，但经营者也同样存在信息获取成本，且根据不同经营者的具体情况，成本的高低也不尽相同。消费者作为信息劣势方，其所拥有的可为信息获取提供帮助的资源通常少于经营者，在此有限的资源条件下，消费者若要获取充分的信息无疑将会付出较高的成本。另一方面，信息处理也会产生相当的信息成本，这主要是由于客观世界变化而导致的信息不对称。任何主体获取信息后都需要对信息进行处理，亦即对信息进行识别、筛选、整理后方可使用。尤其是在如今的21世纪中，计算机科学的不断突破与网络的普遍使用，使信息量较之以往呈几何倍数增长，然而，在质上却并未随之提升。科技革命给信息的获取带来了便利，传统的线性信息传输已经逐步失去主导地位，由网状共享传递取而代之。但同时，它也增加了信息处理的成本，主体面对获取的大量甚至海量信息，要逐一进行识别、筛选、整理，不仅会花费更多的时间成本，有时也需要花费相当的金钱成本。以上由于社会发展或者个体成长所自然形成的信息不对称，对主体决策的作出必然有着较大的影响，也必须予以规制。此类信息不对称并不可能被完全消除，因此针对此类问题的制度设计应当以缓解信息不对称为主要目的。

后天型信息不对称主要指因人为因素而产生的不对称，这种不对称可以存在于信息交流的任何一个程序中。首先，在信息初始分布中也可以人为制造信息不对称，此时主体通过信息垄断等手段侵害他人利益，这种行为通常是非法的。① 其次，在信息获取中，信息独占和信息壁垒也在逐渐形成。这主要是由于能够作为资源的信息逐渐为人们所重视，付

① 参见应飞虎：《信息、权利与交易安全——消费者保护研究》，北京大学出版社2008年版，第13－14页。

费信息平台和付费数据库的出现使信息独占与信息壁垒问题相继出现。信息与一般物品有着本质区别，因为它生产成本很高，而再生产成本却极低，诸如发明等信息生产的价值会由于被模仿而大为降低。[①] 早期由于无法确保信息的稀缺性，因而信息产品的投资市场可谓萧条。直至如今，付费信息平台、数据库等的出现使信息的稀缺性能够得以保持，稀缺性是价值的来源，因而其经济价值也随之得以确定。随着信息平台等的不断发展，信息独占已经是普遍存在的现象，这使大量有用信息无法共享，主体想要获取相应的信息通常需要付出金钱成本，分工细化还使付费数据库分类建立，因而有时即使付费也无法在一个数据库中获得所有信息。在这样的信息壁垒之下，许多主体可能会放弃信息搜寻，继而导致信息不对称。最后，虚假或误导性信息的充斥使信息处理难度增加。信息是主体进行决策所依凭的重要要素，因而在许多领域一方为了获取利益而对信息进行加工或者虚构的行为已经屡见不鲜。例如，在市场中，虚假广告与植入式广告是不可忽视的存在，并对消费者的决策产生极大的负面影响。广告是消费者最易获取的信息之一，其通过多种形式发布以便大部分消费者能够接收到其传递的信息，除传统的报纸、电视广告等形式，互联网的普及使网络也成为广告传播的重要途径。也因此，广告中包含的虚假、误导信息会对消费者造成极大的损害。在实践中，近年来虚假广告对消费者的损害程度有所减轻，但整体情况仍不乐观。植入式广告的大行其道为消费者带来了新的危机，由于植入式广告的形式众多，较难分辨，时常出现在新闻中、节目里，因此通过植入式广告发布误导信息的行为也难以被识别，消费者往往在不知不觉中受到误导，对自己的受害情形知之甚少，更遑论主张权利。在以上列举的几类后天型信息

① 参见［美］保罗·萨缪尔森等：《经济学》，萧琛主译，人民邮电出版社2008年版，第169－170页。

不对称中，通过人为手段造成信息垄断、发布不实或误导信息的行为都是非法的，针对此类行为的制度应当意在抑制此类信息不对称的产生，由于建立付费数据库而导致的信息不对称虽然也是人为因素的产物，但这种信息不对称的产生本身是正常的。是故，制度针对此类信息不对称问题应当起到的仍是缓解作用。

（二）消费者保护中的信息不对称

恰如前述，社会分工产生了初始的信息不对称，并且历经后期的自然形成或者人为制造，在各个领域中信息总是呈不均匀分布的状态，其程度则是影响着各个主体决策效率的主要因素。经营者与消费者之间的信息不对称问题，显得尤为典型。众所周知，消费者相较于经营者属于弱势群体，不仅体现在通常所说的二者经济实力差距较大、消费者具有分散性等问题上，二者所掌握信息的不对等[①]也是导致消费者弱势的重要原因之一。在市场中，经营者并不总是财力雄厚，但他们往往处于信息优势地位，而消费者则处于信息弱势地位。因此，在这一领域中，经营者与消费者之间的信息不对称主要体现为以下两种情形。

第一，沉默的经营者。如前文所述，与处于信息弱势地位的消费者相比，经营者占据着信息优势并且往往乐于固化这一地位。这是由于信息优势能够为经营者带来超额利益，所以为了追求利益最大化，经营者也会时时维护这种信息垄断，通过信息保密，甚至人为制造信息障碍等方式巩固其地位。因此，在没有制度保障的情形之下，消费者很难克服这种信息不对称。我国的旧《消法》于1994年开始施行，后分别于2009年和2013年两次修正，新《消法》于2014年3月15日开始施行。虽然

① 这种不对等不仅体现为经营者与消费者之间掌握信息的数量不对等，还体现为二者信息获取能力、信息处理能力等方面的不对等。

旧《消法》出台后，经营者与消费者之间的信息不对称问题有所缓解，并且经历修改和配套法律法规完善，对交易中经营者的告知义务都已经有较为明确的规定。但是，实践中这些制度所起到的作用却是有限的，经营者的告知义务并没有得到很好的履行。究其原因，是由于告知义务的良好履行主要取决于交易中是否存在不可核实信息。在交易中，如果信息都是可核实的，即消费者有渠道可以获知其获得的信息是否真实、充分，那么当获取信息不充分时，消费者就可以通过经营者的沉默推断出经营者可能隐藏了不利信息，在此情况下，由于经营者没有激励保持沉默，则会更愿意选择充分履行告知义务。当信息不可核实时，消费者无法就自己获得的信息作出判断，则无法通过经营者的沉默推断出经营者是否隐藏了不利信息，此时经营者保持沉默才是最优选择，在利益最大化的驱使之下，则会更倾向于选择不充分履行告知义务。例如，经营者销售一台有瑕疵的手机，当经营者告知手机瑕疵，手机价格为 1800 元，而不告知手机瑕疵时，手机价格为 2000 元，且若获得手机的瑕疵信息，消费者则可能选择不购买该手机。那么，在欲购买手机的消费者并不能明确知道经营者是否掌握了关于这台手机的瑕疵信息的情况下，经营者为了自身利益最大化，即会选择沉默，不告知手机具有的瑕疵。消费者在获取手机相关信息不充分的条件下，则会作出错误的决策，选择购买该手机。在经营者选择沉默且其状况不可核实的情况下，消费者则无法通过沉默推断出经营者是故意隐瞒瑕疵还是没有掌握瑕疵信息。因此，只有在能够明确区分知情经营者与不知情经营者的情况下，才能明确其告知义务是否充分履行。并且，消费者在很多情况下也无法核实自己所获取信息的真实性与完整性，因而无法主张权利。是故，通过以上分析可知，在市场交易中，经营者更偏好于通过不作为的方式来隐藏信息，使交易成本上升、交易效率降低，同时增加了信息不对称克服的难度。新《消法》中冷静期制度的引入，则为信息不对称的克服提供了有益的探索路径。

第二，受限的消费者。经营者与消费者之间存在信息不对称的客观事实，而消费者的权益时常在信息不对称问题的影响之下受到损害，甚至受到损害而不自知。因此，克服信息不对称是保障消费者权益不受损害的重要途径。然而，消费者在信息不对称的克服中却会受到诸多限制，主要分为内在限制与外在障碍。一方面，消费者在克服信息不对称时会受到内在限制。这主要是消费者所拥有的资源，搜集、处理信息的能力等方面的限制，身处不同环境、接受不同教育的消费者的内在限制程度也有所区别。① 由于消费者的资源有限，一个决策的作出若需要花费过高的信息搜集成本而最终使成本大于收益，消费者则会面临两个选择：其一，通过耗费大量资源获取信息，那么这最终会是一个低效的决策；其二，放弃耗费大量资源获取充分信息，仅获取部分信息以供决策，那么这最终又可能产生两种结果：一种是消费者作出正确决策，另一种是消费者作出错误决策。大部分的消费者则会选择耗费有限的资源以获取信息，放弃高成本的信息不对称克服。此外，信息搜集、处理能力也是导致信息不对称私人克服困难的重要原因。如前文所述，主体的信息搜集、处理能力受所从事的工作、身处环境、受教育程度等多方面的影响，但在社会分工不断细化的今天，即使是某个领域的专家也很难肯定地说自己已经掌握了该领域的全部技术信息。因此，消费者即使面对自己所熟悉领域的经营者，也仍存在相当程度的信息不对称。这种自身限制使消费者在交易中难以摆脱信息劣势地位，导致消费者不同程度地受到信息不对称导致的损害，难以实现信息不对称的有效克服。另一方面，消费

① 有学者认为，一方面，信息搜集、处理者的信息搜集、处理能力有限；另一方面，信息搜集行为需要耗费资源，信息搜集者的资源又有限，这些因素导致信息不对称的私人克服变得更加困难。参见应飞虎：《信息、权利与交易安全——消费者保护研究》，北京大学出版社 2008 年版，第 12 - 13 页。

者在克服信息不对称时也存在外在障碍。这主要是指消费者在获取、处理信息等过程中所受到的外在影响，例如，信息传递过程中的噪声干扰就是一个难以克服的问题。这种干扰既包括自然形成的干扰，也包括人为制造的干扰。即使当今科学技术发展日新月异，信息传递的效率也越来越高，但完全的信息传递仍然是难以实现的。如图 1 - 2 所示，信息干扰可能存在于每个信息阶段。

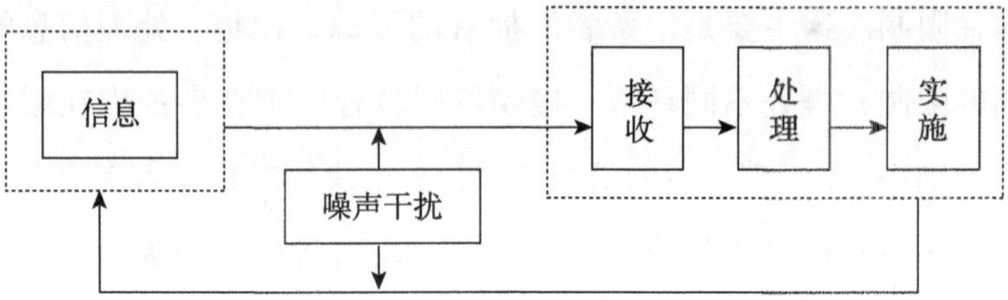

图 1 - 2　信息传递中的干扰

第二节　信息的基本内涵与信息经济学研究范式

信息经济学的形成与发展打破了传统经济学的完全信息与理性经济人假设理论，逐步成为主流经济学中的重要组成部分。它的主要研究内容包括微观信息经济学、宏观信息经济学、微观与宏观相结合及它们的应用研究。[①] 本书主要采用的是微观信息经济学的相关方法和研究成果。借助它的研究方法与研究成果，能够为消费者保护制度的研究提供新的思路。从信息不对称角度来探讨消费者冷静期制度，运用博弈论方法和信息经济学契约理论等来考察市场中经营者与消费者之间的信息不对称问题，揭示信息对消费者决策所产生的影响，为论证冷静期制度的理论基础提供新的角度和认识。

一、信息与信息经济学

信息是信息经济学研究的主要对象[②]，具有跨学科性与综合性特点，其内涵丰富且外延广阔。微观信息经济学则是整个信息经济学学科体系中发展较为成熟的部分，同时也是基础理论部分，有学者直接将其称为“非对称信息经济学”。[③] 其最初提出对传统经济学理论中前提假设的疑问，继而不断进行分析研究并逐步发展壮大，使它逐渐成为主流经济学

---

① 参见陈建斌、郭彦丽主编：《信息经济学》，清华大学出版社 2010 年版，第 11 页。

② 也有观点将信息限定为社会信息，社会信息是指产生于人类社会并在人类社会中交流传递的信息。参见马费成编著：《信息经济学》，武汉大学出版社 2012 年版，第 1－2 页。

③ 参见朱靖：《信息经济学研究综述》，载《情报科学》2015 年第 5 期。

中的一员，不仅为经济学，也为其他学科提供了新的视野。

（一）信息经济学对传统经济学理论的挑战

信息经济学的诞生对传统经济学发出了挑战，并且在此基础上逐渐发展起来。传统经济学有两个著名的假定：一是传统经济学中的理性人假定；二是新古典经济学中的完全竞争与完全信息假定。这两个假定密切相连，为经济学的研究奠定了相当重要的基础。理性人假定是指在面临给定的约束条件下最大化自己的偏好，正是这一假定使经济学家得以运用数学工具描述人的行为。理性人既可能是利己的也可能是利他的，当理性人在最大化偏好时，就需要相互合作，而价格制度是人类为达到合作和解决冲突所发明的重要制度之一。传统的新古典经济学正是以价格制度为研究对象，故又称为价格理论。[①] 由此，新古典经济学提出了它的著名假定：其一，市场是完全竞争的；其二，市场中的信息是完全的。这两个假定认为，市场中有足够多的参与者，因而市场总是处于充分竞争状态的，并且信息作为一种公共品，有其效用却不需耗费成本。在这两个假定下，经济行为人都拥有完全信息、完全理性以及完全确定性的经济环境，市场参与者都对彼此的行为、有关交易的结果、商品质量等拥有充分的信息。[②] 显而易见，传统经济学忽略了现实客观存在的信息不对称，以及由其引发的一系列现实问题。

综上所述，传统经济学将主体置于一种几近完美的环境之中，即在完全竞争的市场中、确定的条件下进行选择，每个人都拥有完全的信息，互相之间并不存在信息不对称。这种假定本身具有极大的局限性，一方面，市场难以达到完全竞争的状态，在现实经济环境中，存在许多扰动

---

① 参见张维迎：《博弈论与信息经济学》，格致出版社、上海三联书店、上海人民出版社 2012 年版，第 1 – 2 页。

② 参见马费成编著：《信息经济学》，武汉大学出版社 2012 年版，第 12 页。

变量难以预估和应对。另一方面，完全信息假定也仅是理想化状态。首先，这一假定忽略了社会分工导致信息初始分布就是不均匀的；其次，信息的获取不是零成本的；最后，信息传递会出现不完全传递的可能。即使在信息技术已经成熟的今天，信息传递仍无法做到完全无损，信息作为一种信号在传输链条上可能会出现逐渐弱化的物理现象，这种客观的信息传递损耗是无法避免的。此外，信息传递还可能出现人为的干扰因素，在传递过程中会出现人为故意或者由于主体认知不足导致的信息传递失真。那么就不难想象，在经营者与消费者之间的信息传递是难以实现完全传递的，事实上，在实践中许多信息传递都会出现信息损耗、信息失真的现象。

信息经济学则是建立于传统经济学假定的局限性之上的，它与传统经济学假定相反，是假定各主体都难以拥有完全、充分的信息，且主体是有限理性的，处理信息的能力也是有限的，因而主体在决策前总是处于一种不确定性状态之中，只有充分的信息、有效的信息处理才能够帮助他们作出正确的决策。它以不完全信息假设为基础，将技术影响的确定性假设改为不确定性假设，至此，信息不再是一个常数或者可以忽视的条件，而是作为变量或必然存在的约束条件存在。①

（二）信息经济学对信息的分类

信息的分类方法繁多，根据不同的划分标准可划分为多种种类，但如前文所述，信息经济学所研究的信息主要是指市场信息，当市场参与者出现在一定经济环境中时，这种信息一般表现为公共信息与私人信息、

① 参见陈瑞华编著：《信息经济学》，南开大学出版社 2003 年版，第 16－17 页。

完全信息与不完全信息、对称信息与非对称信息及同质信息与异质信息[①]等基本形式。

首先，公共信息与私人信息。公共信息与私人信息是一对相对的概念，公共信息主要是指那些市场参与者所共同具备的市场知识或者“常识”，它是能够被市场参与者所广泛获得的信息。公共信息是市场中必不可少的组成部分，如果没有公共信息，市场价格体系就无法发挥其指导与协调的作用。一般而言，在不存在偶然市场时，公共信息的增加与其精确性的提升，能够增加社会福利。然而，当市场环境中存在私人信息，存在偶然交易时，公共信息的无限增加则会对市场运行的效率产生负面影响。[②] 本质上，公共信息可以看作一种公共物品，它不具有像私人物品那样的强竞争性与排他性。公共信息是市场中必不可少的，同样，它也具有公共物品的缺陷，即容易产生“搭便车”现象。公共物品的特性决定了一些人对公共物品的享用并不影响他人的享用，新增加一个人享用对成本的增加为零，这时，人们在自私心理驱使下会选择“免费搭便车”。[③] 例如，“灯塔”即公共物品的著名案例。灯塔是航海者航行必不可少的设施，最初的灯塔是由私人提供的，他们向航海者收取灯塔使用费，以做设施维护和获取投资收益。但逐渐地开始有很多船只逃避缴费，而灯塔的投资者却很难向他们追缴费用，最终导致没有私人愿意再投资修建灯塔，只能由政府来作为灯塔的投资和运营方。信息同样如此，由于弱排他性导致很少有私人愿意作为信息的提供者，从而使市场上公共

---

① 同质信息是指具有相同性质并将导致同样经济结果的信息；异质信息是指性质上有所差别并将导致不同经济结果的信息。具体可参见陈瑞华编著：《信息经济学》，南开大学出版社 2003 年版，第 43 页。

② 赫什雷弗曾经论证了这一观点，证明了随着公共信息的增加，市场参与者都可以自由了解和获取到的信息随之增加，这将有碍于风险的分担和市场效率的提高。参见陈建斌、郭彦丽主编：《信息经济学》，清华大学出版社 2010 年版，第 31 - 32 页。

③ 参见吕忠梅、陈虹：《经济法原论》，法律出版社 2008 年版，第 7 页。

信息不足，难以达成有效率的交易。私人信息则是相对于公共信息的概念，是指在市场参与者所拥有的具有排他性的信息，是别人所不知道的信息。私人信息通常与市场参与者的利益挂钩，以此激励他们收集私人信息，最终通过获取的私人信息以产生偶然交易。事实上，公共信息与私人信息二者还可以进行自由转换，它们共同构成市场运行与市场存在的基础。

其次，完全信息与不完全信息。完全信息是传统经济学中的一个重要假定，它是指市场参与者在经济环境中所拥有的完整的信息。新古典经济学家认为，由于每个参与者已经充分拥有完全的信息，仅价格体系就能够维持资源的有效配置。然而，这种假设仅仅是一个理想化的假设，在实践中，完全信息是难以存在的。通常我们所面对的市场，都是信息不完全的市场，即市场参与者难以拥有关于所在经济环境中的全部信息。不完全信息假定打破了传统经济学价格体系的完全调节与协调设想，指出它并不能完全体现出市场参与者所需要的全部信息。这源自传统经济学所忽视的，市场参与者受信息成本、信息获取能力与信息处理能力所影响的事实，这些因素导致了不完全信息的存在。

最后，对称信息与非对称信息。根据市场上有关事件的知识或者概率分布在相互作用的市场参与者之间是否对称，可将信息分为对称信息和非对称信息。它们作为经济信息的重要基本形式，是完全信息与不完全信息的一种结构延伸，但又有所区别。[①] 对称信息，是指市场参与者在相同的经济环境中拥有的信息是对称分布的。这种对称分布通常体现为三种形式：一是市场参与者双方或者多方都不拥有任何相关的信息；二是市场参与者双方或者多方都拥有相同或几乎相同的信息量；三是市场参与者双方或者多方都拥有完整的相关信息。非对称信息，是指信息在

① 参见陈瑞华编著：《信息经济学》，南开大学出版社 2003 年版，第 51 页。

相同经济环境中不均匀地分布于各市场参与者手中。在现实经济活动中，这是普遍存在的情形。例如，在市场交易中，经营者往往比消费者拥有更多的私人信息，但经营者和消费者都不具有完全的信息，即在不完全信息条件下产生的典型的非对称性市场。

（三）市场信息与信息商品

厘清市场信息与信息商品的关系，对信息经济学理论在消费者问题中的应用有着至关重要的作用，而在此之前，首先需要对信息经济学的研究对象进行简单的阐述。信息无疑是信息经济学研究的核心对象，虽然信息经济学属于经济学研究领域，但与其他一些学科对信息的研究方法与内容也具有相关性，因此也具有综合性和跨学科性特点。是故，对其研究对象的具体界定也一直存在不同的观点。这些观点主要包括以下几类：第一，它是从经济学角度研究信息和信息活动。在这一观点中的信息，包括了信息、信息产品、信息活动等。第二，它是从信息科学角度研究经济问题。在这一观点中，主要研究的对象是信息对经济活动等产生的作用。第三，它研究信息活动的经济问题和经济活动的信息问题。亦即，它主要研究市场信息如何影响人们的经济行为及其结果。相对而言，第三类观点更为全面，选取这一观点的学者也相对较多，笔者也在这一观点的基础之上对市场信息与信息商品的关系进行进一步分析。

在此讨论语境之下，市场信息与信息商品的关系就较为明晰了。首先，信息是一种资源。对任何主体来说，要作出一个决策，必然需要投入信息资源。因此，市场信息既可能是市场参与者经济活动的直接产物，也可能是市场参与者经济活动的衍生产物。无论是哪一种信息，不可否认的是，它们都具有一定的使用价值。其次，作为商品的信息并不是自然产生的，它是市场参与者在其活动过程中所产生的，它不同于其他一般商品，是具有特殊性的商品。由此可以看出，市场信息和信息商品均产生自市场参与者的经济活动中，且经过有目的的积累，市场信息是可以转化为信息商品的。从范围上看，如图 1－3 所示，市场信息与信息商品是包含与被包含的关系，市场信息的范围广于信息商品，且它们之间可以通过有目的的行为进行转化。综上，消费者信息不对称中的信息属于市场信息，它的使用价值通常体现在产品或服务的价格体系中，但在一定条件下，它也可以转化为信息商品，因此其往往与经营者的利益休戚相关。

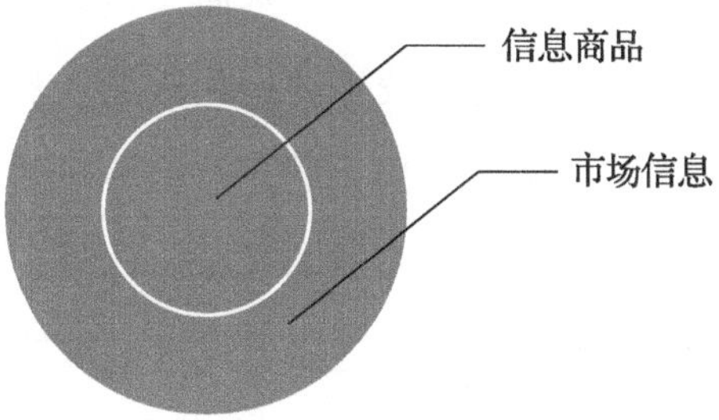

图 1－3　市场信息与信息商品的从属关系

二、信息经济学对信息问题的研究范式

信息经济学作为经济学的组成部分，其研究范式自然囊括了经济学研究的普遍方法，如均衡分析、定量分析等方法。但同时信息经济学也对传统经济学的部分理论发起了挑战，因此它又存在有别于传统经济学的特性，正是以预期效用理论、选择理论、博弈论作为特殊的方法论基础，信息经济学才得以有长足发展，也正是这些方法的应用，才使信息的存在意义更为明确。

（一）预期效用理论

1944 年，冯·诺依曼和摩根斯坦提出的预期效用（EU）理论以及随后萨维奇提出的主观预期效用理论，为“理性人”在风险和不确定性条件下的决策建立了完美的公理化体系。[①] 这一理论有两个重要基础：一是风险，二是效用。决策必须对选择可能产生的后果进行全面评估，而不能仅就某一种可能的结果作出判断。这一理论的运用，则是依靠效用函数的选取和概率分布的确定。其中，效用函数可用于研究市场参与者面对风险的态度，概率分布则大多通过经验或者历史数据来推定。这一理论应用到消费决策中，则体现为对风险条件下的消费者选择行为的描述。在不同环境状态下消费者的合理消费偏好，可以通过编制在此环境下个人选择的效用函数，用以描述和解释。然而，预期效用理论的分析方法由于较为抽象，在实践中也遇到较多的运用难题。例如，在投资收益的数学期望值模型中就存在这样一种矛盾，被称为圣彼得堡悖论，即人们对于无限的期望收益只愿意支付有限的代价。此外，市场参与者要获得风险条件下投资的期望收益或效用，这一投资必须能在相同条件下重复足够多次。然而，实践中这一条件很难得到满足。[②] 亦即，市场参与者在进行决策前，并不会不计成本地进行信息搜寻，当信息搜寻所需要的成本到达一定数量时，市场参与者将不会再继续搜寻信息，而失败的投资往往也只有一次少有重复。是故，预期效用理论提出后即显现出其中缺陷，后卡尼曼和特维斯基提出的期望理论等对其进行了一定程度上的缺陷弥补。就其对信息经济学的意义而言，正是有了预期效用理论对市场参与者在风险和不确定条件下的行动选择的深入探究，才为信息经济学提供了方法论基础，在不确定条件下主体的决策与信息间的关系才能够更直观地展现出来。

---

① 参见阳建伟、蒋馥：《投资组合理论与预期效用理论的发展》，载《经济理论与经济管理》2003 年第 5 期。

② 参见崔礼兵：《预期效用理论与风险投资》，载《上海经济研究》1997 年第 5 期。

（二）不确定条件下的选择理论

如前文所述，信息经济学的形成与发展对新古典经济学的几个假设发起挑战，而其中较为重要的一个假设，即主体的决策行为都是在确定条件下作出的，如图1－4所示，决策主体所身处的是一个确定的环境，决策的过程不会受到不确定性的支配或者影响，体现为一种较为明确的因果关系。亦即，当我们以新古典经济学所假设的确定条件为前提进行决策时，每个主体所做的行动与结果是相对应的关系，一个行为只会产生一种后果。

图1－4　确定条件下的因果关系

然而，我们所在的世界中总是存在许多因素，这些因素可能难以完全或者准确地进行分析、度量，也可能难以在事前充分地进行观察、预测，就像即使在技术飞速发展的今天，虽然科学家可以利用各项技术成功预测天气变化，但要达到完全精准的预测仍然是难以实现的。奈特首先较明确、规范地把不确定性因素引入经济分析，将概率型不确定性定义为风险，而把非概率型随机事件定义为不确定性。[①] 如图1－5所示，决策主体行动后产生的后果并不是确定的，由于各种因素的存在和干扰，一个行动可能会产生多种后果，这是不确定性的体现。因此，人们无法在这种条件下直接做出行动，而是在众多行动中面临着选择，正是由于行动与后果间存在的不确定性，才产生了选择。杰拉德·德布鲁创立了不确定性条件下的选择理论，并对经济过程中不确定性与信息的联系进行了精彩的描述和分析。信息经济学正是建立在这样的基础之上，它所

① 参见陈建斌、郭彦丽主编：《信息经济学》，清华大学出版社2010年版，第25页。

考察的人们的选择行为是在不确定性条件下进行的，并且这种不确定性与信息紧密地联系在一起。信息是不确定性的负度量，信息获取的充分性、准确性及信息处理的能力，能够决定不确定性对主体进行选择的影响。例如，当主体掌握充分且正确的信息时，依靠其所拥有的信息量，即可减轻选择的不确定性，提升决策的效率。综上所述，不确定条件下的选择理论为信息经济学提供了关键的基础方法论，将不确定性与信息的关系展现出来，弥补了传统经济学中存在的假设局限，也为主体选择行为分析提供了新的视角。

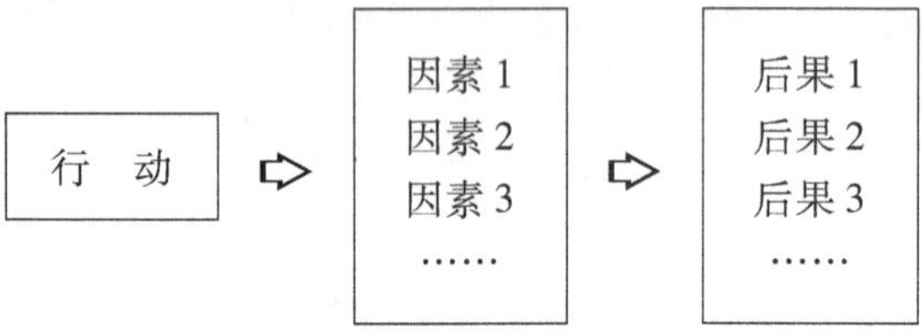

图 1－5　不确定条件下的因果关系

（三）博弈论

虽然现今博弈论时常与经济学相联系，甚至被认为是经济学的一个分支，但事实上博弈论并不是一开始就应用于经济学，它也并非经济学的分支，而是一种方法。博弈论描述了人们在一个或一束制度（博弈规则）下是如何作出行动决策的，在不同的环境中这些行动相应导致了什么社会结果。它由冯·诺依曼、摩根斯坦等人开创，后由大批杰出数学家和社会学家进一步发展与拓展。由于它的抽象性、统一性和普适性，其被认为是一种“社会物理学”和社会科学的语言。[①] 它所研究的，是决策主体的行为发生直接相互作用时候的决策以及这种决策的均衡问题，也就是说，博弈论研究的是一个主体，包括个体或者机构，他们的选择

① 参见丁利：《制度激励、博弈均衡与社会正义》，载《中国社会科学》2016 年第 4 期。

一方面受到其他个体或者机构的影响，另一方面反过来影响其他个体或者机构，在此情况下的决策问题和均衡问题。在这个意义上，博弈论也被称为“对策论”。[①] 具体来说，“囚徒困境”是博弈论中最经典的例子，其本身就部分地奠定了非合作博弈论的理论基础，并且可以作为现实生活中许多现象的一个抽象概念。如表 1－2 所示，囚徒困境即两名嫌疑犯在分别面临警察的审讯时，所作出的选择。警察分别告知二人他们所面临的选择和相应的后果，如果两人都选择坦白，则各被判刑 5 年、如果两人都选择不坦白，则各获刑 1 年；如果其中一人坦白另一人不坦白，则坦白者可获得释放，不坦白者被判刑 8 年。在这个博弈中，两名嫌疑犯无法知道对方的选择，自己在作出决策时需要综合考虑对方可能的选择及对方选择对自己的影响。因此，在综合考虑之后，从个人利益实现的角度出发，“坦白”是收益最大化的选择。在这个例证中，也体现出个人理性与集体理性之间的矛盾，因为从表 1－2 可以直观地看出，两名嫌疑犯的最佳选择实际上应该是“不坦白”。然而，在决策时，二者均以自身利益最大化为考量，导致最佳结果无法达成。因此，当每个个体在最大化自身利益时，即使在遵守社会规则的前提下，个体的决策或行为也不一定符合集体或社会的利益，甚至也不一定真能实现个体的最佳利益。[②]

表 1－2　囚徒困境

囚徒 2 / 囚徒 1	坦白	不坦白
坦白	－5，－5	0，－8
不坦白	－8，0	－1，－1

在 20 世纪七八十年代后，博弈论才逐渐成为主流经济学的一部分。

① 参见张维迎：《博弈论与信息经济学》，格致出版社、上海三联书店、上海人民出版社 2012 年版，第 2 页。

② 参见陈瑞华编著：《信息经济学》，南开大学出版社 2003 年版，第 62－64 页。

在20世纪70年代中期的经济学研究中，经济学逐步认识到信息与时序在经济学中的重要性，这为博弈论在经济学中的应用提升提供了契机，我们可以说，博弈论成为主流经济学的一部分，正是伴随着经济学对信息问题的重视而来的①，它能够为这两个问题的研究提供有力的研究工具。随后，它对信息经济学的形成与发展也发挥了巨大作用，作为信息经济学的重要理论工具，不仅被普遍应用于分析非对称信息的效用，在委托—代理理论中也有着无法替代的方法论意义。② 因此，也有学者将信息经济学称为非对称信息博弈论。综上所述，博弈论对经济学发展的贡献有目共睹，它所研究的不完全信息下的个人选择问题，几乎存在于社会经济生活中的方方面面，它不仅在经济学中，在其他社会科学领域甚至于一些自然科学领域也得到广泛的应用。近年来，它更是随着法律经济学的兴起逐渐进入法学领域，并逐步深入其腹地。

三、信息经济学的基本理论成果

信息是信息经济学的主要研究对象，市场信息广泛影响着主体的决策和选择的结果。经济学家们对信息经济学的深入研究，使其理论体系日渐完善，理论成果也不断涌现。其中，委托—代理与道德风险、逆向选择与信号传递及激励理论充分揭示了不同信息结构下可能产生的信息问题，以及在不同信息结构下如何达到效用最大化的目的。

（一）委托—代理理论与道德风险

信息经济学文献中的委托—代理理论，常常是以私人信息为标准认定委托人与代理人，即拥有私人信息的一方为“代理人”，没有私人信息

---

① 参见张维迎：《博弈论与信息经济学》，格致出版社、上海三联书店、上海人民出版社2012年版，第6页。

② 参见陈瑞华编著：《信息经济学》，南开大学出版社2003年版，第20页。

的一方为“委托人”。并且在这一框架下，如表1－3所示，将信息经济学分为五类不同的模型。模型分类能够更直观地反映出信息不对称发生的阶段，以及不同行为的表现形式与内容。但需要指出的是，有很多经济学家认为，这些模型实际上具有内在一致性，并不存在严格的定义与精准的划分。亦即，在他们看来，道德风险模型与逆向选择模型虽然表现形式可能存在不同，但并没有实质性的区别，且同一种交易关系也可能涵盖多个甚至全部的模型，而信号传递与信息甄别在很多时候也被统一使用“信号传递”来称呼。在实际应用中，一般认为，委托—代理理论按照习惯仅指“隐藏行动道德风险”这一模型。并且将信息经济学模型简化为两类：一类是委托—代理模型；另一类是逆向选择模型。①

表1－3　委托—代理模型的基本分类②

	隐藏行动	隐藏信息
事前		逆向选择 信号传递 信息甄别
事后	隐藏行动的道德风险	隐藏信息的道德风险

因此，首要讨论的，即委托—代理与道德风险问题。委托—代理理论是契约理论的重要组成部分，作为公司治理的逻辑起点，它在雇主与雇员的关系分析中的应用发展得较为成熟，也是最具典型性的应用实例。同时，随着它的不断发展，其应用价值也逐渐明晰，因而受到众多经济学家的关注。在这一模型中，委托人不拥有私人信息，而代理人拥有，且代理人所拥有的私人信息影响着委托人的利益。此时，委托人利益的实现就面临着“道德风险”。“道德风险”一词最初使用于保险行业，后

① 参见张维迎：《博弈论与信息经济学》，格致出版社、上海三联书店、上海人民出版社2012年版，第238页。

② 参见陈瑞华编著：《信息经济学》，南开大学出版社2003年版，第271页。

被广泛用于经济学甚至其他社会科学领域。道德风险模型主要发生的阶段是事后，即发生在双方合同订立后的隐藏行为，既可能隐藏行动也可能隐藏信息。具体而言，是在当委托人无法观测到代理人行动的过程，而只能获取结果时，代理人就有可能利用这一视角盲点为自己谋取利益或者做出损害委托人利益的行为。

（二）逆向选择与信号传递

对逆向选择问题的开创性研究源于乔治·阿克洛夫的《柠檬市场：质量、不确定性和市场机制》，他的研究表明，在非对称信息的情况下，逆向选择会导致市场上出现格雷欣法则（Gresham's law）所描述的“劣币驱逐良币”现象，这时，市场机制所实现的均衡可能是无效率的均衡。① 近年来，在各领域中都不乏对逆向选择问题的研究，无论是在公司治理中，还是在消费市场中，抑或最传统的保险市场中，对这一问题的成因都进行了较为细致的分析，也在不断探究能够更好解决这一问题的方法。在委托—代理框架下的逆向选择，究其原因，仍然是委托人与代理人之间的信息不对称，即代理人拥有私人信息，而委托人不拥有，但它与道德风险发生的时间与内容都有所不同。在发生时间上，逆向选择主要发生在合同订立前的阶段，代理人拥有的私人信息有可能不利于委托人，而代理人利用这些私人信息使自己处在选择的优势地位中，作为信息劣势方的委托人则被置于不利选择中。在内容上，逆向选择仅体现为隐藏信息的行为，也就是说，在委托—代理关系中，代理人通过隐藏自身的信息，以使委托人无法区分“高质量”代理人与“低质量”代理人，从而导致“高质量”代理人逐渐被“低质量”代理人驱逐出市场的结果，最终产生逆向选择问题。

---

① 参见陈建斌、郭彦丽主编：《信息经济学》，清华大学出版社 2010 年版，第 93 页。

通过信号传递与信息甄别可以有效减少逆向选择问题的产生，降低其对市场运行的不良干预，以提升或者至少能够保证市场的效率。虽如前文所述，信号传递与信息甄别按照习惯通常统称为“信号传递”，但在此具体分析的情境下，本书仍将二者分别予以说明。首先，信号传递是指信息优势方将信号或者信息传递给信息劣势方或者向信息劣势方展示。劳动力市场信号模型是这一方式的经典例证，这一模型以文凭作为信号，由处于信息优势方的雇员，传递给处于信息劣势方的雇主，即雇员通过向雇主展示自己的文凭以证明自己的能力，将这种私人信息成功传递给雇主，就能够有效避免逆向选择问题。其次，信息甄别不同于信号传递，二者的区分主要体现在行动顺序的差异上。在信号传递中，一般是拥有私人信息的一方先行动；在信息甄别中，则是拥有私人信息的一方后行动。对信息甄别的研究最早始于保险市场，罗斯柴尔德和斯蒂格利茨通过对保险市场中私人信息进行研究得出这一模型。它是以信息劣势方先行动的方式，为信息优势方提供多种选择，再通过信息优势方的选择以获得其私人信息。例如，在保险市场中，保险公司就以提供多种类型的保险合同的方式，来获取选择不同类型保险合同的消费者的私人信息。

（三）激励理论

恰如前文所述，委托—代理框架下道德风险与逆向选择问题具有普遍性，并且信息不对称是产生这两个问题的根本源头，正是因为委托、代理双方拥有的私人信息量不同，因而产生了信息优势方和信息劣势方。信息与利益紧密相连，委托人总是希望能够使代理人的行动效用最大化，然而，只有对代理人进行有效的激励，才能够实现这一结果。是故，解决上述问题，事实上就是回答如何通过制度设计，来激励信息优势方提供所拥有的私人信息，从而使代理人选择对委托人效用最大化的行动，以实现最优决策的问题。当然，也包括通过合同内容的设计，来激励代理人选择有利于委托人或者说委托人所希望的效用最大化行动。在常见的隐蔽信息、隐蔽行动等行为中，代理人获得优势地位的方式不同，因而激励机制的设计也不尽相同，针对不同的行为具体目标设置如表 1－4 所示。即使在逆向选择问题中，虽然是通过信号传递和信息甄别两种方法解决这一问题，但本质上仍然是以激励信息优势方提供私人信息的方式来实现最佳选择。因此可以得出结论，信息激励机制的构建是解决信息不对称问题的核心制度之一。

表 1－4　激励机制的目标

策略或行动	目标
隐藏信息（如逆向选择）	使代理人自觉显示私人信息
隐藏行动（如道德风险）	使代理人自觉显示真实行动

劳动力市场是激励理论应用的经典领域，在雇主与雇员这一委托—代理关系中，雇主作为委托人处于信息劣势地位，在合同订立前，雇主缺乏应聘者的私人信息；在合同订立后，雇主又无法完全观测雇员的行动过程，多数情况下仅能获得结果。因此，激励理论在这一市场中的应用，就体现为对不同能力者设置不同工资水平的方式，激励应聘者积极提供有关自身能力的私人信息。通过将雇员的劳动成果与薪酬相关联，激励雇员提高工作热情、提升个人产量。例如，在大学中，将教师的雇用、解雇、晋升与他们的研究成果相关联，以保证他们研究的质量与数量，同时研究成果也能成为一种信号，传递着教师的个人能力信息。即使大学和社会对学术研究没有兴趣，这种关联也仍然具有发送信号的理论基础。①

① 具体例证参见［美］唐纳德·E. 坎贝尔：《激励理论：动机与信息经济学》，王新荣译，中国人民大学出版社 2013 年版，第 165－167 页。

第二章

冷静期制度的规制机理解释

第一节　冷静期制度的正当性分析

如前文所述，冷静期制度在我国发展较晚，虽然已经在2013年修正的新《消法》中加入这一制度，目前对其的正当性研究主要集中于决策自由角度，而对信息不对称及预期决策的研究缺乏说服力，因而至今学界仍有对其正当性的质疑。信息经济学的研究范式与研究成果能够为冷静期制度的研究提供新的视角，通过将消费者问题置于委托—代理框架中，在信息对称及信息不对称条件下分别予以分析，以及通过预期决策思维与期望效用之间的偏差分析，能够给予冷静期制度的构建以更有力的证成。

一、概述

自传统消费方式逐渐发生改变以来，我国冷静期制度的构建一直是学界讨论的热点。事实上，法律制定的过程也是一种选择的过程，它有着不确定性，不同的选择将会产生不同的结果，要制定高质量的法律，制定主体需要获取充分的信息并进行完整的分析，最终凭借此作出决策。正当性是一个法律制度赖以构建的基础，只有获取充分的信息并对其进行分析以作为法律制定的正当性依据，才能扫清制度构建的理论障碍。因此，对冷静期制度正当性的研究自然是这一制度的构建与完善所不可或缺的部分。作为冷静期制度的正当性依据之一，对意思表示自由的考察是目前研究较为成熟且充分的部分。学者们分别从不同角度对其进行论证，较有代表性的观点有以下两种：一种是从冷静期制度与“合同坚守原则”之间关系的探讨入手，认为这一制度的引入事实上会造成对

"合同坚守原则"的背离，再从"合同坚守原则"内部寻找突破口，提出这一制度实际上是保障消费者的意思自由得以实现，是实质合同自由原则的回归；① 另一种则是通过从内部视角与外部视角的分析，在内部视角研究中着眼于消费者的决策自由，认为冷静期制度所提供的救济能够实现有效捍卫消费者作出理性决定的目的，也是实质合同自由的维护。② 综上所述，学界普遍认为，冷静期制度的引入能够保障消费者决策自由的实现，也是对实质合同自由原则的体现，因此意思或决策自由能够为冷静期制度的建立提供正当性。由此可见，学者们已就此问题进行了详尽且精准的分析，因此本书不再针对这一依据进行赘述。但对于其他依据，学界则存在不同看法，尤其是对信息不对称问题的分析阐释存在较大分歧，而对预期决策问题的研究也较少，由此，部分学者认为，仅就意思或决策自由这一个依据并不足以为冷静期制度提供充分的正当性，因而对其的引入提出质疑。

在冷静期制度的正当性考察中，仅针对信息不对称展开的研究较少，通常与意思表示自由相结合，以论证冷静期制度有利于对实质合同自由的实现。赞成信息不对称能够成为制度之依据的观点认为，信息不对称是消费市场中客观存在的现象，经营者与消费者之间严重的信息不对称会导致二者的利益失衡，参照美国的立法，对消费者信息优势不足的弥补是消费者保护的正当化原因之一。③ 认为信息不对称不能构成冷静期制度之依据的观点则认为，相比传统消费方式而言，在新型消费方式中，如网络购物等，消费者能够获得更为丰富的商品信息，因而并不存在新型消费模式中信息不对称问题较之传统消费模式更为严重一说，那么信

① 参见张学哲：《消费者撤回权制度与合同自由原则——以中国民法法典化为背景》，载《比较法研究》2009 年第 6 期。

② 参见孙良国：《消费者何以有撤回权》，载《当代法学》2011 年第 6 期。

③ 参见王洪亮：《消费者撤回权的正当性基础》，载《法学》2010 年第 12 期。

息不对称作为冷静期制度的正当性依据也就不具有合理性。[①] 综上所述，现有研究中对信息不对称的研究尚浅，无论是肯定论还是否定论观点，都未对其进行深入分析，也未对其进行理论挖掘。此外，作为冷静期制度正当性依据来源之一的预期决策问题，学界对此依据鲜有研究，仅有学者从有限理性视角出发，论证了冷静期制度建立的正当性。较为主流的观点认为，在消费过程中，消费者可能受到影响，发生易得性偏差、预测偏差、禀赋效应、乐观偏差及代表性启示等现象，继而无法作出理性决策，因而有限理性成为消费者撤回权正当性研究的重要理论根据，解释了冷静期制度与契约自由冲突的根本所在。[②] 但预期决策思维的缺失却远不止有限理性一个原因。综上所述，本书拟针对信息不对称及预期决策两个依据进行信息经济学分析，以期能够更有力地论证其作为冷静期制度正当性之依据的合理性。

二、委托—代理框架下经营者与消费者信息不对称分析

为了更直观地展示信息对主体行为选择的影响，本书拟首先对信息对称条件下消费者一般选择模式进行分析，这是以传统经济学中完全信息假设为前提进行的分析，是一种理想化模型；其次，进一步说明，相较于信息对称，信息不对称才是实践中的常态，在这种不对称条件之下，经营者与消费者之间交易效率的保障会存在现实阻碍。综上所述，仅通过市场本身欲实现对信息不对称及其相关问题的有效调节具有相当难度，而通过冷静期制度来规制则能够实现成本与风险的分担，修正消费过程

① 这是信息不对称依据否定论中较为主流的观点，参见徐伟：《重估网络购物中的消费者撤回权》，载《法学》2016 年第 3 期。其他否定论观点还有如孙良国：《消费者何以有撤回权》，载《当代法学》2011 年第 6 期。

② 参见卢春荣：《消费者撤回权与契约自由原则的冲突——行为经济学的视角》，载《西部法学评论》2012 年第 2 期。其他观点还有如段媚媚：《消费者撤回权法律制度产生的理论基础研究》，载《河北法学》2017 年第 4 期。

中可能存在的偏向行为。

（一）信息对称下的行为选择模式

众所周知，信息不仅对消费者极为重要，对经营者也同样重要。为追求利润最大化的实现，经营者需要对消费者的真实需求有所掌握，消费者为追求效用最大化则需要对商品信息进行充分掌握。商品的质量等通常存在一定的不确定性，易导致风险的产生，经营者为追求风险带来的额外利益，则可能选择沉默或者欺骗。在这一过程中，经营者一旦隐瞒或者提供错误信息，消费者很难准确辨别商品是否真正符合自己的需求，最终可能作出错误的决策。为准确分析市场中存在的类似问题，我们将经营者与消费者之间的信息问题代入委托—代理框架后，就会产生两种模型：一种是信息对称下的委托人与代理人模式；另一种是信息不对称下的委托人与代理人模式。做此对比研究的目的主要在于，期望能够设计一种制度以促进实现经营者与消费者之间的均衡。如图 2－1 所示，即一般均衡理论下经营者与消费者之间的经济关系。要实现这样一种平衡状态，有效的价格机制是前提条件，然而，当信息不对称时，价格机制则很难充分发挥其调节作用。因此，我们从信息对称下的委托—代理关系出发，首先，分析在这一条件下，市场中各主体的行为选择。其次，从信息不对称下的委托—代理关系出发，研究这一条件下，市场中各主体可能面临的问题和风险。

在信息对称条件下，经营者和消费者所掌握的信息是相同的，两者之间不存在任何的信息偏在问题。事实上，在信息完全对称时，经营者与消费者并不能构成委托—代理关系，研究这一模型的目的主要在于与信息不对称进行对比分析。正如新古典经济学派的完全竞争与完全信息

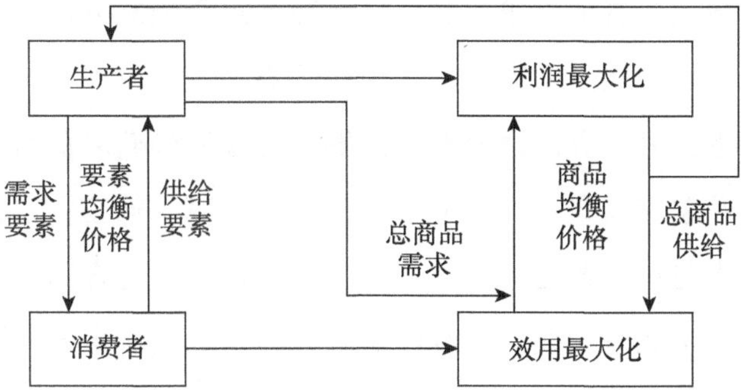

图 2－1　一般均衡理论的核心经济关系①

假设那样，信息对称也是一个理想化的模型。在这个模型下，从以下三个角度探讨经营者与消费者之间的决策选择：第一，假设信息完全对称，那么经营者和消费者对市场需求与成本信息同样了解，但是二者的追求并不相同，如图 2－1 所示，经营者追求利润最大化，消费者追求效用最大化。在这种情况下，经营者应当如何选择才能与消费者达成均衡？如果经营者一味追求自身利润最大化而忽视消费者的追求，那么他将选择按照价格大于边际成本定价，此时经营者虽然能够实现利润追求，但消费者的效用追求受损。由于此时经营者与消费者所掌握的信息相同，经营者的决策能够为消费者所知悉，那么获知经营者行为的消费者则可能选择拒绝与该经营者交易，最终经营者将会丧失交易机会，无法实现其利润最大化目标。显而易见，此时的市场是无效率的。因此，经营者为获取交易机会会改变自己的策略，在利润最大化与消费者效用之间寻找一个均衡点，并以此为基础进行定价。由此可知，在信息完全对称的情况之下，经营者与消费者之间的博弈必然产生经营者行为调整的后果，最终使经营者和消费者之间能够实现一般均衡。第二，假设信息完全对称，经营者与消费者的行为则可以进行互相完全预测。一方面，经营者

---

①　参见潘浩然：《可计算一般均衡建模初级教程》，中国人口出版社 2016 年版，第 3 页。

能够充分了解消费者的需求，其出售的商品也更能充分满足消费者的要求，此时，市场呈现出供需完全平衡的状态，不会出现生产过剩或者供给不足的情形；另一方面，消费者能够充分预测经营者的行为，沉默经营者将无法获取交易机会，继而会选择放弃沉默。第三，假设信息完全对称，经营者与消费者之间则不会存在合同订立前与合同订立后两个阶段的信息提供不完全问题。强制经营者进行信息提供主要是为减少信息不对称对消费者决策的影响，提高合同订立的效率，保障消费者的权益不受损害。正是因为存在信息不对称问题，才导致市场资源配置无法达到最优。因此，当信息对称时这些问题都迎刃而解，经营者不必负担强制说明义务，消费者也无须担心因信息不对称而作出无效或者低效决策。是故，在信息对称条件下，经营者与消费者拥有同样数量和质量的信息，二者之间不会产生信息差。如前文所述，逆向选择的产生正是由于信息不对称的存在，是由于在“旧车市场”的模型中卖方与买方对车辆质量与价格的信息不一致所导致，对于此模型将在下文中进行详细说明。道德风险则涉及合同订立后，市场参与者能否持续观测到对方的行动，当行动过程不能被观测时，道德风险便产生了。也就是说，当信息对称时，事实上不会存在逆向选择与道德风险问题，经营者与消费者无须制度规制也能够通过市场调节达到均衡状态，但这显然是一个理想化的市场。

（二）信息不对称下经营者与消费者的委托—代理分析

恰如前文所分析，在信息对称条件下，作为市场参与主体的经营者与消费者均会选择将二者利益相统一的行动，既能实现经营者的利润追求也不会损害消费者的权益，从而实现二者之间的均衡。此时，既不存在逆向选择也不存在道德风险。然而，如前文所说明的，信息对称仅仅是理想化模型，实践中，自社会分工初始，伴随分工的不断细化，信息不对称问题也在逐渐加重。在消费市场中，由于商品或服务的质量具有不确定性，因而经营者与消费者之间的信息不对称就在所难免。这种信息不对称产生于不同阶段，分别导致了合同订立前逆向选择问题的产生，与合同订立后道德风险问题的产生。

由于商品或者服务的质量存在不确定性，尤其如手机、汽车等产品，仅靠对其外表的观察无法准确地判断其质量的好坏，此时经营者与消费者之间的信息不对称问题就产生了，作为代理人的经营者掌握着其商品或者服务的质量信息，作为委托人的消费者由于信息量的限制无法对此商品或服务作出准确评价，继而为逆向选择的诞生提供了温床。在此，本书通过对逆向选择的经典模型“旧车市场”进行分析，充分展现并揭示在除“旧车市场”模型以外的其他市场中，逆向选择问题也广泛存在。在“旧车市场”的基本模型中，通常假设市场中仅存在两种质量的旧车，即高质量旧车 Q_1 和低质量旧车 Q_2，且两种质量的车数量相同。此时，若经营者与消费者对市场结构的了解程度相当且评价相同①，对高质量旧车 Q_1 估价为 5 万元，对低质量旧车 Q_2 估价为 1 万元，设成交价格为 P，旧车价格为 Q，可分别得出经营者的效用函数 $U_o = P - Q$，消费者的效用函数 $U_c = Q - P$。当双方保留效用为零时，只要 U_o 和 U_c 都大于或者至少等于零，就能够促成交易。当信息对称时，两者的效用函数均不会小于零，消费者能够以预期价格购得与之相对应质量的汽车，经营者也能够获取符合其预期的价款。但当信息不对称时，由于消费者无法通过车辆的外观判断车辆的质量，而车辆的质量是经营者的私人信息，那么消费者买到高质量车辆与买到低质量车辆的概率将各为 50%，并且，消费者也会据此得出购买车辆的预期价格，即 $E[Q] = 50\% Q_1 + 50\% Q_2 = 3$ 万元。

① 经营者与消费者都清楚，市场中存在相同数量的高质量车与低质量车，并且两者对同一台车质量好与坏的评价系统相同，评价结果不存在偏差。

然而，当消费者对车辆的预期价值为 3 万元时，高质量车的经营者的效用函数将会小于零，这部分经营者将会放弃交易，而消费者也能够预期到高质量经营者的行动，从而选择出价 1 万元，最终旧车市场上只有低质量的车能够交易成功，高质量的车则被排除出市场，“柠檬市场”由此而生。[①] 由于经营者通常是关于产品的私人信息拥有者，消费者也总是处于不同程度的信息缺失状态，因此这一模型不仅在旧车市场中，在其他产品市场中也同样适用。然而，实践中的市场远不止如此简单，前述模型中仅讨论了最基本的情况。市场中通常存在更多不同的参数，首先，存在多种不同质量的商品或服务；其次，存在经营者与消费者、经营者与经营者，甚至消费者与消费者之间的不同评价系统。因此，实践中的信息不对称情况将更为复杂。在基本模型中，信息不对称会使高质量商品不断退出，最终导致市场失灵。对模型中的参数进行扩展讨论，则会出现更多不同的现象，但无论是哪种现象中，都会出现不同程度的由逆向选择导致的市场失灵问题。是故，只有通过对逆向选择的克服才能有效减少市场中的效率损失。

此外，在市场中还存在道德风险问题。道德风险最初被应用于股东与经理的模型分析中，但事实上在所有委托—代理框架之下，都有产生道德风险的概率。这主要取决于在合同订立后，代理人的行动是否能够为委托人所掌握。这一理论具体到经营者与消费者之间的运用中，则体现为以下两种情况：第一，经营者的道德风险。根据交易标的性质的不同，有些产品或服务（如理财产品）由于高度的专业化，可能需要更持久的信息披露，但很多时候消费者无法充分知道经营者的披露义务是否已经完整履行，尤其是对在合同履行后短时间内难以被消费者发现的问

---

① 这里仅讨论逆向选择的基本模型，当质量参数增加、评价系统各异时的模型分析可参见陈钊：《信息与激励经济学》，格致出版社、上海人民出版社、上海三联书店 2018 年版，第 35 – 43 页。

题，经营者通常会放弃披露，此时，经营者的道德风险问题产生，在这种情形下，消费者甚至有时会难以发现自身权益受损这一事实。第二，消费者的道德风险。道德风险模型最初应用于保险市场的研究中，以保险消费者为例，消费者在订立保险合同后，是否对自己可能遭遇的风险采取必要的防范措施（如针对个人财产是否采取防火、防盗措施等），如要对此问题进行认定，保险公司需要付出大量成本。是故，由于在合同订立后，一方当事人的行动可能无法观测，因而广泛存在道德风险问题。事实上，在现实经济生活中，逆向选择与道德风险时常同时出现，消费者既难以在事前获取足够的产品或服务等信息，也难以在事后观测到经营者披露义务的履行程度。本书因为分析需要将二者分开进行逐一说明，更完整地展现每一个现象产生的根由。

三、消费者预期决策思维缺失的优化路径

在对冷静期制度正当性的依据研究中，有限理性被提及较多，但对其分析却是最少的，在研究消费者决策行为时仅停留在对有限理性较浅层次的探讨。有限理性的存在不仅对传统经济学发起挑战，同时也使预期效用函数只能成为理想化模型。在消费决策过程中，消费者更可能因为预期决策思维的缺失引发“羊群效应”。

（一）预期效用理论与有限理性

作为信息经济学发展的重要方法论基础之一的预期效用理论，将个人风险偏好以效用函数的形式刻画出来。在这个函数中，能够对个体的理性有直观的体现。效用函数所包含的因素也是多种多样的，决策者对这些因素进行整合和综合分析，并据以作出评价与比较。甚至，效用函数的不同形式能够用来刻画利己主义、利他主义和妒忌型人格，在具体

场域的应用中有很丰富的多样性和复杂性。[①] 由此可知，预期效用函数是对不确定条件下个人选择的一种客观描述，它本身不具有主观性。正如前文所述，这一理论应用到消费决策中，则体现为对风险条件下的消费者选择行为的客观描述。因此，在客观描述下的消费者将会按照预期效用函数最大化的方式选择行动。然而，这一效用模型的实际效果却不尽如人意。一般认为，概率分布是客观的，但也会因个体的主观意志而产生分布偏差。因而预期效用函数是一个理想化模型，在实践中的运用实际上是非常困难的。

众所周知，“理性人”是传统经济学中的著名假设，但在实践中，人却并不会总是如“理性人”那样进行决策。首先，人的理性会受到如教育、成长环境、心理等各因素的影响，因此完全理性的假设本身只能是一种理想状态。人的认知是有限的，因而理性也是有限的。[②] 其次，市场参与者的有限理性会导致主体决策偏差，如经营者和消费者的短视行为。一方面，从消费心理和行为特征来看，消费者通常可分为短视型消费者和策略型消费者。以此分类为基础，消费者的消费决策则是根据这样一种公式来作出：用 P 表示商品或服务的价格，V 表示消费者心理价格，那么消费者剩余则等于 $V-P$，此时，若商品或服务的价格低于消费者心理价格，即在 $V>P$ 的条件下，作出购买决策的消费者就属于短视型消费者。在此条件下作出不购买决策的消费者，则会考虑到商品或服务的远期价格可能更低，这类消费者的购买条件为当消费者剩余最大化时方会

---

① 参见［英］休谟：《人性论》，关文运译，商务印书馆 1980 年版，第 453 页。

② 有限理性体现在多种方面，如消费者的认知缺失、信息搜集和处理的能力有限等情况。此外，赫伯特·西蒙认为正是有限理性导致信息的不完全，因而经济学研究应当以“有限理性”为前提。参见应飞虎：《信息、权利与交易安全——消费者保护研究》，北京大学出版社 2008 年版，第 13 页；卢春荣：《消费者撤回权制度比较研究》，复旦大学 2012 年博士学位论文。

作出购买决策。[①] 当然，在实践中消费者并不总是体现为单一的类型，时常是短视型与策略型并存在同一主体中的，这也从另一角度体现了消费者的有限理性。另一方面，经营者也并不总是理性的，他们同样存在短视行为。以品牌建立为例，在市场中，品牌能够作为一种信号传递给消费者，一个具有良好口碑的品牌能够为经营者带来相当可观的收益。但这种信息的产生往往需要在前期投入较大的成本，且在品牌建立初期难以取得立竿见影的效果。但一旦品牌声誉建立起来，则能够有效地向消费者传递产品的质优、价廉等信息，能够为经营者带来长期收益，且减少经营者的后期投入成本。在市场活动中，一些经营者更趋向于选择成本低廉但需重复多次投入成本的方式传递信号，先获取短期利润，而对长期发展鲜有考虑，最终导致难以实现该类经营者的利益最大化目标。

（二）消费者的仿效行为与序贯决策的群体外部性

在市场中，消费者对商品或者服务的认知水平是有所不同的，由于信息的不完全与不对称，认知水平较低的消费者更容易作出错误的消费决策，因此消费者在购买决策过程中出现仿效行为并不鲜见。消费者的仿效行为与金融市场中投资者的“羊群效应”相类似，它通常指在不完全信息或者不对称信息环境下，行为主体受他人行动的影响，忽视自己的私人信息而选择模仿他人行动的决策行为。[②] 虽然对“羊群效应”的研究源于金融市场，但随着研究深入，也逐渐运用于其他领域，消费者领域即其中之一。在进行消费决策时，消费者可能基于成本节约、认知水

---

① 关于短视型与策略型消费者的具体模型描述与分析可参见杨慧、周晶、宋华明：《考虑消费者短视和策略行为的动态定价研究》，载《管理工程学报》2010 年第 4 期。

② 参见李平、曾勇：《基于非理性行为的羊群效应分析：一个简单模型》，载《中国管理科学》2004 年第 3 期。

平有限等原因选择仿效他人的行动作出决策。事实上，最初的仿效行为往往是基于理性的选择。如前文所述，市场中总是存在不确定性，在信息不对称的情况下进行决策需要投入一定的成本，因此每一个市场主体在决策时总是面临着或大或小的风险。在博弈论中已经经过论证的，能够有效实现低风险低成本的决策行为即仿效行为。然而，这种个体理性的行为，在形成规模后，却会导致集体的非理性。具体来说，就是在最初的理性仿效行为之后，这一行动产生了放大效应且具有感染性，因而逐渐出现更多的消费者选择仿效他人的行动，就出现了集体的非理性现象。在实践中，这种现象并不少见，尤其是在近几年，一些商家针对消费者这种仿效行为也纷纷制定策略，通过制造排队景象吸引更多消费者盲目跟风消费，以产生非理性繁荣，但这种繁荣往往是昙花一现，最终只会导致社会整体效益受损。此外，我们还应当明确的是，即使不考虑消费者仿效行为，个体的理性行为也未必能够最终与整体利益达成一致。尤其是在序贯决策中，第一个决策者的行动能够为其后的决策者所观测到，而每个决策者的决策之间又是相互影响的，此时若第一个决策者不考虑其后决策者的选择，不顾他的决策对其他决策的影响，选择于自身有利但违反先验信念的决策，则会导致后面的决策者否定已接收到的信息，从而产生群体外部性问题，最终使集体行动的后果偏离其应有的状态。以消费者的购买决策为例，考虑到消费者购买决策的作出是基于效用最大化目的，假定一群消费者面对两类不同的商品，而这群消费者都是风险厌恶者，存在一个已知的先验概率表明对大多数消费者来说商品 A 的性价比高于商品 B，亦即通常来说，消费者购买商品 A 更可能达到效用最大化目标。欲购买商品的消费者也都接收到了这一信号，如接收信号的消费者都根据各自获得的信息独立作出决策，那么购买商品 A 的消费者将占整体消费者的绝大多数。但是，在序贯决策中，第一个作出决策的消费者由于其个体特性或者信号传递过程中受到干扰导致的信息缺失，即使基于其理性进行决策，也可能会作出违反先验信念（购买商品 A 的效用大于购买商品 B 的效用）的决策转而购买商品 B。捕捉到这一信息的其他消费者，可能因为对这一行为的错误分析而否定自己已经获取的商品 A 优于商品 B 的信息，选择与第一位消费者相同的购买行为，最终难以实现效用最大化目标。

综上所述，要防止“羊群效应”或者序贯决策中的群体外部性[①]情况出现，制度的设计应当包含以下两种功能中的至少一种：其一，信息汇聚功能。在决策中，如果要汇集大量的他人信息势必将会耗费较高的成本，从而使决策的效率降低，因此，如果一个机制能够实现大量信息的直接汇聚，并且能够有效传递给消费者，将能够有效改善这一问题。其二，减弱信息感染力功能。当一个机制具有减弱信息感染力功能时，能够使序贯决策中的个体受到的他人影响减少，促进其更多根据自己的私人信息进行决策，从而使自己的处境更好。

① 外部性最初是经济学中的概念，但现在运用于越来越多的其他学科之中。当一个（或一些）人没有全部承担他的行动引起的成本或收益时，反过来说，有人承担了他人的行动引起的成本或收益时，就存在外部性。参见盛洪：《治大国若烹小鲜——关于政府的制度经济学》，上海三联书店 2003 年版，第 22 页。

第二节　冷静期制度的信息功能分析

当一个制度在构建时，其具体功能的配置，应当不仅体现一方的利益或目的，有效的制度不仅能够实现其功能，还能实现更深层次的法的目的。体现在消费者领域中，虽然一些制度在制定时会向身为弱势群体的消费者倾斜，但制度的配置仍应当充分考虑经营者与消费者的利益和目的，并且在二者之间进行权衡与妥协。因此，对冷静期制度的功能分析，是完善其制度设计的先决条件，而对冷静期制度的优化设计又能够保障该制度的功能实现，二者互相促进，以实现制度实效的提升。

一、概述

法的功能是法学理论和法律生活中尤具实际意义的重大主题，它能够作为一个标志或者属性使法与其他事物区分开来，因而许多法学家对此进行了系统和深入的研究。[①] 一项法律制度天然地含有其自身的内在属性，虽然在对社会主体和社会关系进行调整时的表现形式可能不同，但其调整、指引和保障的功能却是相同的。在对冷静期制度的研究中，运用信息经济学方法对其功能进行分析研究，能够促使它的功能更直观地显示出来，作为制度优化的铺垫使制度能够更好地发挥作用。

消费者冷静期制度作为一项法律制度，其天然地内含法的基本功能，无论是在宏观调控中还是在市场规制中，法律规则总体现出其引导、促

① 参见周旺生：《法的功能和法的作用辨异》，载《政法论坛》2006 年第 5 期。

进、保障和制约作用。[①] 具体到冷静期制度，则体现为：其一，从引导功能上讲，冷静期制度能够为市场参与者提供一种预期，无论是经营者还是消费者都能根据这一制度的具体规定来预测行为结果，进而选择自己的行为方式，以避免不利的法律后果。其二，从促进功能上讲，冷静期制度事实上体现了一种实质正义。从某种意义上讲，市场奉行“丛林法则”，正如我们所知，市场也是资源配置的有效机制，因而亚当·斯密将市场比作“无形之手”，即使不加刻意地干预或者管理也能够有效运行。但是市场毕竟不是万能的，经济上的合理性并不等同于价值上的合理性，如阿克顿勋爵所评价的：“亚当·斯密只为财富的积累提供了办法，没有为财富的分配找出办法，因此，他的理论对民主、公平无多大助益。”[②] 由于市场失灵，为了给国家干预提供正当性，经济法应运而生。它在各种利益之间进行平衡，为实质公平的实现提供制度保障。冷静期制度的提出也是在这样一个语境之下，其价值之一就是对身为弱势群体的消费者进行倾斜保护，减少经营者由于对利益最大化的追求而损害消费者的权益，促进市场的良性发展。其三，从保障功能上讲，冷静期制度的建立能够为消费者提供制度保障。作为一种后盾式的存在，它能够为因为信息不对称而作出错误决策的消费者提供救济，不仅丰富了消费者的救济渠道，也使消费者在获得救济的同时降低成本负担，以充分保障消费者的意思表示自由。并且，通过“二次机会”的赋予，还能使消费者有更多的时间获取信息进行充分考虑其购买决策的效用是否达到了预期目标，能够在一定程度上减少由于消费者的有限理性而导致的决策错误。其四，从制约作用上讲，冷静期制度能够在一定程度上制约经营者的过度利己主义。事实上，利己主义并不必然为市场经济带来消极影响，个

---

① 参见李龙：《论宏观调控与法的功能》，载《中国法学》1994 年第 2 期。

② 吕忠梅、陈虹：《经济法原论》，法律出版社 2008 年版，第 8－9 页。

体对利益的追求与社会整体利益并不存在必然的冲突。但当没有制度的约束时，个体对利益的追求就可能通过损害他人的利益来达到最大化。例如，在市场交易中，如果没有冷静期制度赋予消费者无因退回权，经营者就有可能为了获取交易机会而肆意沉默甚至隐瞒关键信息，导致消费者作出错误决策或者在决策过程中付出高昂的成本，而无法实现消费者的效用最大化，最终使市场整体运行效率降低。

除了上述基础功能外，冷静期制度还有其延伸功能，即激励功能与降低信息感染力功能。关于激励理论，近年来我国的规制趋势在不断发生转变，正经历着由过去的管制型向协调型转变的过程，因此激励理论在法律制度的建立与完善中得到越来越广泛的应用。所谓激励，即委托人如何使代理人在选择或者不选择代理人的最大化标准和目标时，从自身效用最大化出发，自愿或者不得不选择与委托人最大化标准或目标相一致的行动。[①] 如劳动力市场即激励理论应用的经典案例，企业通过设计合理的激励机制减少因行动不可观测导致的雇员与雇主之间的目标偏离问题，以达到一个均衡状态。尤其在市场中，无论是雇主与雇员，还是经营者与消费者，本质上既存在利益冲突，也存在利益一致的部分。之所以存在雇员损害雇主利益、经营者损害消费者利益的情形，信息不对称带来的获取超额利益才是导致这些现象的主要源头。具体到消费者信息不对称问题上，虽然早已制定了关于经营者说明义务的规定，其实施的实际效果却不尽如人意。由于这一制度属于公权干预私权，因而对干预“度”的把握成为法律实施过程中的难点，如何在倾斜保护消费者的同时也兼顾经营者的利益，是提升法律实效所面临的考问。此外，对经营者是否完全履行了说明义务的认定也构成了这一制度实施的较大障碍。冷静期制度的建立则能够弥补经营者说明义务的不足，激励经营者在交

---

① 参见陈瑞华编著：《信息经济学》，南开大学出版社 2003 年版，第 270 页。

易前和交易后都积极提供其私人信息，实现其激励功能。亦即，经营者只有通过自愿或者不得不选择实施信息披露行为，才能实现其利益最大化的追求。如果经营者不主动提供信息导致消费者作出错误的购买决策，最终由于退货产生的时间、金钱等成本仍需要由经营者自己来承担，因而无法实现经营者的利益最大化目标。是故，在这种激励之下，经营者通常更倾向于披露信息，以实现经营者与消费者之间的均衡。关于降低信息感染力功能，恰如前文所述，消费者的仿效行为与序贯决策中的群体外部性问题都会导致消费者的决策风险增大，当形成“羊群效应”时更会出现消费者整体的决策低效率甚至无效率状态。序贯决策中导致群体外部性的原因有很多，如消费者的异质性、消费者的认知有限性等，这些因素都可能导致后续消费者对已知信息的否定，或者花费更多的成本去验证信息的真伪，使交易效率降低。针对以上问题，冷静期制度的建立则能够在一定程度上缓解消费者对他人信息的依赖程度，降低他人信息的感染力，促使消费者更充分地分析考虑自己的私人信息后再作出决策，从而减少“羊群效应”的出现，减少序贯决策中的外部性问题。在此制度下，无论消费者是基于成本节约的理性选择决定仿效他人行为，还是基于有限理性而产生的盲从行为或者私人信息否定行为，以上行为可能导致的低效率或者无效率在一定程度上仍可获得弥补。

二、信息可核实性与冷静期制度需求

法律制度的设置并非大而全就是好的，要真正实现效率，则应当首要探讨规则的设计能否促进制度功能更好地发挥。信息可核实性就与冷静期制度的功能发挥休戚相关，也直接影响着冷静期制度在消费者保护领域能否有效实施。对此问题的分析说明，也为后文的冷静期制度边界界定奠定了基础。

（一）信息可核实条件下冷静期制度的功能弱化

在前文中，我们已经对信息进行了整体的阐述，在实践中，除了对信息的理论分类，信息还分为可核实信息与不可核实信息两种。在不同信息状态下，冷静期制度所能够发挥的功能在实效上也有所区别。在信息可核实条件下，经营者通常为获取交易机会而有积极性向消费者提供私人信息，因此消费者信息不对称程度较轻，信息不对称也更多体现在信息处理能力的差异上，此时冷静期制度并不能最大限度地发挥其功能，仅能提供基础保障。为了进一步分析冷静期制度的功能发挥实效，首先需要对可核实信息进行分析。顾名思义，可核实信息是指那些被披露后可以辨别真伪的信息。在传统消费模式中，消费者的消费行为通常发生在商场等实体场所中，这就在一定程度上增加了商品的可核实信息。例如，消费者欲购买一条手感柔软的毛毯，假定经营者与消费者就毛毯柔软度的评价不存在差异，经营者对于毛毯的描述信息就属于可核实信息，消费者能够通过直接的触摸辨别毛毯是否柔软，从而核实经营者所提供信息的真实度。此外，在信息可核实条件下，沉默经营者的数量也会在一定程度上减少。仍然以消费者购买商品为例，我们已知，消费者总是以效用最大化为目的，假设一个消费者欲购买一盒铅笔，已知一种规格的盒子最多能装 10 支铅笔，足量的经营者就会向消费者提供于自身有利的信息，即盒子中装有 10 支铅笔。接收到此类信息的消费者能够在作出购买决策后很快核实该信息的真伪，如果铅笔的数量低于经营者的描述，消费者即可选择退货或者行使诉讼权利起诉经营者。需要明确的是，针对沉默的经营者这种方式则难以奏效。但在信息可核实时，沉默经营者的数量也会相应减少。这是由于虽然在购买铅笔前消费者无法准确获知盒子里的铅笔数量，但通常能够确知经营者知道其中的数量。足量的经营者为了获取交易机会，会积极提供铅笔的数量信息；不足量的经营者由于知道消费者不会花费相同的价格购买不足量的商品，因而会选择沉默。这种沉默事实上也成为一种信息，消费者可以通过沉默推断该类经营者出售的盒装铅笔可能少于10支，从而选择告知数量的经营者。这样一来，不足量的经营者若想获取交易机会也只能提供自己的信息，并且根据数量相应地调整商品价格。

综上所述，在信息可核实条件下，冷静期制度的功能实际上被弱化了。由于信息很容易被检验，在检验后消费者也可以通过不同的方式保障自身权益，因此高价值的经营者有充分的激励向消费者提供真实完整的信息以获取交易机会。欲采取沉默对策的低价值经营者也由于高价值经营者的披露行为无法继续沉默，最终达成两类经营者都自愿提供商品相关信息的状态。因此，在这样一个市场中，冷静期制度的建立并不能实现它的效用最大化，它能够对经营者或者消费者产生的影响也十分有限，整体功能呈现出弱化状态，此时该法律制度的运行也更多体现为低效率的状态。

（二）信息不可核实条件下冷静期制度的功能实现

信息不对称是普遍存在于社会经济生活中的一种客观现象，信息与决策之间的联系也早已得到印证。因此，国家陆续出台了法律法规以缓解信息不对称带来的决策低效或者无效后果，并且也取得了一定的成效。例如，在对消费者的保护中，即规定了经营者的强制说明义务。并且，经营者也有对合同进行充分陈述的义务。有观点认为，这类说明或者陈述义务能够起到调整信息的作用，而冷静期制度则不具备此功能。但是，这种观点忽略了一个重要事实，即调整信息的法律规则得考虑到争议中的信息是可核实还是不可核实的。[①] 如果信息是不可核实的，那么即使出台考虑全面的法律规则对信息披露义务等进行充分规定，也很难取得效果。这是因为，一个调整信息的法律规则能否发挥作用，不仅需要考虑它所调整的信息是否可核实，还要考虑司法机关能否确认市场参与者对该信息的掌握情况。因此，调整信息的法律规则发挥作用应当遵循以下逻辑：以经营者与消费者为例，在作为市场参与者一方的经营者违背其信息披露义务，没有提供真实信息的情况下，作为另一方的消费者第一步要能够核实其获得的信息的真伪，如不能核实信息，那么法律规则无法发挥效用，这时即使消费者对获得的信息产生怀疑而诉诸司法机关，司法机关也无法在信息无法核实的情况下裁决经营者违背了其披露义务；同样地，即使消费者在事后主张自己没有获得原本应当获得的信息，司法机关如不能对消费者的信息获取状况加以核实，仍然无法作出判决。因此，只有在信息能够核实的情况下，消费者才有机会进入第二步，核实信息为假后诉诸司法机关维护自身权益。

综上所述，即使已有调整信息的法律制度，其适用也仅限于可核实信息，所能发挥的功能也有限。实践中，仍存在大量的不可核实信息，在面对这些不可核实信息时，已有的如强制说明义务等法律制度无法发挥其效果，因而无法进行信息调整，信息不对称问题无法得到有效缓解，最终对市场中的信息弱势方造成极大损害，市场整体运行效率也会受到影响。冷静期制度则弥补了这一不足，在信息不可核实的状态下不仅能够发挥其基础功能，更能够充分发挥其降低信息感染力及激励的延伸功能。以消费者为例，当存在不可核实信息时，也意味着消费者所面临的风险有所增加，为避免不利结果，理性的消费者可能采取两种行为：一

① 参见［美］道格拉斯·G. 拜尔、［美］罗伯特·H. 格特纳、［美］兰德尔·C. 皮克：《法律的博弈分析》，严旭阳译，法律出版社1999年版，第94页。

种是在其决策前的信息搜集、信息处理等阶段花费更多的时间甚至金钱成本，通过信息间的互相印证等方式作出最终的消费决策。显而易见，这样的决策过程势必会增加交易成本，减少消费者剩余。另一种则是前文所提到的仿效行为，对于一个理性消费者来说，观测别人的决策并效仿，能节约大量的成本，但其面对的风险却是不确定的。此时，冷静期制度的功能主要体现在以下三个方面：其一，能够激励经营者提供其真实信息，减少消费者的信息成本。以远程交易为例，由于在这种消费模式中，消费者无法直接看到、接触到商品实物，仅能通过图片、经营者描述等信息来了解商品，经营者是否提供了真实且充分的信息消费者无法在交易前核实。在冷静期制度下，经营者不提供充分信息或者提供虚假信息，都会导致自身利润的损失，为了利润最大化地实现，经营者自然被激励自愿且主动提供充分且真实的信息。其二，冷静期制度能够有效降低信息感染力，降低整体风险。仿效行为的做出，通常是为了节约成本降低风险，是在存在不可核实信息的状态下的理性选择。在冷静期制度下，由于经营者信息提供的主动性增强，消费者的决策成本在一定程度上得以降低，所面临的不确定性也相对较小。此时若选择仿效行为，则消费者所面临的不确定性可能会大于自主作出消费决策时所面临的不确定性，因而能够激励消费者放弃仿效行为，更多考虑自己的信息进行决策。其三，无论是在信息可核实状态下还是在不可核实状态下，冷静期制度始终能够发挥其基础功能。但当存在不可核实信息时，其引导、促进、制约功能会得到更大程度的发挥。其既能够避免经营者对利润的过度追求导致的消费者权益受损，也能够使消费者意思表示自由得以充分实现，更能为消费者维权提供一种低成本的新渠道，以促进消费者效用最大化目标的实现。

三、消费者占优策略与冷静期制度

占优策略的运用能够促使立法者在法律制度设计过程中充分考虑主体行为的可预期性，当主体行为可预期概率较大时，这一法律制度才能够最大限度地发挥其指引作用，同时，也能够提高市场运行效率，优化资源配置。在消费者保护领域，通过对这一理论的运用，我们可以进一步对冷静期制度的实效进行分析，以作为其制度优化设计的基础依据。

（一）占优策略及其运用

众所周知，当我们面对选择时就面对着数十种甚至成千上万种可能性，我们总是希望自己最终的决策是最优的决策，就像一个问题存在多种答案时，我们总是期待自己的答案虽然不是唯一解，但却能是最优解。严格占优思维的运用则能够帮助每一个参与者最大限度地选取最优策略，以实现其效用最大化目的。仅论占优策略，通常是指在博弈中，当一个参与者需要进行策略选择时存在一个最优选择 A，而这个最优选择不会为其他参与者可能进行的选择所影响，那么就有理由相信，理性的参与者将必然会选择这个策略 A。[①] 占有策略模型与囚徒困境模型相类似，但却又不同。囚徒困境中体现了个人理性与集体理性的矛盾，而占优策略中，则不存在个人理性与集体理性的矛盾。具体而言，以经营者的信息提供为例进行说明，如表 2－1 所示，有经营者 B 与经营者 C，在选择是否提供信息时，仅考虑信息这一单一因素，如经营者 B 与经营者 C 都选择提供信息，那么他们分别可获得 10 单位的利润；当经营者 B 选择提供信息而经营者 C 选择不提供信息时，由于对沉默经营者的不利推定，此

---

① 参见汤海滨：《有限重复占优策略博弈在团队培训中的应用研究——基于大学生团队的分析》，载《中国商论》2016 年第 14 期。

时经营者B能够获得15单位的利润，而经营者C的利润为0；反之，则经营者B的利润为0，经营者C能够获得15单位的利润；当经营者B与经营者C都选择不提供信息时，消费者无法获得信息以供决策，因而双方分别获得5单位的利润。从这个模型中，可以很清楚地得出：对经营者B和经营者C来说，无论对方选择什么，自己选择提供信息都是最优选择。这就是占优策略，即无论对方的选择是什么，参与者一方总能作出最优选择。即使是在序贯决策中，假设经营者B已经先行选择了行动，对经营者C来说仍然是提供信息为最佳选择。

表2-1　经营者的占优策略

经营者B / 经营者C	提供信息	不提供信息
提供信息	10，10	15，0
不提供信息	0，15	5，5

将占优策略运用到法律制度的设计中，即体现为这一制度的制定，能否达到这样一种目的：使参与者无论预期对方将采取何种行动，每个参与者总被激励选择适当的行为。如在交通肇事的一系列制度构建中，这一理论就得到了有效的运用。最终实现一个合理的激励，使每个参与者都总有兴趣保持适度的谨慎，而保持适度谨慎则称为参与者双方的占优策略。[①] 在规定经营者强制说明义务的制度中，当信息是可核实的状况下，也同样能够实现这样一种占优策略。

（二）消费者占优策略：冷静期制度的应用分析

在信息经济学研究中，通过对信息不对称的客观分析，探讨通过合

① 具体的民事损失规则的制定模型说明，参见［美］道格拉斯·G. 拜尔、［美］罗伯特·H. 格特纳、［美］兰德尔·C. 皮克：《法律的博弈分析》，严旭阳译，法律出版社1999年版，第24-28页。

同设计或者制度设计的方式实现对市场参与者的激励与保障。因此，以信息经济学研究方法为导向，本书的目的之一是探讨消费者冷静期制度作为一种策略，能否缓解经营者与消费者之间的信息不对称问题，在保障消费者权益不受损害的同时，也能使经营者与消费者之间达到均衡状态。针对此问题，先将缔约过程分为缔约前和缔约后两个阶段，再分别代入经营者强制说明义务与冷静期制度进行分析，以充分揭示在不同阶段中经营者与消费者的策略选择。

首先，对各行为主体在不同交易阶段的选择分析。为了能够较为清晰地展现经营者与消费者缔约过程中的行为选择，本书拟将缔约过程分为两个阶段，即缔约前和缔约后。如图 2－2 所示，在缔约前这一阶段中，包含要约与承诺两个步骤；在缔约后这一阶段中，则包含履行与履行后两个阶段。本部分仅对在没有制度规制时经营者与消费者的行为选择予以分析，以便于与后文中由不同制度带来的不同效果进行对比分析。并且，由于本部分主要是针对信息不对称与主体行为选择的分析，因而不进一步涉及合同成立的模式等较为复杂的情形，仅以一般程序为模型进行分析。

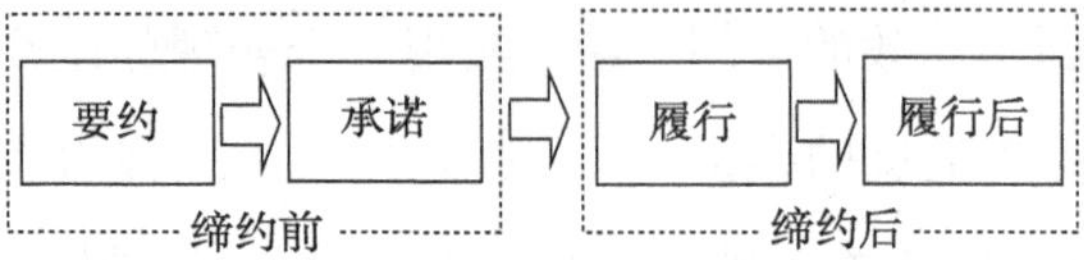

图 2－2　经营者与消费者交易阶段示意图

在经营者与消费者的基本缔约模型中，信息不对称问题可能发生在任何一个阶段。在每一个阶段，经营者都能够选择信息提供的数量与真实性。当没有信息制度约束时，经营者和消费者各自会选择何种行动。在此，假设经营者与消费者都是理性的，在行动时都会选择能产生更高收益的策略。此时有两种情况：其一，由消费者发出要约的情况。在要约阶段，消费者发出要约前通常需要掌握一定量的产品或服务的相关信息，例如，在传统消费模式中，消费者到店购买商品，则会通过观察、触摸、聆听等方式获得这件商品的部分信息，并据此作出是否发出要约的决定。消费者的这种行为能够为经营者所预见，经营者展示质量更好的样品将比展示真实质量的样品更容易实现其利润目标，因此，经营者会选择将质量更好的商品作为陈列样品展示，以获取交易机会。在承诺阶段，经营者在承诺作出前可选择将样品与销售品的差异如实告知，但如实告知并不会为经营者带来任何收益，在经营者承诺发出前消费者还有可能会撤销要约，因此，经营者为保证自身利益不受损将选择不如实告知消费者。当缔约完成后，进入履行阶段，经营者履行交付后，消费者获取商品实物，通常情况下，消费者与经营者之间的信息在此阶段能够趋于对称。对经营者来说，其利润目标已经实现。对消费者来说，其效用目标的实现取决于经营者所交付商品与样品是否存在差异。在履行后，针对部分需要持续信息披露的商品，经营者继续披露将会提高其成本，停止披露才能实现其利润目标，因而经营者将不会进行持续的信息披露。其二，由经营者发出要约的情况。这种情况主要发生在网络购物中，对网购中经营者发布的商品信息应当认定为要约还是要约邀请，已有学者进行论证。一般认为，如果商品信息的发布者所发布的信息符合商品内容明确具体等条件，且还有“款到发货”等明确表示，其发布应当认为构成要约。在没有明确表示时，则应根据客观情形判断。例如，如果商家在网上既提供了商品购买方法及购买程序，也对商品进行明码标价，并且向顾客指明当前的存货数量，此时该商品信息内容符合明确具体的要求，应视为要约。[1] 在这种情况下，同前述情况相同，经营者为

① 参见雷秋玉、苏倪：《论网络购物合同的成立及标价错误》，载《昆明理工大学学报（社会科学版）》2014 年第 1 期。

获取交易机会仍会选择仅披露对自己有利的信息，甚至提供虚假信息。消费者在接收不完全或者不真实的信息后，则可能作出错误决策，导致市场效率降低。在其他阶段中，经营者的选择也同第一种情形相同，不会如实履行其信息提供义务。综上所述，在没有制度约束的情况下，经营者为追求利润最大化目标，在四个阶段中均不会进行真实、完整的信息披露，此时要达成有效率的交易是困难的，欺骗性交易的成本极低，经营者更有动力提供质量较低的商品，在这种市场中，消费者会不断降低商品的预期价格，最终形成恶性循环。[①] 事实上，如前文中分析的逆向选择情况会在这类市场中扩散，最终导致“柠檬”[②] 充斥市场，消费者权益也受到损害，市场失灵由此而生。

其次，对信息提供制度下经营者与消费者的策略分析。在前述模型中，由于没有制度约束，市场最终将会成为一个“柠檬”市场，造成“劣币驱逐良币”的后果，消费者的权益也无法得到保障。信息不对称的客观存在已是不争的事实，正是它导致市场无法达到最优配置。在市场交易中，消费者的弱势也有相当一部分原因是来自信息不对称。正如前文所分析的，信息对消费决策的作出至关重要。信息提供可以有很多种路径，提供主体也较为多元化，系统性的信息提供制度的建立，通过直接与间接的方式从不同的角度实现对信息不对称的制度克服。例如，由经营者直接进行信息提供，能够实现降低社会总信息成本与提升信息有效性、针对性等目的，在一定程度上缓解了经营者与消费者之间的信息不对称问题。由政府进行信息提供，则能够增加信息的提供量，且提高

---

① 参见［美］乔治·阿克洛夫：《“柠檬”市场：质量不确定性与市场机制》，载罗卫东编选：《经济学基础文献选读》，浙江大学出版社2007年版，第149－163页。

② 在大部分汽车市场模型中，低质量车被称为“柠檬”，后“柠檬”被用来普遍代指质量低的产品。

信息的公信力。[①] 信息提供制度对经营者与消费者的行为影响，仍然从图 2-2 所示的两个阶段进行分析，一方面，在由消费者发出要约的情形中，在要约阶段，由于此时有制度约束，经营者会更趋向于提供更加完整、更加真实的信息。同样以商品展示为例，如果此时经营者仍然选择没有制度约束时的行动，那么最终可能付出更高额的成本，出于理性的考量，经营者将不会拿出与实际销售商品质量差距过大的样品进行展示。在承诺阶段，如经营者仍有未提供的信息，则仍面临着两种选择：一种是告知信息，可能失去交易机会；另一种是不告知信息，可能承担不利的法律后果。无论是哪一种，经营者都面临着利益损失，因此，当信息不可核实时，经营者更倾向于选择沉默。在履行和履行后两个阶段，经营者通常也会保持沉默，当信息是可核实时，在缔约前阶段中，经营者就会选择充分履行告知义务；当信息不可核实时，经营者则会选择继续保持沉默。另一方面，在由经营者发出要约的情形中，以网购为例，虽然消费者在网购中无法真实地观察、触摸该商品，仅能通过经营者的文字描述或者视频演示对商品进行了解，但对一部分信息核实成本低、速度快的商品来说，在合同成立后，经营者即会履行交付义务，信息不对称仍然能够在合同履行的阶段得以缓解，消费者收到货物后即能够简单就经营者提供的信息予以核实，说明义务履行不完全或者进行虚假说明的经营者将会暴露。因此，在信息可核实的情况下，网购经营者也更趋向于充分履行其说明义务。当信息不可核实时，经营者则更趋向于选择沉默。是故，当有制度保障时，消费者能够预测经营者的行为，从而更趋向于提升其对商品的预期价格，并且在消费决策过程中能够节省更多的信息搜寻、信息处理等信息成本，继而使消费者的效用追求得以更好地实现。

---

① 参见应飞虎：《信息、权利与交易安全——消费者保护研究》，北京大学出版社 2008 年版，第 69-70 页。

综上所述，在有制度进行约束时，经营者面对信息可核实的商品更愿意主动提供其私人信息，反之面对信息不可核实的商品时，则仍会选择沉默。相较于没有制度保障的市场，消费者的权益在一定程度上得以保障，决策效率也有相应的提升。由此可见，信息提供制度对经营者与消费者的策略选择都产生了一定影响，但在克服信息不对称问题上仍有一定的局限性。此外，在前述两种模型中，即使消费者发现自身受损，通常也只能通过私法规范解决冲突，可能承担过高的交易成本，导致整体效率的降低。

最后，对冷静期制度下经营者与消费者的策略分析。前述已对没有制度约束的基本模型与有信息制度约束的模型分别进行分析，并且直观地展现出制度对经营者信息提供意愿的影响。虽然信息提供制度能够在一定程度上解决信息不对称问题，但是这一问题却仍然在许多场合中影响着消费者的决策效率。尤其是在新型消费模式频出的今天，信息不对称的表现也各式各样，仅靠信息提供制度只能保障一部分消费者的权益，而另一部分则仍然受到侵害。在信息不可核实时，信息提供制度的作用就极为有限。此外，信息提供制度也无法为经营者的行为提供正向激励，甚至在一些情况下更会激励经营者采取沉默策略。冷静期制度的建立，则为消费者提供了一种新的策略。以图 2 -2 为例进行分析，在每一阶段中，经营者即使都选择不如实履行信息提供义务，到最终履行阶段，消费者也能够通过冷静期中无因退回权的行使来保障自身的权益不受损害。此时，即使在信息不能马上被核实的情形之下，消费者也因为冷静期期间的存在，能够获取更多的核实时间与核实机会，继而能够减少信息不可核实给消费者带来的负面影响。综上所述，在此制度的保障之下，当经营者不如实履行信息提供义务，其不仅会丧失交易机会，还将承担商品退回产生的成本，理性的经营者则被激励主动进行信息提供。此时消费者能够获取更充分更真实的信息，经营者与消费者之间实现信息量大致相同，因而消费者更易作出正确且高效的消费决策，在此市场环境下，消费者对商品的预期价格也能够达到一个合理水平，“劣币驱逐良币”的现象逐渐减少，逆向选择与道德风险等问题在一定程度上都得到了比较好的克服。并且，冷静期制度通过对消费者权利进行扩大的方式保障消费者权益不受损害，为消费者的救济提供了新的途径。此前消费者，尤其是新型消费模式下的消费者，总是存在维权困难的问题，通过私法途径解决冲突不仅成本高昂，整体效率较低，导致消费者最终即使维权成功，也难以实现其效用目标。冷静期制度的适用，则能够弥补这些私法缺陷，一方面，在法律适用上，冷静期制度较之私法解决方式更易为消费者所理解；另一方面，能够有效减少因为惧怕与经营者之间实力悬殊而放弃维权的消费者数量，实现对大多数消费者的权益保障。具体来说，众所周知，消费者群体是典型的弱势群体，这一群体虽然数量庞大，但通常难以联合起来，因而消费者个体较之经营者总存在信息收集、处理能力与财力等方面的差距。采用私法途径解决冲突对消费者来说存在以下难点，即法律本身是一种信息，私法救济程序较为烦琐，大部分非专业的消费者对这一信息的处理能力有限，虽然消费者可以通过进行法律咨询来缓解这一问题，但这无疑需要花费成本。在一般的小额交易中，消费者要寻求私法救济通常会花费较之商品本身更高额的成本（如请律师的金钱成本与诉讼所花费的时间成本），促使消费者放弃维权。因此，出于对成本收益的考虑，大部分的消费者由于对私法救济相关法律缺乏足够的信息处理能力，会选择放弃寻求救济。冷静期制度虽然也是一种法律制度，但相较于私法救济程序简洁且不需要公权机构的介入，因而在可操作性上更强于私法救济，此外，在冷静期制度的构建过程中通常会强调制度的通俗性，以降低消费者对法律这一专业信息进行处理的难度。

第三节　冷静期制度的信息不对称类型化分析

作为制度完善的基础，对冷静期制度进行类型化是推进这一制度改进的研究起点。信息不对称广泛存在，既是市场运行效率降低的起因，也是导致消费者权益受损的重要原因。这一问题体现在不同交易中，会有不同的形式，并造成不同的后果。正如德国学者考夫曼所提出的，规范必须与生活事实进入一种关系，即规范必须符合事物的本质，这就是探求规范的法律意义。法律发现的方法论过程包括两个方面：一是针对规范调适生活事实；二是针对生活事实调适规范。因此，将信息不对称的概念与市场中的现实相连接，针对生活事实进行具体的类型化能够使制度更好地改进与适用。对此问题的展开，首先需要对冷静期制度的适用范围作出界定。

一、冷静期制度的适用边界

法律制度的制定、实施等，都需要付出较高的成本，不同的制度会产生不同的规制效果，相同的制度在不同的环境中也可能产生不同的规制效果。即使有的法律制度的实施成本低、效率高，也无法适用于所有领域，如果缺乏适用范围的科学界定则可能造成规制效率低或者规制无效的后果。要界定一个制度的边界，则应当认识到其局限性。无论是何种法律制度，总是具有一定的局限性，冷静期制度亦是如此，对其功能劣势有良好的认知才能促进其更好地适用。沿此逻辑进一步界定冷静期制度的适用范围，才能够更加准确地使之发挥作用，同时也能够避免法律资源的浪费。

（一）冷静期制度的局限性

在对冷静期制度的适用边界进行界定之前，对其局限性的探讨必不可少。任何制度都是具有局限性的，即使是一个理想的法律规则，其能够发挥作用的范围也是有限的。法律制度的局限性从各个角度都有所体现，其中最重要的即以下两个方面：其一，文义理解导致的局限性。正如有学者提出的，法律虽然是明确具体的规范，但却不可避免地存在模糊性与局限性。具体来说，即法律作为人类交往行为的规范体系，在秉有理性、逻辑性和科学性的同时，也具有模糊性和局限性。亦即，其局限性取决于其诗性、修辞性和可接受性。[①] 其二，社会现实的复杂性导致的局限性。法律制度会不可避免地面对无限多样、又不断变换的社会关系，常常捉襟见肘、束手无策。[②] 事实上，这也是法律的滞后性与稳定性等特征所导致的。本书所讨论的局限性，主要是指第二种，即社会复杂性导致的局限性问题。众所周知，冷静期制度的提出是为了保障消费者的权益不受损害，我国冷静期制度的相关内容主要规定于新《消法》第25条中，自实施以来确实对消费者的权益维护提供了较大的助益。其最重要的优势在于：一方面，消费者的权利行使极为便利，且行使成本较低甚至成本趋于零，这使消费者维权积极性大幅提高；另一方面，能够节约较多的信息成本。由于冷静期制度能够对经营者提供激励，即使在缔约前经营者通过沉默或减少信息提供等方式获取到交易机会，仍会在缔约后由于信息不对称的缓解再次失去交易机会。因此，经营者会更主动地提供信息，减少消费者为交易而进行信息搜寻、处理等成本，提高

---

① 参见谢晖：《法律的模糊/局限性与制度修辞》，载《法律科学（西北政法大学学报）》2017年第2期。

② 参见谢晖：《法律的模糊/局限性与制度修辞》，载《法律科学（西北政法大学学报）》2017年第2期。

交易收益。在这样一种状态之下，市场中的逆向选择问题也会得到有效缓解，同时使商品价格能够与其价值相匹配。然而，冷静期制度也有其局限性。这主要体现在两个方面：一方面，冷静期制度作用的局限性。这一制度虽然能够有效激励经营者进行信息提供，但却无法激励消费者提升自身获取信息的积极性，甚至在一些时候，由于有冷静期制度的保障，反而会使消费者怠于进行信息搜寻，作出冲动消费的决策，或者诱发消费者的道德风险，使社会总体交易成本上升。并且，冷静期制度的建立无法解决经营者将其可能承担的退货成本转嫁给消费者的问题。由于退货成本会导致经营者的利益受损，因而市场中有部分经营者通过提价的方式，防止自身利益受损，这类问题无法通过冷静期制度得到解决，更多需要通过竞争法相关制度予以规制。另一方面，冷静期制度适用范围的局限性。在前文对冷静期制度功能的探讨中，已知冷静期制度并不适宜适用于所有的消费者领域，过于宽泛的适用反而会降低制度的实施效率。此外，从成本的角度考虑。冷静期制度的设置本身即会产生一定的成本，可能会侵蚀社会信用基础，对诚实信用体系的建设产生消极影响，也可能导致消费者对该权利的滥用。综上所述，单一的制度总是存在一定的局限性，对此应当通过对不同制度的优势和劣势加以研究，继而进行制度组合，才能够形成更有效的保护体系。花费高昂的成本将冷静期制度适用于过于宽泛的领域显然是不合理且无效率的，因此只有通过对各项成本进行综合比对与考量，再进行科学的边界划定，才能保证达到立法的帕累托最优。

（二）冷静期制度的适用范围界定

在对冷静期制度的局限有一个基础性认识之后，对其适用范围的进一步界定便更加有迹可循。冷静期制度建立的初衷，是保障处于弱势地位的消费者的权益不受损害。相较于消费者，经营者的优势地位十分显著，其通常掌握更多的私人信息，在财力上也更为雄厚。并且，由于经营者的逐利性，在机会主义倾向的支配下，经营者有了借助不正当手段谋取自身利益的动机，如通过掩盖信息和提供虚假信息等手段有目的、有策略地说谎、欺骗、违背对未来行动的承诺。[①] 在此情形之下，消费者的权益必然受损。当然，经营者强制说明制度的建立能够在一定程度上改善这种状况，但也正如前文所分析的，冷静期制度能够弥补强制说明制度的一些缺陷，使消费者得到更全面的保护。但相较于传统的信息提供制度，冷静期制度无疑是特殊的。它通过赋予消费者一种权利，使消费者能够在合同订立后的一定期限内，可以无理由退回购得的商品，且无须承担责任。其被认为是矫正消费者和经营者地位悬殊、实力不对等的举措，是借助于制度来克服两者之间的信息不对称困境，是实质正义的体现。[②] 由此可知，这一制度的安排事实上使经营者与消费者之间的利益分配格局发生改变，即通过扩大消费者的权利，增加经营者的义务的方式，来实现对消费者的保障。正因如此，更应当对其边界进行明确界定，否则不仅会导致对经营者利益的过度损害，还会带来制度性的低效率。

通过对制度的局限性与特殊性进行论证可知，冷静期制度的适用应当是有界限的，不应盲目扩大其范围。并非所有的消费领域都能够适用这一制度，应当仅针对部分具有特殊性的产品适用。其中的特殊性，则主要体现为信息不对称中的特殊性。恰如前文所分析的，信息分为可核实信息和不可核实信息，在信息可核实的情况下，冷静期制度的功能优

---

① 参见乔庆梅：《社会养老保险中的道德风险——兼与商业寿险道德风险比较》，载《中国软科学》2004 年第 12 期。

② 参见靳文辉：《消费者撤回权制度的反思与重构——基于法律经济学的分析》，载《法商研究》2017 年第 3 期。

势并不能得到充分发挥。[①] 因此，在信息可核实时，冷静期制度的建立只会导致经营者与消费者之间形成不合理的利益分配格局，容易催生消费者的道德风险问题。例如，在传统消费模式中，消费者往往能够“亲临其境”“眼见为实”，若消费者欲购买一件衬衫，则能够通过观察颜色、触摸质地、查看成分、试穿尺码等方式，获得衬衫相应的关键信息，此时大部分信息为可核实信息，消费者与经营者之间能够实现基本的信息对称。此时若赋予消费者无因退回权，则不再符合实质正义理念，而有对消费者的权利进行盲目扩张之嫌。[②] 是故，在这个模式下，冷静期制度的建立非但不能发挥其作用，还会因为立法资源的浪费，导致社会整体的非效率性。当信息为不可核实时，冷静期制度则能够充分发挥其效力。在实践中，信息不可核实的情况通常体现在交易方式特殊的交易中与交易标的特殊的交易中，例如，在网络购物中，同样购买衬衫的消费者却无法通过观察、触摸、试穿等方式进行信息核实，仅能够根据经营者提供的信息进行判断，直至经营者履行交付义务后，消费者收到衬衫才能对其进行信息核实。到此时，若没有冷静期制度，可想而知，消费者如果发现经营者提供的信息不实，要维权必将花费较高的成本。由此，笔者认为，冷静期制度的适用只应限制在几种特殊的情况之下，在下文中将以信息不对称产生的方式为基础，对冷静期制度进行类型化分析，进一步确定这一制度应予适用的几种特殊情况。

二、冷静期制度的类型化依据：基于信息不对称的二元样态

在社会经济生活中，信息是主体决策所必不可少的，而由社会分工

---

① 此处的信息可核实与不可核实仅为相对的，而不是绝对的。实践中大多数时候，可核实信息与不可核实信息是同时存在的，只要关键信息为可核实信息，我们就将其归类为可核实信息。

② 实践中也有经营者自愿提供无理由退货服务的，但这属于经营者的自主经营行为，不会导致制度性的低效率后果，也不会造成社会整体成本的增加。

导致的信息不对称为机会主义者提供了以不正当手段获取更多利益的途径，因此，信息不对称的制度克服是提升市场运行效率的必然选择。不同程度或者形式的信息不对称问题，需要不同的制度加以克服，冷静期制度正是其中之一。对冷静期制度进行类型化能够使其制度设计更具针对性，尤其是在适用阶段与期限等问题的分析上，能够更切合实际需要。同时，也有利于防止制度的适用对市场参与者造成阻碍，提升主体适用的便利性，使之既能成为保护消费者权益的强有力的工具，也不会造成对经营者的过度损害。对冷静期制度进行类型化分析，首先需要对信息不对称产生的原因进行类型化分析，本书将其分为基于特殊交易方式的信息不对称与基于特殊标的性质的信息不对称。

（一）基于特殊交易方式产生的信息不对称

随着社会经济的不断发展，科学技术的飞速革新，消费者的消费方式变得十分多元化。这种多元化导致不同程度的信息不对称相继出现，原有的制度产生新的局限性。因此，作为制度设计的基础，本书首先对基于特殊交易方式产生的信息不对称进行分析，为区分普通交易方式与特殊交易方式，先以传统消费方式为基本模式进行分析，揭示传统消费方式在现有制度规制下的信息状态，后对新型消费方式进行分析，指出其特殊性所在。在传统消费方式中，可知信息不对称主要产生于消费者发出要约前这一阶段中，在此阶段中，消费者需要针对欲购买的商品进行信息搜集与处理，以作为其决策的基础。在这一基本模式中，消费者与经营者的信息不对称主要来自经营者可能隐藏对自身不利的信息，例如，在经典的汽车市场模型中，消费者仅通过对外观的观察，甚至通过试驾，无法发现汽车本身存在的一些隐性设计缺陷。汽车的这类缺陷暴露需要一定的时间，也存在一定的概率，因此在机会主义的支配之下，经营者会为获取利润，选择隐瞒缺陷信息。这种信息不对称问题，能够在制度与市场机制的调整下予以缓解。一方面，可以通过经营者强制说明制度，将信息提供作为经营者的义务，以公权干预的方式，使经营者提供更多有针对性且有效的私人信息，减少消费信息成本，实现更有效率的决策；另一方面，市场的竞争程度与信息不对称程度具有相当的关联性。因此，一个良性发展、竞争活跃的市场中，经营者更愿意主动提供信息以增加自身竞争力，相应的信息不对称问题也就会减少。市场竞争能够由竞争法相关制度进行调整。因此，在传统消费方式之下，市场信息不对称问题已经得到一定程度上的缓解。综上所述，传统消费方式中的信息不对称问题事实上已经得到相当程度的缓解，不构成冷静期制度的基础分类依据。

相较于传统消费方式，新型消费方式给消费者带来极大的便利，但同时也为其决策增加了风险。恰如前文所分析，新型消费方式能够带给消费者足不出户就能购买所需商品的方式，节省了外出消费的时间成本与金钱成本，在一些消费方式中，还扩大了可选择的商品范围，其所具有的优势是有目共睹的。但是，在新型消费方式之下，也产生了更多的信息不对称问题。这主要是交易方式的特殊性导致不可核实信息的增加，继而影响经营者的行为选择，最终易导致消费者权益受损。以时下最为常见的网络购物为例，在网购过程中，经营者与消费者之间信息不对称程度通常较高，这是由于消费者仅能通过经营者在商品页面中提供的信息来了解商品，此时经营者提供的信息是无法被核实的，消费者的决策也主要依据这些不可核实信息作出。并且，在交易完成后，消费者收到商品时即使发现经营者提供的信息不实或有所隐瞒，维权也相对困难。这种特殊交易方式，为经营者隐瞒信息，甚至提供虚假或者误导信息提供了激励。仅以传统消费方式中的相应制度进行规制，则显得力有不逮。冷静期制度的建立，能够弥补已有制度的不足，为消费者提供有效保护。因此，在特殊交易方式中产生的信息不对称，由冷静期制度予以克服效果更好。

（二）基于特殊标的性质产生的信息不对称

伴随社会经济发展，丰富的不仅是人们消费的方式，也有交易的标的。与传统消费方式相比，新型消费方式产生的信息不对称程度更严重，以旧制度更难有效规制。相较实物型或信息易核实的商品，伴随社会发展出现的更多高专业性、高复杂性的商品也更易产生信息不对称，并且这种不对称会严重损害消费者的权益。具体来说，无论是采用传统消费方式还是采用新型消费方式，在购买实物型或者信息易核实商品时，消费者搜寻信息、处理信息的难度都会相对小于高专业性、高复杂性的商品。这主要是源于，一方面，实物商品可以通过触摸、试用等方式获取信息；另一方面，信息易核实的商品，经营者在出售时将会更有意愿主动履行其说明义务。当然，在出售需要一定操作技术的商品时，经营者也通常会对其使用方法作出说明，现如今许多网店经营者还会就部分操作较复杂的商品，提供视频操作指南，以保证消费者购买后都能够正常使用该产品。因此，对购买普通商品的消费者来说，大部分信息是能够有效处理并被掌握的，也有经营者出售专业性较强的实物商品，但购买者相对较少，且通常有固定的相关专业消费者群体，因而，总体上，较少出现严重的信息不对称问题。综上所述，以旧制度予以规制基本可以达到缓解的效果。因而，从成本—收益角度出发，针对此类不具有特殊性的标的适用冷静期制度，可能会产生立法、执法资源的浪费。相应地，特殊性质的商品会产生较为严重的信息不对称后果，其原因主要在于以下两点：第一，这类商品具有高专业性、高复杂性。以分期付款买卖为例，由于其标的计算的复杂性，消费者需要花费较多的精力对其进行分析处理，才能较好地掌握，且由于社会分工的不断细化，即使是某一产业的尖端从业人员，也未必能够在较短的时间内对分期付款中不同的政策信息进行充分处理。此外，在销售过程中，经营者也通常会对消费者进行诱导，使消费者仅顾及眼前的利益，忽视购买这类产品可能给自身带来的长远经济负担。因此，在购买分期付款的商品时，即使经营者已经提供了充分的信息，由于大多数消费者本身并不具备相应的专业知识，又受限于有限的认知，无法充分处理获取的信息。在这种情况下，消费者可能根据处理不完全的信息作出短视决策，甚至可能根据处理错误的信息作出错误的决策，其所面临的效用受损风险必然会增加。第二，针对高专业性、高复杂性的商品，通常需要更持续的信息提供。这是因为，由于商品的专业性与复杂性较高，事实上许多消费者在作出购买决策时并没有充分掌握这类商品的相关信息，因此较之其他商品，这类商品往往需要经营者提供持续性的信息披露服务。在实践中，购买特殊性质商品（如理财产品、保险产品等）的消费者，其权益更难得到保障，较多这类商品的经营者在缔约后并没有如实履行其持续信息提供的义务，或者敷衍了事，导致消费者权益受损。更有甚者，销售这类商品的工作人员自身专业水平较低，在整个缔约过程中都对消费者造成误导，最终导致消费者权益受损。此外，由于专业性较强，有时消费者自身受损也不自知，难以维权。因此，在特殊标的性质的交易中，冷静期制度的适用显得十分必要。

三、冷静期制度类型化的基本框架

冷静期制度能够弥补旧制度的不足，为信息不对称的克服提供不同的路径，有利于将游离于价格之外的信息纳入价格形成机制，使价格尽可能反映商品的所有信息。[①] 对其类型化则能够推动制度更好地实施与完

---

① 参见应飞虎：《信息、权利与交易安全——消费者保护研究》，北京大学出版社 2008 年版，第 81 页。

善。以不同交易形式或不同交易标的下信息不对称存在的阶段与程度为基础进行划分，冷静期制度可纳归为要约规制型冷静期制度与标的规制型冷静期制度两类。在经营者与消费者交易的四个阶段中，通过对不同类型中信息不对称的发生与缓解阶段予以分析，使两类冷静期制度的适用阶段更为明晰，也为制度完善做了铺垫。无论何种制度的适用都应当遵循“适度”原则，因此针对不同的类型，冷静期制度的内容设计也会有所不同，以实现不以公权过度干预私权，在不同情形下赋予经营者不同的选择权，也能够更好地发挥与其他制度的组合效用。

（一）要约规制型冷静期制度

经营者与消费者的缔约过程通常分为四个阶段，即要约、承诺、履行和履行后。信息不对称的发生与缓解则决定了冷静期制度是否应当适用、类型及其实效，并与消费方式的变革息息相关。由于新型消费方式的崛起，消费者的消费途径逐步多元化，现如今通过网络、电视、电话、上门推销等不同方式，消费者能够足不出户购买绝大部分生活、工作所需的商品，甚至有许多地方的蔬菜、水果、肉类等都已经有线上销售方式，便捷程度不断攀升。但也正是由于这类新型消费方式的兴起，原有的制度在克服信息不对称问题上呈现出低效或者无效状态。因此，要约规制型冷静期制度的研究，需要从新型消费方式下的信息不对称问题开始。

首先应当对传统消费方式和新型消费方式在缔约的四个阶段中可能产生的信息不对称问题及其缓解进行对比分析。从信息不对称的产生出发，信息不对称主要分为自然的信息不对称[①]与人为制造的信息不对称，

---

① 由于分工所导致的信息初始分布不均，此处主要指由于分工所自然形成的信息不对称，例如，经营者作为商品的销售者甚至生产、销售者，对商品掌握的信息量通常多于欲购买该商品的消费者。

无论采用何种消费方式，信息不对称问题都主要存在于要约阶段。自然形成的信息不对称在传统消费方式和新型消费方式中产生的原因是基本相同的，而对于人为制造的信息不对称，在传统消费方式和新型消费方式中则有所不同。传统消费方式中经营者人为制造信息不对称以获取利益所伴随的风险较大，在要约或承诺阶段被消费者察觉的概率也较高，且传统消费方式中的经营者通常具备实际营业点，由于信誉机制的激励，经营者也更趋向于建立起较好的口碑以吸引顾客。在信息不对称的缓解上，针对自然形成的信息不对称，在传统消费方式中，往往可以通过制度予以约束或者激励，使之在要约阶段或者至迟在承诺阶段得以缓解。也就是说，在传统消费方式中，缔约前经营者与消费者之间的信息不对称问题能够在一定程度上得以缓解。并且，正如前文所论证的，传统消费方式中的信息大多属于可核实信息，不仅能够通过实际接触减少经营者与消费者之间的信息偏差，更能够减少经营者人为制造信息不对称的投机行为。概言之，冷静期制度在传统消费方式中虽然也能够为消费者提供保障，但从立法及执法的成本与收益角度看，却并不能达到帕累托最优。是故，在传统消费方式中，在信息不对称产生之初即可以通过制度对其进行缓解甚至消除，避免因信息不对称致使消费者作出错误决策。冷静期制度作为一种对受到信息不对称消极影响的消费者的弥补策略，其建立与实施在传统消费方式中是难以具有实效的。

在新型消费方式中对信息不对称的缓解情况则全然不同，由于新型消费方式中信息不可核实问题的范围扩大，致使新型消费方式下即便有信息提供制度、信誉制度等相关制度的约束与激励，自然形成的信息不对称也很难在缔约前得以缓解。以网络交易与上门推销为例，在网络交易中，消费者无法见到商品实物，仅能凭经营者的描述自行想象，而此时经营者提供的信息是无法核实的。在上门推销中，虽然消费者能够见到经营者所销售的商品实物，但由于上门推销通常比较突然，消费者在没有心理准备的情况下接收大量信息，并且需要在较短的时间内作出是否购买的决策，因而会导致消费者无法有效处理经营者提供的信息，并且容易受到经营者误导。以上信息不对称在经营者进行商品交付之前，由于无法实际触摸或不具备充足的验证时间等原因难以进行有效的信息核实，因而无法缓解。但当经营者履行其交付义务后，信息不对称便会得到极大的缓解甚至消失，例如，消费者在网络购物中购得洗衣机一台，按经营者提供的尺寸能够放进洗衣槽内，但此时的体积信息不可核实，当消费者收到商品时，信息即转化为可核实信息，若不能放入洗衣槽内，在没有冷静期制度的保障时，消费者只能承担大额损失；当有冷静期制度保障时，消费者就能够通过行使冷静期制度赋予的权利将洗衣机退回，从而避免无效决策带来的损失。从这一例证也可看出，在新型消费方式下，由于经营者履行交付前消费者难以改善其信息弱势地位。且人为制造信息不对称的成本较低，滋生了更多的经营者投机行为。消费者在信息不对称的情况下作出决策，事实上可能并不符合其需求，然而，当经营者履行交付后合同即告完成。当没有冷静期制度的保障时，消费者只能选择花费高额成本维权或者放弃维权承担损失，无论是哪一种选择对消费者都将造成巨大损害。是故，在新型消费方式下欲为消费者提供充分保护，冷静期制度必不可少。

综上所述，要约规制型冷静期制度主要适用于新型消费方式下的消费者保护，由于在这一模式下，信息不对称问题在要约、承诺阶段难以缓解，只有当进入履行阶段，信息由不可核实转为可核实后，或者在获得更充分的信息处理时间后，信息不对称才能够得以缓解。建立要约规制型冷静期制度的意义，既在于通过行使将商品无因退回的权利保障消费者自身权益不受损害，也在于抑制人为制造的信息不对称的产生。并且，由于邮寄、送货等都需要一定时间，在消费者收货前或者收货后一段时间内，都能够对消费决策进行重新审视，以减轻在短时间内受到信息轰炸后作出非理性决策，或者在信息不足时进行决策等所导致的决策无效或低效，从整体上促成资源配置效率的提升。

（二）标的规制型冷静期制度

当交易标的具有特殊性时，同样会产生如传统消费方式与新型消费方式一般的信息不对称差异。但与要约规制型冷静期制度相比较，一方面，两者在信息不对称的类型上不同；另一方面，虽然标的规制型冷静期制度适用的交易没有空间上的限制，但是信息不对称的程度并没有降低，甚至有时会更加严重并且隐蔽。

特殊标的交易中同样存在自然形成的信息不对称与人为制造的信息不对称，但即使是自然形成的信息不对称，也与标的的特殊性息息相关。正如前文所分析的，特殊标的性质的商品往往具有高专业性与高复杂性，因而购买这种类型的商品也更容易因为信息不充分或者信息处理能力不足等原因导致决策低效或无效。同时这类商品通常涉及金额较大，消费者一旦决策出现偏差则容易造成受损严重的后果。例如，伴随人们生活水平的提高，收入的增加，金融消费品逐渐成为一种受消费者青睐的商品。金融消费者不同于专业投资者，通常不具备专业知识和辨析能力，因而往往容易在进行购买决策时权益受损。并且，这种特殊标的交易也为经营者人为制造信息不对称提供了机会。为获取交易机会，经营者可能会选择多提供对促成交易有利的信息，减少不利信息的提供，更有甚者会提供虚假信息。信息处理难度大，导致消费者难以辨别经营者提供的信息的真实性与完整性，降低了经营者人为制造信息不对称可能产生的风险，如此的低成本而高收益，刺激了部分经营者选择投机行为以获取高额利润。概言之，在以特殊标的为对象的交易中，信息不对称往往存在于多个阶段，要约、承诺阶段自然不必说，甚至到履行阶段，信息不对称也难以得到充分缓解。既有的制度难以有效约束或者激励经营者，因而消费者权益也无法得到充分保障。例如，在以金融商品为标的的交易中，经营者的强制说明义务虽然贯穿要约、承诺、履行、履行后四个阶段，在实践中却少有经营者能够充分履行其义务。同时，由于此类产品的专业性较强、复杂程度较高，即使经营者在四个阶段中都充分履行了告知义务，消费者也仍难以有效地进行完全处理。具体来说，针对这类商品即使拥有海量信息也难以帮助消费者在有限的时间内进行有效决策，在决策过程中往往还需要付出较之一般商品更多的成本以搜集信息、处理信息。因此，为实现自身效用最大化，在金融商品消费中，消费者更易采取“仿效行为”，最终导致消费者的盲从行为增加，“羊群效应”随即出现，市场运行效率也随之降低。鉴于既有制度的规制低效，消费者权益无法充分保障，此类型下的冷静期制度引入迫在眉睫。但不同于要约规制型中信息不对称的缓解进程，由于商品所具特殊性，即使到履行阶段，信息不对称问题仍然难以缓解，真正有效缓解往往需等到履行后这一阶段。这是因为此类信息的核实较之普通商品所需时间更长，信息不对称能够伴随时间的推移逐渐得到缓解。因此，冷静期制度不仅在履行阶段可适用，在履行后的一段时期内，仍有适用的必要。除此之外，在制度设计等方面，要约规制型与标的规制型也自然是不同的。综上所述，对特殊标的性质的商品采取冷静期制度，能够有效保障消费者的权益，为消费者提供冷静期间，让消费者能够更加理性地考量其所购买的金融产品的风险性，从而使许多非理性决策得以矫正。并且，由于商品性质特殊，以及实践中金融、保险等高专业性产品的销售乱象，针对此类产品的干预性会更强，对经营者与消费者之间权利义务的调整力度也更大，赋予经营者的解释空间相应减少，否则无法充分为消费者提供保障。

第三章

要约规制型冷静期制度研究

第一节　要约规制型冷静期制度的基本类型

以冷静期制度的适用边界分析为基础，可知冷静期制度的作用并非在所有领域都能有效发挥，因而对该制度进行类型化分析，可以为制度设计的优化提供理论支撑。完善制度设计的目的在于能够为市场提供一种良好的调节机制，使之能够实现一般均衡，在均衡状态下的经营者与消费者，才能充分实现各自的利益追求。合理确定其边界是建立制度所首要解决的问题。因此，针对要约规制型冷静期制度应当包含的立法内容予以进一步界定，并采取列举的方式进行规定，更能够有效防止公权对私权的过度干预，也能够减少立法、执法资源的浪费，对此本书拟从特殊地点交易与远程交易两种交易方式出发进行分析。

一、特殊地点交易：上门推销

虽然冷静期制度始于英国的《租赁买卖法》，但其随即扩展至其他领域，在域外的应用也已经趋于成熟，并形成固定的适用范围，对克服特殊交易方式中的信息不对称问题有明显效果。其中，即包括上门推销。上门推销的特殊性决定了其产生的信息不对称难以为强制说明制度所克服，因而需要冷静期制度给予消费者更优的策略选择。通过国外与我国立法相对比，以明晰目前我国上门推销的规制状况。

（一）上门推销的特殊性分析

在市场参与者之间，始终存在多种博弈，而每种博弈中参与者又存在不同的选择，有的能够使双方都获益，最终达到均衡，有的则不能。

法律制度的作用之一，则是帮助市场参与者达成协议，以及达成协议后二者进行利益分配实现均衡。显然，涉及利益分配的制度总是令市场参与者敏感的，经营者关心自己的利润是否可以得到最大化，消费者也关心自己的效用最大化是否可以实现。如果制度的适用范围不当，则不仅不能发挥作用，还会降低整个市场的运行效率，导致无效合同或者低效合同的增加。因此，首先应当确定制度的适用范围，并就此范围进行验证。上门推销之所以成为冷静期制度所调整的对象，究其原因还是在于其交易方式带来的信息不对称的特殊性。

在实践中，上门推销是一种较受经营者青睐的销售方式，由于没有实体店，在经营成本上相较于传统门店销售更低，其销售往往是在消费者没有准备的情况下进行的，对销售的商品，即使是生活必需品，消费者在事前也不一定能够有较为全面的了解，因而在决策上更易受到销售者所提供信息的影响。广为人知的安利公司，就是上门推销的经典案例。安利公司销售的大多是生活用品，如洗洁精、沐浴露等产品，但在毫无预期的情况下进行推销，即使是日常会使用的产品，由于消费者事先对所售产品的品牌、产品本身等都没有信息基础，因此在短时间内对推销者提供的大量产品信息难以有效处理。更遑论在一些上门推销中，销售的是一些需要一定知识基础的电子产品，对这类相对复杂的商品，消费者更加难以进行信息处理。在实践中，大部分推销会有夸大产品功效、更偏向于只提供有利信息等问题，导致消费者与经营者之间难以形成大致对称的信息格局，在销售者口若悬河的信息轰炸之下，不仅无法促使消费者理性决策，还会造成消费者冲动消费的非理性后果。此外，由于上门推销的时间通常较短，销售者在推销之后即会离开，也会给消费者造成一定的心理压迫感。综上所述，在这种短时间大量提供信息的交易方式中，消费者更易作出低效或无效的决策，如购买不需要的产品，或者在交易完成后才了解到所购买的产品存在功效瑕疵等。大量低效决策的出现，势必导致市场的整体运行效率降低。在这类交易中，即使有信息提供制度的约束，但由于交易往往发生在消费者无预期的情况下且有时间限制，这些因素大大阻碍了消费者的理性思考，一种怕“不买后悔”的心理反而更易导致最终的“买了后悔”，使本就信息处理能力有限的消费者更易作出偏离自身效用最大化目的的决策。因此，传统的信息提供制度只能为消费者提供缔约前的帮助，无法保障消费者缔约后的权益。交易完成后，消费者仅能寻求私法救济，为此可能付出更高的成本。因此，在这种旧制度之下，消费者往往选择放弃高成本的救济，选择承担损失。对个体消费者来说，这一选择可能是最优策略，但对社会整体收益来说，则会造成十分不利的影响，当大多数消费者的权益无法得到有效保障时，市场资源配置的效率也会随之下降，导致整体运行效率受损。

（二）上门推销冷静期制度的立法回应

恰如前述分析，上门推销由于时间、地点的特殊性，导致即使能够看到、碰到商品实物，较之传统交易方式仍更易产生信息不对称问题，且这种信息不对称将对消费者的决策造成较大影响。由于上门推销这种特殊交易方式成本较低，在大多数国家为经营者所采纳并使用，因此，其也是冷静期制度涉足较早的领域之一。现如今，大部分国家已经将上门推销这种特殊交易方式纳入冷静期制度的适用范围之中，如英国、德国、法国、美国等。为能够使冷静期制度发挥其应有的功能，上门推销所包含的内容有必要进行界定，如仅根据字面取其狭义，将上门推销限于家庭住宅、常住地或工作场所，难免限制了冷静期制度的适用，也不利于对消费者的保护。在部分国家的立法中，对上门推销的定义一般作广义解释，如《德国民法典》第 312 条中即有对上门推销的范畴定义，认为上门推销不应仅限于其字面意思，这一交易方式可适用冷静期制度，其原因在于交易的时间与地点的特殊性。因此，上门推销的场所不仅包括消费者的家庭住宅或者工作场所，还应包括由经营者或第三人组织的休闲活动场所（如品鉴会或销售晚会），以及交通工具或者公共交通场地等场所。[①] 事实上，这一规定囊括了绝大多数地点。上门推销可概括为在非传统销售地点进行的消费者无预期的销售活动，通过攀谈、展示样品等形式，在一定时间内促使消费者作出购买决策。在《法国消费法典》中也有类似规定，将上门推销范围界定为自然人的住宅、常住地、工作场所等地，以及在消费者所在的非商业化场所进行推销，尤其是经营者组织的具有利益目的的聚会、旅游地等场所。[②] 在美国《冷静期规则》中，则更是将上门推销的范围扩展至绝大多数的非营业场所，并通过适用除外的形式规定了不宜包含在上门推销中的几种情形。由此可见，各国立法主要是以消费者的权益保护为出发点，以特殊时间、特殊地点为考量，充分考虑消费者所面临的无准备、时间有限、信息较多等因素对决策的影响程度，最终进行的范围划定。

然而，在我国新《消法》中，却并未对上门推销进行相应的规定。在新《消法》初步确立冷静期制度时，并没有直接沿袭他国的制度设计，而是采取了较其他国家更窄的适用范围设置。目前，新《消法》仅明确对远程交易进行了规定，并没有针对上门推销进行相应说明。我国新《消法》第 25 条，将冷静期制度所适用的交易方式限定为“经营者采用网络、电视、电话、邮购等方式销售商品”，从条文的字面意思来看，即仅远程销售可适用冷静期制度。虽然条文中以“等”字放宽了能够适用的范围，但仍应以“网络、电视、电话、邮购”这样的远程销售方式为限，而不能作扩大解释。事实上，对于冷静期制度是否应当引入，以及其可适用的范围，在我国立法之初就已有学者进行过辩论，直至新《消

① 参见杜景林、卢谌：《德国民法典评注：总则·债法·物权》，法律出版社 2011 年版，第 144 页。

② 参见凌学东：《法国消费者合同撤回权立法及启示》，载《比较法研究》2015 年第 4 期。

法》正式施行，对此的探讨之声仍未停息。但在对新《消法》第25条的理解上，主要分为两种观点：其一，持否定论的学者认为，从文义解释的角度出发其不包括上门推销这一交易方式。这是因为，远程销售和上门推销在交易形式上存在较大差别，虽然都属于特殊交易方式，但上门推销并不满足远程销售中的空间要素条件。在上门推销这种交易方式中，消费者与经营者是通过会面，并且经营者通常会提供实物以供消费者参考，甚至有的经营者还能提供试用品，在整个消费过程中，消费者也能够与经营者就商品进行沟通交流。由此可见，上门推销与远程购物中消费者与经营者无法会面、交流，无法触摸商品实物等情形是不同的，因而也很难将其解释为远程销售的一部分。其二，持肯定论的学者认为，在实践中上门推销所代表的突袭式特殊交易方式并不鲜见，甚至相较于远程购物，其出现的时间更早，对消费者造成的损害也不低于远程销售。因此，在对新《消法》第25条的规定进行适用时可适当类推至上门销售这类交易方式。由全国人大常委会法制工作委员会民法室编著的《中华人民共和国消费者权益保护法解读》一书在解释本条适用范围时也指出，考虑到设立无理由退货制度的初衷，是克服消费者与经营者之间的信息不对称问题，保障消费者的意思表示自由，因而应对本条适用范围作广义解释，即包括上门推销、直销等非固定经营场所的销售。[①] 由此，可将第25条的适用范围扩展至上门推销等交易方式。然而，在新《消法》中，上门推销这类交易形式终究没有直接的体现，在实践中的适用则可能出现阻碍，产生同事不同办的情形，无法有效保障消费者权益。事实上，我国对上门推销等特殊交易方式也有相关的规定，但立法层级较低，难以有效实施。例如，我国《直销管理条例》中即有相应规定。《直销管

① 参见汪渊智：《我国消费者无理由退货权的解释论》，载《山西大学学报（哲学社会科学版）》2017年第3期。

理条例》于2005年公布，并在2017年根据国务院令第676号《国务院关于修改和废止部分行政法规的决定》进行第一次修改。《直销管理条例》规定，直销是指直销企业招募直销员，由直销员在固定营业场所之外直接向最终消费者推销产品的经销方式。由此可以看出，《直销管理条例》所指的直销事实上囊括了大部分“突袭”式交易，“固定营业场所之外”可理解为包括在旅游地、交通工具、经营者举办的酒会等不同场所，经营者向消费者推销商品的情形。然而，直销与上门推销仍然有一定的区别，上门推销的范围广于直销，其涵盖的不仅是直销企业，普通企业也同样可以进行上门推销。当然，《直销管理条例》在实践中也取得了一定有益经验，为消费者提供了一定程度的保护。从以上评述可知，上门推销这一交易形式在我国消费者保护立法中并未受到足够的重视。从立法的周延性来说，上门推销的立法缺失对消费者保护体系的构建无疑是具有消极影响的。究其原因在于，上门推销并非始于20世纪90年代，但当消费者已经逐步习惯传统消费方式之后，又于90年代初再次流行起来，此时尚属狭义的上门推销，通常仅指以上门推销或促销的方式，上门销售产品或者将产品试用装派送至消费者家中。[①] 至1993年旧《消法》颁布之后，这种交易方式逐步出现衰落的迹象，而在旧《消法》中也并未提及。事实上，从20世纪90年代至今，这种有别于传统的消费方式一直未能受到应有的重视。然而，上门推销的外延却在时间更迭中逐步扩大，不仅包括狭义的到消费者家中的推销或促销，更包括现代社会中常见的各种商品推介会等方式，如今的许多交易由此促成，消费者在信息不对称的条件下匆匆作出决策，但在合同订立后，其权利却又无法得到应有的保障。如何进行制度设计才能克服市场中的这些问题，是各国立法者所需要充分考虑的。综上所述，我国对于上门推销这一模式的

① 参见俞仪方：《沪上流行上门推销风》，载《上海经济研究》1993年第6期。

制度回应显然还有不足，由此造成的消费者权益受损也是不可忽略的事实。因此，应当在此后的冷静期制度完善中将上门推销纳入调整范畴。

二、远程交易

远程交易是冷静期制度适用最为广泛的领域之一，在立法上，各国对远程交易的冷静期制度规则设计也已较为成熟且贴合实际，使冷静期制度在适用中能够最大限度地发挥其作用。远程交易之所以作为冷静期制度中重要的一部分，也是由于其特殊性所致。

（一）远程交易的特殊性分析

远程交易通常是指网络购物、电话购物等方式，其特点在于消费者能够在营业场所以外的地点选择任何便于自己购物的方式进行远程购物，如在手机已经十分普及的今天，大多数消费者能够在交通工具上、住宅里、旅游景点等任何地方用手机进行网购。网购平台的数量也急剧增加，由最初的淘宝网，发展至如今的京东、当当网、亚马逊等多家平台，苏宁、国美等传统的实体商店也纷纷开设线上商城，网购无疑成为现今社会生活中必不可少的一种消费方式。电话购物、电视购物等方式，则更受年龄偏大的消费者所喜爱。无论是网购还是电视购物，都有相同的特殊性，即无法真实地触摸、观察、试用商品。较之传统消费方式，这种新型消费方式利用科学技术进行了空间要素的革新，使消费者不身临其境也能够实现消费需求，为消费者节省时间也带来便捷。但同时也是因此，产生了经营者与消费者之间程度更为严重的信息不对称问题。在经济学理论中，商品可以根据消费者决策所面临的风险程度，分为搜寻商品、经验商品和信赖商品。结合信息核实理论，搜寻商品主要是指那些信息易核实的商品，其质量好坏等可以通过简单的方法进行验证，如衣物的质地、纸张的好坏等。经验商品则是指核实需要以试用为前提的商品，如手机、电脑等。信赖商品是指即使在试用后，短时间内其信息也难以得到验证的商品，如理财产品等。① 从这个分类来看，信息可核实程度越高的产品，所面临的购买风险就越小。在传统消费模式中，大部分产品属于搜寻商品和经验商品，信赖商品更多出现于医疗、律师等服务的消费中。然而，远程交易的兴起，使这种格局有所改变，即使是处于信息最易核实的搜寻商品范畴中的衣物、家居用品等商品，由于无法实际地触摸、观察、试用，在购买时也面临着信息无法核实所带来的风险，导致市场中出现大量的经验商品，即消费者在合同缔结后，经营者履行交付的阶段才能够对其购买的商品进行核验。在这种情况下，如商品存在质量瑕疵，或经营者违反强制说明义务在商品描述中进行虚假陈述，消费者维权即会产生相当大的困难。例如，首先，在举证过程中，消费者需证明此瑕疵是商品本身自带的，而不是由消费者造成的。其次，在远程交易中，由于距离因素，消费者通常无法实现当面沟通，推诿就成为经营者的占优策略。综上所述，虽然已有的救济措施仍能够在一定程度上弥补消费者所受的损害，但在远程交易中则可能由于对成本等各项因素的考虑，为消费者所放弃。并且，由于显示器色差、尺寸衡量方式不同等原因，即使在经营者的如实描述下，消费者仍有可能购买到不符合预期的商品，此时消费者购买的商品即成为无价值商品，其效用追求也自然不能达成。综上所述，在远程交易中，消费者收到商品前，信息总是处于无法核实状态，因而消费者难以发现商品不符合预期或者存在瑕疵等问题，在收货后再进行维权，则会导致一部分消费者由于成本等因素最终放弃其权利主张。长此以往，市场调节功能将受损，价格机制无法反映商品质量，逆向选择问题日趋严重，最终形成一个“柠檬”市场。

① 参见王金根：《欧洲民法典草案消费者撤回权制度研究》，载《北方法学》2012 年第 5 期。

（二）远程交易冷静期制度的立法回应

20世纪60年代以来，随着信息传递技术的不断升级，空间不再成为阻隔消费者进行消费的要素，即使不与经营者见面，不实际去到经营者的营业场所，依然可以购买到所需商品。这种新型消费方式无疑是便捷的，但也无疑为调整传统消费方式的制度体系带来新的挑战。当各个国家陆续意识到新型消费方式产生的信息不对称已经对市场运行造成影响时，远程交易也成为大多数国家冷静期制度体系中的一员。如德国于2000年颁布了《远程销售法》，使远程销售正式成为冷静期制度的适用对象之一，且在2001年冷静期制度也正式纳入《德国民法典》之中。远程交易适用冷静期制度，主要是基于信息不对称对消费者意思形成的影响。立法者认为消费者在与经营者无直接会面、攀谈的情况下，对商品或服务的了解仅来自经营者的文字描述、图片等，无法亲眼看到或亲自感受服务质量，也无法从其他自然人处获取相关信息，因而会缺乏对交易的整体判断。此外，在远程购买分时度假产品时，也会由于对这类长期合同缺乏理解，导致消费者无法很好地审视在此类长期合同中自身所享有的权利和承担的义务，作出盲目决策。[①] 对一些数字产品或服务，德国也适用了冷静期制度，如德国1976年就颁布了《远程课程保护法》，就远程教学规定了相应的适用办法。[②] 再如，在法国，有关远程销售的强制规则最早见于1988年，2001年则移植了欧盟1997年关于远程合同消费者保护的条款，在《法国消费法典》中将远程销售纳入冷静期制度的适用范围之中。[③] 对于远程销售的具体范围，《德国民法典》第312条则

---

① 参见王洪亮：《消费者撤回权的正当性基础》，载《法学》2010年第12期。

② 参见李晓钰：《消费者无条件解约权适用之交易形态——房屋买卖是否应纳入〈消费者权益保护法〉第25条》，载《河北学刊》2014年第4期。

③ 参见凌学东：《法国消费者合同撤回权立法及启示》，载《比较法研究》2015年第4期。

详细规定，远程通讯手段具体是指可以用于企业主与消费者之间缔约接触或者订约，无须合同当事人同时在场的通讯手段，特别是指信件、目录、电话、传真、电子邮件、广播、电信服务和媒体服务。[①] 在英国 2000 年《消费者保护（远程销售）条例》的附录一中也有相类似的规定。在《法国消费法典》中虽然没有以列举的方式进行规定，但第 L121－16 条中规定本分节的规定适用于在未经见面的消费者和经营者之间，为了订立合同，专门适用一项或多项远程通讯技术约定的产品销售合同或服务提供合同，并在第 L121－17 条中规定了适用除外的几种情形。[②] 在我国，远程交易中冷静期制度的引入较晚，于 2014 年正式施行的新《消法》第 25 条进行了概括性规定，对远程交易所包含的范围进行初步说明，范围相对较狭窄，而在具体适用规则上则没有更为详尽的规定。

综上所述，虽然各国对远程销售的规定方式有所区别，范围也不尽相同，但区别仅在于对于某几类交易方式的适用不一致。在整体上，大多数国家仍秉承着以消费者与经营者交易的空间特殊性为基础，将适用对象划定在消费者无法与经营者会面，也无法对商品进行实物验证的基本范围之内。此类特殊交易方式中消费者无法进行信息核实，在交易完成后，又面临着高成本与空间距离阻隔等维权困境，因而导致经营者可以低成本地诱导消费者进行购买。在大多数国家中，消费者普遍经受过此类困扰，最终冷静期制度被广泛应用于远程销售中，已成为消费者克服信息不对称所带来损害的有力策略。

---

① 参见杜景林、卢谌编著：《德国债法改革：〈德国民法典〉最新进展》，法律出版社 2003 年版，第 213、230－233 页。

② 参见《法国消费法典》，孙平编译，中国政法大学出版社 2012 年版，第 26－27 页。

第二节　要约规制型冷静期制度的价值定位

一、概述

消费者作为一个庞大的群体，由于存在与经营者之间的差距而容易受到损害，因此对其的保护历来都是立法者所关注的重点。信息不对称是经营者与消费者之间固有的差异之一，它的存在客观上影响了消费者权利的实现，与消费者知情权、选择权、受教育权等权利都有着内在联系。是故，对经营者与消费者之间的信息不对称予以规制，是消费者保护体系的必然组成部分。要约规制型冷静期制度则是体现着这样一种立法意图与导向，即在特殊交易模式下事前信息规制无法充分发挥效用时，保障消费者权益不受损害。其中既包含了对消费者权益予以保障的目的，也承载着对信息不对称的规制功能，并且这一制度的设计还涉及经营者与消费者之间的权利与义务的配置与平衡，充分体现实质的公平正义观，同时也不忽视效率的重要价值。

与信息提供等制度相同，要约规制型冷静期制度的目的也在于克服信息不对称对消费者带来的消极影响。然而，与其他制度在制度设计上却是存在区别的，以信息提供制度为例，这一制度的主要目的是缓解经营者与消费者之间的信息不对称，通常作用于信息不对称给消费者带来消极影响之前，以要求经营者履行说明义务、政府履行消费教育职责等方式，来实现在缔约前经营者与消费者之间信息差的缩小，或是提升消费者的信息处理能力等制度目标。冷静期制度则不同，从其赋予的权利内容来看，主要是在信息不对称对消费者产生消极影响之后，为消费者提供一个低成本的有效救济途径，避免消费者在特殊交易方式中权益受到损害。也正是因为这一特殊权利的赋予，提高了经营者不如实、充分提供信息可能需要付出的成本，因而激励经营者在缔约前充分提供信息，降低消费者因信息不对称作出低效决策的概率。综上所述，从阶段上看，冷静期制度本质上是一种事后策略，是在信息不对称发生后作用的。其他制度则多属于事前策略，作用在信息不对称发生之前。这两类制度的组合能够为消费者提供更全面的保障，针对作为事后策略的冷静期制度，将在下文中详细论述。除制度目的外，在制度设计中也应当充分考虑利益均衡，要实现实质的公平正义同时兼顾效率，合理的规则设置必不可少。由前述分析可知，冷静期制度本质上是通过重新分配经营者与消费者之间的权利义务，赋予消费者超越传统契约限度的权利，来为消费者提供保障。这种消费者权利的扩张，势必会导致经营者权利的缩减、义务的增加。在实践中，对经营者进行过度干预，增加过多的义务，都会引起较为强烈的经营者对策行为，反而导致制度的效率低下。因此，以实质公平与效率兼顾为导向，对冷静期制度中经营者与消费者的权利义务分配也应当进行再调整，使二者达到一般均衡状态。这样的制度设计，也在一定程度上节约了立法成本，同时减轻了冷静期制度这类倾斜性立法对传统民法中部分既有原则（如诚实信用原则）的消极影响。

二、克服信息不对称的事后策略

在旧车市场模型中，信息不对称产生的后果将导致整个市场的运行失灵，价格机制也无法有效与商品品质相衔接，更无法将游离于价格之外的其他信息充分反映出来。将这一模型推及消费市场中，经营者与消费者之间普遍存在旧车市场中的问题，缔约前仅有经营者掌握关于商品的私人信息，而消费者仅能根据对市场的预测出价，此时消费者的出价通常无法与高质量商品的定价达成一致，最终导致“劣币驱逐良币”，逆向选择问题愈加严重。在缔约后，则可能出现双向的道德风险问题。一方面，消费者无法观测到经营者的行动，继而导致经营者的道德风险；另一方面，经营者无法观测到消费者的行动，继而导致消费者的道德风险。无论是哪一种，都会严重损害交易一方的权益。综上所述，在这样一种经济学模型之下，市场将始终处于低效率或者无效率状态之中。然而，实践中的市场却并非如此，不仅旧车市场保持有序运行，整个市场运行也并非总是低效率的。这是由于，经济学最主要的功能是解释现实世界，前述模型的分析意义之一在于它能够直接地指出信息不对称与市场失灵之间的关系。[①] 当然，经济学分析并不能帮助我们直接制定出相应的法律规则，但其意义之二则在于它能够用于探讨法律制度或者法律规则是如何影响主体之间的相互作用的。[②] 从而，我们可以通过对模型进行进一步改良，使之更接近于现实机制，以探讨通过制度设计使之达到一般均衡，对参与双方来说各自都能够实现在这一组博弈中的效用最大化。冷静期制度的建立也正是为达到这样一种目标，即有效克服信息不对称，使经营者与消费者之间能够实现一般均衡，在交易中能够各自实现自身的效用最大化。

从冷静期制度实施的阶段来看，其应当是一种事后策略，即在信息不对称对消费者产生消极影响后，消费者仍可通过行使无因退回权获得保障的策略。这种策略的实际收益，也就是制度目的能否得以实现，我们采用标准形式博弈进行验证，模型化经营者与消费者之间的相互作用。

---

① 参见陈钊：《信息与激励经济学》，格致出版社、上海三联书店、上海人民出版社 2018 年版，第 37 页。

② 主体之间的相互作用，是指当一个最简单的战略问题在二者之间产生时，每一个个体必须在不知道对方在干什么的情况下决定自己的行为。参见［美］道格拉斯·G. 拜尔、［美］罗伯特·H. 格特纳、［美］兰德尔·C. 皮克：《法律的博弈分析》，严旭阳译，法律出版社 1999 年版，第 1 页。

也就是说，将博弈参与人假定为经营者与消费者，设置可能的战略组合，由于冷静期制度所赋予权利的特殊性，因而本书仅从消费者角度出发，分为消费者适用冷静期制度与消费者不适用冷静期制度两种组合，并观察每一战略组合下经营者与消费者各自的收益。最终我们可以得出，冷静期制度对调整经营者与消费者关系所发生作用的力量，以及这一制度适用所依赖的参与者理性假定。首先，在消费者适用冷静期制度的情况下。在特殊交易方式中，冷静期制度作为一种事后救济手段，能够赋予消费者在合同缔结后“反悔”的权利。亦即，当通过网购、电视购物等特殊方式进行购物后，消费者如在收到商品后，发现其与经营者在线上商品页面或者电视中所描述的商品信息不符，无法实现消费者购买的目的，则可以通过行使无因退回权，无条件地退回商品，且无须承担责任。这一制度对消费者来说，其实施成本无疑是低廉的，但对经营者来说，却要承担一定的退货成本，如商品的再包装、对退回商品的验证检查等。其次，在消费者不适用冷静期制度的情况下。在我国对消费者保护的立法中，不乏对经营者与消费者之间信息不对称问题的克服制度，在传统消费方式中也起到了一定作用。但正如前文所述，新型消费模式带来新的挑战。在特殊交易中，如消费者不行使冷静期制度赋予的权利，通过其他救济方式以寻求保护，也未必不能够保障其权益，但通常需要付出一定的成本，并且在此过程中，经营者所负担的成本是相对较小的。并且，信息的不可核实性，也降低了经营者的违法成本。综上所述，可清楚对比出，当适用冷静期制度时，经营者所需负担的违法成本明显高于不适用冷静期制度的情形。这是由于虽然特殊交易方式中的商品多为搜寻品与经验品，但交易方式导致其信息由可核实转化为不可核实，而冷静期制度改变了信息核实的机制，将信息的核实期间延长至经营者履行交付义务之时，给予消费者充分的时间以重新考虑决策的收益。并且，由于维权成本低廉，这一制度也为消费者提供了维权的动力。此外，这一制度的适用能够降低消费者决策时对理性的依赖，即使在决策当时由于非理性因素作出了错误决定，如在销售者劝诱下的冲动消费等，也能够在事后得到补救，减少无效合同的出现。因此，作为一种事后策略，冷静期制度对消费者的保障无疑是有效的，其降低消费者决策的理性依赖程度，降低消费者维权成本，增加经营者违法成本，还能够激励经营者提供更为充分的信息，使交易能够实现一般均衡。这一策略的适用，在一定程度上弥补了事前信息提供制度的不足，并与事前机制组成一个完整的制度链，以最大限度地实现克服信息不对称的制度目的，同时保障消费者的意思表示自由。

三、经营者与消费者利益格局的再调整

从前述分析已知，信息不对称会对市场运行效率产生负面影响，为经营者损害消费者权益以获取自身利益最大化提供可能，因而需要以制度克服信息不对称，或者以制度来约束市场参与者的损人利己行为。冷静期制度正是这样一种机制，其对经营者与消费者之间利益格局进行重新调整，通过延伸消费者权利以实现对其的全面保护。

在经济社会中，分工不断细化将是未来的发展趋势，随之带来的信息不对称问题也将长期存在。虽然不仅在消费者保护中，在其他各个领域，信息不对称的存在都会产生一定程度的不利后果，但信息不对称本身实际上是一个客观且中性的现象，并不直接产生危害结果。本质上，信息不对称是社会分工的自然产物，它仅仅是一种信息分布的不均匀，每个个体都拥有一定的私人信息，导致个体之间掌握的信息量有所不同，这种信息量的差异并不会直接产生个体权益受损的后果。之所以市场中信息不对称总是与一定危害结果相联系，是由于经济人的理性追求与机会主义所致，这些因素的存在使信息不对称为市场参与者一方通过不正当手段多获取利益由可能转为可行。就像信息不对称本身是中性的现象

一样，人的利己行为也是一个中性现象，“经济人”的利己性假定自18世纪末期亚当·斯密提出以来，至今已有200多年的历史。按照斯密的论述，自爱或自利是人的本性。所谓“经济人”就是追求身利益最大化、体现利己主义本性的人。[①] 因此，经济人对利润最大化的追求自是其理性利己主义的必然体现，这种利己追求本身无可厚非。然而，在信息不对称的情况下，更多的信息意味着更多获取利益的可能，经营者在机会主义的诱导下会选择侵蚀消费者的权益，利用其信息优势地位以实现自身的利益最大化追求。尤其是在经营者与消费者的交易中，消费者往往难以察觉自身权益受到了侵害。例如，曾经有过这样一个案例，在重庆郊县一家经营猪肉买卖的店铺中，由于使用的磅秤称码不准，致使其卖出的每公斤猪肉会产生0.05公斤的短缺，这种情况持续三年后才被发觉。在生活中，商品微量的短缺是非常难以被消费者发觉的，并且对每一个消费者而言，这种侵权导致的损失可以说是微不足道的，但以这家肉铺为例，三年中，该商店共出售200多吨猪肉，累计缺斤少两共1万公斤，以每公斤10元计算，获利为10万元。[②] 由此可见，店家在日复一日的微量缺斤少两中获取了巨大利益，而消费者却懵然不知。正是在这种机会主义之下，额外获利成为可能，致使在网购、邮购、上门推销等特殊交易方式中，信息不对称与信息的不可核实性更易被利用，因而需要制度对这种当事人之间非基于双方自愿的利益或损失不适当分配予以调整。[③] 此外，在有效制度的制约之下，经济人的利己行为也能够最终达到利他效果。具体来说，经济人的“利己”与“利他”并非截然对立的两个方

---

① 参见林莎、邓春玲：《“经济人”利己与利他行为的理论分析》，载《社会科学战线》2005年第6期。

② 参见许明月：《普遍性侵权、机会主义与侵权现象的法律控制——对传统侵权法的反思》，载《法商研究》2005年第4期。

③ 参见许明月：《普遍性侵权、机会主义与侵权现象的法律控制——对传统侵权法的反思》，载《法商研究》2005年第4期。

面，二者是可以成为统一体而不互相排斥的。在制度的约束之下，可以实现经济人的为己利他，即在利己的过程中实现利他，在利他的过程中达到利己，这是市场经济条件下人类的行为规律，是市场经济得以发生、发展的行为机制。[①] 因此，制度对市场参与者的行为选择能够通过图 3－1 的路径实现重新调整。

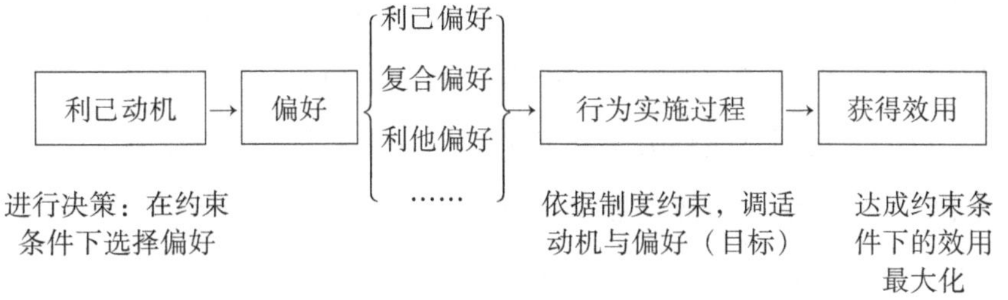

图 3－1　行为人有约束的最大化行为的传递调适次序[②]

综上所述，冷静期制度对经营者与消费者之间利益格局的调整也遵循这一路径，通过将消费者权利延伸至经营者履行甚至履行后的阶段，以阻止经营者在交易过程中利用自身的信息优势地位损害消费者权益。首先，在远程交易等新型消费方式中，冷静期制度的引入能够促使经营者与消费者之间形成一种新的利益格局。在旧制度的调整之下，由于无法对经营者形成有力的约束，特殊交易中由于信息难以核实，经营者往往比在传统交易方式中更容易产生机会主义倾向，此时经营者能够通过侵害消费者权益达成其利润最大化追求。冷静期制度的引入，以赋予消费者“后悔”机会的方式，为消费者在交易完成后的救济中，提供了成本更为低廉，行使更为便利的救济路径。当这一救济路径充分为消费者所使用时，对侵权经营者来说则是极为不利的。其次，减少消费者救济

① 参见林莎、邓春玲：《“经济人”利己与利他行为的理论分析》，载《社会科学战线》2005 年第 6 期。

② 原图参见徐贵宏、贾志永、王晓燕：《“经济人”利他行为的经济分析》，载《经济学家》2008 年第 1 期。

中的机会因素。权利救济总会产生一定的成本，私法救济的成本有时甚至会远超消费者的损失，此时即使成功地获得救济，所获利益也无法弥补其损失。在特殊交易方式中，空间阻隔、掌握的经营者相关信息有限等因素，会导致消费者维权成本高于传统模式，因而大多数消费者在面对这种情形时会选择放弃寻求救济。此外，还需考虑救济的成功概率。在消费者寻求救济过程中，特殊交易方式下存在举证困难等问题①，致使消费者成功获得救济的概率大打折扣。通过冷静期制度赋予消费者直接将商品退回的权利，能够大幅提升消费者获得救济的概率，从而激励消费者主动寻求救济。是故，在这种制度安排之下，经营者若利用其信息优势损害消费者权益，则需付出更高的代价，不符合理性经济人的选择。通过制度的调整，能够使经营者与消费者形成一个均衡关系，同时实现经营者与消费者两者的效用目标。

① 特殊交易方式中消费者举证困难主要源于商品交付的过程较长，快递运输途中存在不确定因素。且由于快递驿站、快递柜等便民设施的普及，消费者通常在收货后才会对商品进行详细检查，这也导致经营者会以消费者自身原因为借口，拒绝消费者的退换货请求。

第三节 要约规制型冷静期制度的国内外立法评述

正如前文所述，当我们无法对信息进行核实时，或者无法观察到合同成立后对方的行动，仅能获取结果时，市场是很难达到一般均衡的。在这样的市场中，如果价格机制失效，参与者面临着更巨大的风险，处于优势地位的一方也更被激励通过不正当手段掠夺利益，逆向选择、道德风险问题随即而生。因此，各国针对新型消费方式都进行了相应的冷静期制度规定。这些立法的目的虽然都在于对消费者提供全面保护，但在具体规则设置上却存在差异。我国冷静期制度尚属初级阶段，通过比较不同的制度立法能够为此后的制度完善提供有益借鉴。

一、要约规制型冷静期制度的域外立法比较与评述

一个制度是否有效，其实施也是衡量的重要标准之一，只有能够有效实施的制度才能成为有效的制度。自新《消法》颁布以来，我国要约规制型冷静期制度已经初具雏形，但从适用规则的设置来看，我国要约型冷静期制度的规制对象仅为远程交易，权利行使期间为7天，而权利行使的具体方式与后果等均未明确规定。因此，通过对域外立法规范的比较与评述，有益于对这一制度规则设置的重新审视，为完善制度实施规则提供良好的基础。我国冷静期制度的发展仍处于初级阶段，因而借鉴域外经验能够对我国制度的优化提供助益。在冷静期制度的适用范围、权利行使期限、行使方式及法律后果等方面，域外立法中都有较为详尽的规定，通过对这些规定进行比较研究，探寻规则设计之原意，能够基

于我国国情为我国立法的完善提供新的思考路径。对于域外立法中要约规制型冷静期制度所包含的具体类型，在前文中已有充分论述，此处不再赘述，因而主要从权利行使期限、行使方式及法律后果几方面进行分析研究。

（一）权利行使期限

欧盟的第 85/577/ECC 号与第 97/7/EC 号指令中分别规定了非营业地交易合同与远程交易合同的冷静期权利行使期限，两者规定均为在不少于 7 天[①]的期间内可行使无因退回权。在 1976 年颁布的《日本访问销售法》第 6 条中，规定从告知该权利之日起经过 4 天。[②] 在《德国民法典》第 355 条中，将撤回期间统一规定为 14 天。[③] 在《法国消费法典》中，规定在远程销售的非金融合同（第 L121 - 20 条）与上门交易（第 L121 - 25 条）中，消费者享有 7 天权利行使期间。且当 7 天期限在周六、周日或节假日到期的，则顺延至其后的第一个工作日。在美国法中，其规定则通常更短，多为 3 日。例如，《加利福尼亚州民法典》第 1689 条中规定，消费者享有在卖方签订合同或者发出要约之后的第 3 个工作日的 24 点之前解除上门揽货合同或者上门揽货要约的权利。综上所述，在多数域外地区的立法中，对要约规制型冷静期制度的适用期间规定通常不超过 7 个工作日。这类期间规定也主要是由交易内容的性质所决定，尤其在《法国消费法典》中将金融合同与非金融合同作区分，以更有针

---

① 条文中对 7 天的表达有所不同，非营业地交易合同中规定的期限为 not less than seven days，而在远程交易合同中则规定为 at least seven working days，可见远程交易合同中权利的行使期间有可能出现长于 7 天的情形。

② 《日本访问销售法》（1976）第 6 条。参见谢次昌：《日本关于访问销售等法律》，载《国外法学》（现《中外法学》）1986 年第 4 期。

③ 《德国民法典》第 355 条。参见《德国民法典全条文注释》（上册），杜景林、卢谌译，中国政法大学出版社 2015 年版，第 267 页。

对性地进行规则设计。在通常以搜寻商品和经验商品为主要商品的远程交易或上门推销中，信息不对称问题能够在经营者履行阶段得到大幅缓解，当消费者收到商品实物后，大部分不可核实信息转化为可核实信息，因而消费者能够在较短时间内进行验证，并决定是否行使其无因退回权。是故，在主要由特殊交易方式产生的信息不对称环境中，将权利行使期间定为 7 天以内有一定合理性，也能够在一定程度上防止消费者的道德风险问题，既充分赋予消费者再次审视消费决策的机会，也同时兼顾经营者的利益。

（二）权利行使方式

在《德国民法典》第 355 条第 1 款中，对消费者撤回权的行使方式规定，撤回无须包含理由，其应当以文本形式或者通过寄回标的物，在撤回期间之内向企业者表示。[①] 在《欧洲民法典草案》中，对权利行使方式有相应规定。根据该条规定，原则上消费者权利行使的方式自由，无论采用书面形式、口头形式或者直接采取退还货物的行为均可。[②] 欧盟的第 85/577/ECC 号指令对于消费者权利行使方式规定，则是以通知为标准。此处对通知的理解最初仅限于书面形式的通知，但后通过 Travel Vac SL 案，欧洲法院（ECJ）对撤回权行使方式进行了重新定义，即这一指令可以通过各成员国制定本国规则对通知的形式进行扩展，不受书面形式的制约。[③] 英国在上门推销领域的《于消费者家中或工作地等场所缔结的合同的取消条例（2008）》第 8 条中则对消费者行使权利的方式进行了

---

① 《德国民法典》第 355 条。参见《德国民法典全条文注释》（上册），杜景林、卢谌译，中国政法大学出版社 2015 年版，第 267 页。

② 参见王金根：《欧洲民法典草案消费者撤回权制度研究》，载《北方法学》2012 年第 5 期。

③ See *Judgment of the European Court of Justice of* 22/4/1999, case C－423/97 Travel Vac SL v., Anselm Sanchis, ECR [1999] p, I－2195.

详尽的规定，规定以通知的形式送达经营者或合同指定的任一对象，并在附录 4 中规定了通知所应包含的具体内容，并提供相应范本以供消费者撰写参考。① 在英国远程交易领域对于消费者权利行使方式的规定则更为细致，在《消费者保护（远程销售）条例（2000）》中对通知的形式规定较为自由，除采用书面形式外，还能够采用其他多种形式形成通知。在第 10 条中，更是对消费者的具体交付对象及通知交付完成的认定作了十分详尽的规定。② 综上所述，各国对消费者冷静期制度中权利行使的方式规定各有特点，其中德国法中规定最为严格，英国最为详细，欧盟则最为自由。将这几类立法规定相比较可以看出，德国法虽然规定仅能够采用文本形式或直接将标的物寄回的方式行使权利，看似限制了消费者行使权利的形式，可能给消费者权利行使带来不便，但却是最具可操作性的规定。其原因在于通过文本形式或者寄回标的物的实际行动，能够防止经营者以未收到消费者意思表示为由拒绝退回货物，也减少消费者的举证成本。英国则通过提供范本，能够给予消费者权利的行使十分详尽的指引，也使意思表示更为明确且规范。在欧盟更为自由的方式规定之下，消费者则能够更为便捷地行使其权利。由此可见，不同类型的权利行使规定各有所长，应根据实际情况进行协调选取。

（三）经营者说明义务

在市场交易中，强制说明义务对买卖双方都有着重要意义，只有在良好履行说明义务的前提之下，才能实现有效交易。否则经营者不如实履行说明义务将会导致消费者权益严重受损，致使消费者购买的商品不

---

① See *The Cancellation of Contracts made in a Consumer's Home or Place of Work etc. Regulations 2008*, legislation. gov. uk（2008）, http：//www. legislation. gov. uk/uksi/2008/1816/contents/made.

② See *The Consumer Protection（Distance Selling）Regulations 2000*, legislation. gov. uk（2000）, http：//www. legislation. gov. uk/uksi/2000/2334/contents/made.

符合预期甚至不具有使用价值，此时再进行维权将会花费更高的成本，同时面临更大的风险。至此，强制说明义务的必要性不言而喻。虽然这一制度对市场运行有着重要影响，但其发展的历史却并不长。最早可追溯到 1962 年 3 月 15 日美国总统肯尼迪向国会递交的国情咨文。在该咨文中首次提出了消费者有“被告知的权利”。此后，在各国各地区的立法中陆续对经营者的信息提供义务进行了相应规定。[①] 事实上，在合同法中对信息提供义务也有一定的体现。例如，在英美法上，合同法通过吸收信托法上的信义义务，确立了交易注意理论，即如果交易一方对另一方产生了某种信赖，那么被信赖的一方就有信义义务和注意义务。在交易过程中向他人提供交易情报是该义务的一个主要方面。[②] 由此可见，信息提供义务广泛存在于交易领域之中，能够促进市场资源更有效的配置。这一制度自产生以来，已经逐渐成为各地区消费者保护领域的核心，各地区先后建立起这一制度，使之逐步走向成熟。

在《法国消费法典》中，第 L111 条至第 L113 条中分别对经营者的一般告知义务、介绍和说明方式及对销售价格和销售条件的说明进行规定。在第 L111 －1 条中对销售产品的说明义务进行了一般规定：（1）任何商品经营者，应当在订立合同之前使消费者能够了解产品的基本特征。（2）动产的制造商或进口商，应当将产品所需零件的市场供应期告知销售商。销售商必须在订立合同之前将该信息告知消费者。（3）实施前两项的规定发生纠纷时，销售商负责证明其已经履行了自己的义务。[③] 从该条可见，法国立法中将说明义务履行的举证责任分配给经营者承担，在一定程度上降低了消费者维权时的举证难度。在第 L111 －2 条中则对提

① 参见应飞虎：《信息、权利与交易安全——消费者保护研究》，北京大学出版社 2008 年版，第 72 －73 页。

② 参见曹兴权：《保险缔约信息义务制度研究》，中国检察出版社 2004 年版，第 78 －79 页。

③ 参见《法国消费法典》，孙平编译，中国政法大学出版社 2012 年版，第 4 －9 页。

供服务的说明义务进行了一般规定。在第 L112 条中，则对介绍和说明的方式进行了较为细致的规定，如第 L112 - 1 条规定，适用奶酪“原产地管制名称”的产品，其标签必须包含制造商的姓名和地址。第 L113 条则对有关价格的说明义务进行规定，如第 L113 - 3 条规定，产品销售商或服务商，应该按照负责经济的部长在咨询国家消费委员会后作出决定的方式，通过标记、标签、招贴或其他适当的方法，将价格、合同责任的限定及销售的特殊条件告知消费者。在《德国民法典》第 312c 条中，对异地销售合同情形中对消费者的告知进行规定，即企业者应当按照《民法典施行法》第 246 条中第 1 款和第 2 款，向异地销售合同的消费者作出告知。[①] 并且，其分别就经营者所促成的电话谈话情形、经营者提供金融服务的情形的内容进行规定，并在第 4 款中明确在使用远程通信手段时的进一步限制，以及依其他规定产生的进一步咨询义务，不受影响。此外，在《德国民法典》第 360 条中还对具体的撤回和退还告知进行规定，即撤回的告知必须清楚明确，并且必须按照所采用之通信手段的要求，使消费者清楚自己的实质性权利，并对具体告知事项进行详细列举。在该条第 3 款中，还对经营者告知的范本使用规则进行了详细规定。[②] 在欧盟指令中，由于指令繁多，同一类型的交易在不同指令中也可能出现程度不同的规定。例如，《第 2011/83/EU 号指令》主要对非营业地合同进行规定，对经营者在此合同中应当履行的告知义务的规定较为细致，其中即包括冷静期制度中经营者的告知义务的具体内容。[③] 同样以非营业地交易为内容，《第 85/577/EEC 号指令》中的经营者告知义务规定则不尽

---

① 《德国民法典》第 312c 条。参见《德国民法典全条文注释》（上册），杜景林、卢谌译，中国政法大学出版社 2015 年版，第 223 - 224 页。

② 《德国民法典》第 360 条。参见《德国民法典全条文注释》（上册），杜景林、卢谌译，中国政法大学出版社 2015 年版，第 273 - 274 页。

③ See *Directive* 2011/83/*EU of the European Parliament and of the Council* (2011), https://eur - lex. europa. eu/eli/dir/2011/83/oj.

相同，对告知的形式、内容等规定较为简略，仅明确了告知义务的履行所必须包含的部分，并未进一步予以详细列举。① 综上所述，经营者说明义务在各国立法中都已经有较为详细的规定，且针对消费者冷静期中无因退回权的行使告知也有相应的规定，这能够促使消费者更好地了解自身所具有的权利以及权利行使的方式、要件等，提升权利行使的效率。当然，对经营者来说则面临消费者行使权利所带来的成本负担，因而在没有制度进行约束的条件下，经营者更倾向于不充分履行其告知义务，以获取超额利益。

（四）法律后果

在《德国民法典》第 357 条中对撤回及退还的法律效果进行了相应的规定，在没有其他规定的情况下，可直接适用法定解除的规定。由于德国民法将撤回权视为解除权的特殊表现形态，因而直接适用解除权相关规定，原来的合同关系转变为清算了结的债务关系。也就是说，通常在消费者行使撤回权后合同随即解除，此时消费者负有退回商品的义务，经营者负有返还价款的义务。并且，在第 286 条、第 346 条中还规定了相应的消费者价值补偿义务。② 在《欧洲共同参考框架草案》（Draft Common Frame of Reference）中规定，撤回权行使的效果统一适用恢复原状的规则。③ 在英国对这一问题的规定则分别体现在《于消费者家中或工作地等场所缔结的合同的取消条例（2008）》《消费者保护（远程销售）条例（2000）》中，针对上门推销及远程交易，将消费者占有商品的情况下行使无因退回权的法律后果规定为，消费者必须承担商品返还义务，同

---

① See *Council Directive of* 20 *December* 1985 (85/577/*EEC*) (1986), https://eur-lex.europa.eu/legal-content/EN/TXT/?qid=1529421843427&uri=CELEX:31985L0577.

② 《德国民法典》第 286 条、第 346 条、第 357 条。参见《德国民法典全条文注释》（上册），杜景林、卢谌译，中国政法大学出版社 2015 年版，第 270 页。

③ 参见凌学东：《法国消费者合同撤回权立法及启示》，载《比较法研究》2015 年第 4 期。

时也应当承担合理照看义务，并对返还义务及合理照看义务的解除进行了相应的规定。综上所述，虽然各国对于消费者无因退回权行使的法律后果规定不尽相同，但整体仍遵循着这样一个逻辑，即当消费者向经营者作出行使其无因退回权的意思表示后，合同即宣告取消，经营者还没有履行的不再履行，已经履行的，由消费者承担退回义务，此时经营者也负有返还款项的义务。并且，在此期间，消费者应当对商品承担一定的保管义务，使商品价值在合理范围内不受贬损，若由于消费者的使用或保管不当导致贬损，则消费者还需承担对商品损失的价值补偿。

二、成型与隐忧：我国要约规制型冷静期制度的评析

目前，我国冷静期制度初具雏形，并在新《消法》第 25 条中有所体现。这一制度的引入，对我国消费者保护来说，无疑有着重要的推动作用。尤其是在新型消费方式盛行的今天，由此产生的信息不对称问题正不断蚕食着消费者的权益，而消费者甚至有时不自知。制度的积极意义已经无须多言，然而，要充分发挥其效用，还需对其行使规则进行合理的设置。在行使规则的设置上，本部分主要以 2014 年 3 月 15 日正式施行的新《消法》第 25 条与 2017 年 3 月 15 日正式施行的《网购退货暂行办法》为内容进行分析。

（一）适用范围及适用对象的确定

在适用范围及适用对象的确定上，一方面，新《消法》第 25 条中列举了多项可适用冷静期制度的具体交易方式，并且在条文中也显示出并未穷尽可适用的交易方式，为适用的自由裁量留下一定的空间。但从整体上看，这些交易方式都属于远程交易的范畴。然而，从前述域外立法经验中可以得出，上门推销通常在域外立法中都属于冷静期制度的规制类型，但我国的立法条文中却对上门推销只字未提，在适用中也导致部

分消费者的权益得不到保护。因此，在适用中应当对冷静期条款进行字面解释还是扩大解释是需要明确的重要问题。另一方面，我国新《消法》第25条中仅提及冷静期制度的适用对象为商品，那么以特殊交易形式订立合同的服务是否也可以适用该制度，在学界仍然存在争议。有观点认为，服务具有特殊性质，在履行后通常无法恢复原状，因此不建议适用冷静期制度。[①] 也有观点认为，冷静期制度的适用对象应当天然地包含服务在内，在国外立法中也有此经验。例如，在《英国消费者合同（信息、取消和附加费）条例（2013）》中，即规定了可适用于冷静期制度的服务。因此，我国冷静期制度的未来改进中也应当适度借鉴相关的制度经验。此外，在新《消法》第25条中还对适用除外作出规定，将四类商品排除适用。并且条文中还规定“其他根据商品性质并经消费者在购买时确认不宜退货的商品”也可以被排除在外，在一定程度上扩大了冷静期制度的排除适用边界，这一规定引起学界的广泛争议。在2020年修订的《网购退货暂行办法》中，则对此作出细化规定，对不适用退货的商品范围进行进一步的明确和限缩。在条文中除列举了四类根据商品性质不宜退货的商品外，还进一步规定了三类经济消费者在购买时可确认不适用7日无理由退货规定的商品，以便经营者对部分商品实行事先明确排除，并且规定应当经消费者确认后才可排除。这一规定无疑是具有积极作用的，不仅为经营者的排除适用提供了指引，经消费者确认方可适用的规定也在一定程度上避免经营者说明义务的不履行。在实践中，为发挥制度的最佳效果，还可对确认的方式及程序进行进一步完善，在下文中将会进行论述。

---

① 参见汪渊智：《我国消费者无理由退货权的解释论》，载《山西大学学报（哲学社会科学版）》2017年第3期。

（二）行使期限

我国新《消法》第25条中对权利行使的期限规定为7日，而并未对权利行使的起始时间进行规定，这导致在实践中经营者使用不统一的权利行使起始时间计算方式，使消费者在跟不同的经营者进行交易时产生不便，甚至可能因为计算错误而无法顺利行使权利。而后《网购退货暂行办法》对这一问题进行补充，规定“七日期间自消费者签收商品的次日开始起算”，然而，在新《消法》与《网购退货暂行办法》中却都未就起算时间的认定与商品退回的时间认定作出规定，成为实践中这一制度良好实施的障碍。此外，为了提升经营者履行告知义务的主动性，还应当对冷静期制度的撤回期间延长予以规定。

（三）行使方式与行使要件

在行使方式上，从新《消法》第25条中可以看出，消费者行使权利的方式主要是以退回商品为标准，而未有其他形式的权利行使方式。这势必会增加消费者权利行使的不便程度，消费者退回商品的时间应当以商品寄出为准还是商品到达为准，在适用中会产生较多争议，如遇经营者延迟提供退回地址等问题，消费者也难以举证维权。在《网购退货暂行办法》中对这一问题进行了补充，规定消费者可以向经营者发出通知的形式行使其权利。这为消费者的权利行使提高了便利程度，对通知的形式未作具体规定，一般认为口头、书面、直接退回均可。但仍存在维权时的举证问题，因而还需要进一步完善。在行使要件上，新《消法》最初仅规定退回的商品应当完好，而未对具体的认定标准进行说明，导致在法律适用中可操作性较差，经营者与消费者对于完好的标准差异致使退货纠纷一度增多。后《网购退货暂行办法》对此进行进一步说明，在第8条、第9条中就完好的标准进行简要的规定，为实践中的适用增加了有效指引。

（四）经营者说明义务

恰如前文所述，信息经济学即通过研究对信息不对称的克服实现市场参与者之间的一般均衡，以实现参与主体各自的利益或者效用最大化。法律制度则能够看作这样一种规则，即对市场参与者各方产生约束，通过这种制度约束以实现一方市场参与者以自身利益最大化为出发点进行选择时，这一选择结果能够与另一方给出的目标一致。也就是说，通过制度的约束或者激励，使市场参与者双方都能实现在此条件下各自的利益最大化。经营者说明义务正是基于这样一种理念所构建起来的。

经营者说明义务虽然发展历史较短，但在消费者保护中却具有重大意义。这是因为经营者较之消费者具有天然的信息优势，即使是在传统消费方式中，信息不对称的存在也会造成消费者的权益严重受损，在没有强制说明义务保障的条件下，容易导致低效甚至无效交易的出现。在现代社会中，新型消费方式逐渐成为未来消费方式中的主流，带来便捷的同时也有更加严重的信息不对称问题相伴而来。因此，经营者说明义务成为信息不对称克服的重要制度之一是具有必然性的。这种制度，本质上是通过将权利进行倾斜配置，实现经营者与消费者二者之间的均衡。也就是说，经营者说明义务的核心目标是促进经营者选择向消费者提供更为充分的信息。这一目标的实现不仅能够促进交易效率的整体提升，而且能够提升社会的整体福利水平。以此为基础，消费者作为一种特定例外，享受了公权机构对私权利进行倾斜配置所带来的有益结果，使在私法规制下的经营者与消费者利益格局产生变化。具体来说，当仅有私法进行规制时，经营者不负有完全的信息说明义务，因而对产品的信息可进行选择性提供，在此情况下，为追求自身利益最大化，不难想象经营者会作出何种选择。经营者说明义务则是对此情况下的经营者行为构建一种约束，使他们能够按照符合消费者效用目标的行为选择行动。当然，这就必然会对经营者的利益造成限制。在此约束之下，形成新的利益格局，使经营者利益最大化选择的最终结果与消费者的目标基本一致，实现整体效率的提升与资源配置的优化。

经营者说明义务的重要性已经不言而喻，它是消费者保障自身权益不受损害的重要武器。在冷静期制度中，这一说明义务有着同样重要的作用。这主要体现在以下两方面：一方面，消费者权利行使的重要前提之一即消费者知晓自身具有此种权利。如消费者并不知道自己所具有的权利，又何谈权利行使。另一方面，经营者对无因退回权的充分说明能够减少消费者权利行使的成本，且提升冷静期制度的适用效率。对经营者来说，对无因退回权的说明是一种损己利他的选择，因而更需要法律制度以明确。但在我国2014年修正的新《消法》中，虽然增加了冷静期制度的相关内容，但并未对经营者对此制度的说明义务进行任何规定。说明义务规定的缺乏，首先，会导致部分消费者无法获知自身具有的权利。虽然在现代社会中信息流通速度快、流通范围广，获取冷静期制度相关的信息并不是非常难的事情，但鉴于消费者获取信息的能力不尽相同，仍会有部分消费者并不清楚自己的权利。其次，还会导致权利行使期限起算困难。作为一种法定的形成权，消费者无因退回权应当具有行使期限及除斥期间的相关规定，并应当由经营者对消费者进行告知。只有准确掌握权利行使的期限，才能督促消费者更好地行使其权利，也能够防止经营者借此拒绝履行义务。然而，我国新《消法》中对这两个问题却均未涉及，产生了实践中的适用障碍。最后，对权利告知的方式未作规定，可能导致这一制度反而成为经营者利用的工具。在实践中，部分经营者通过极其隐晦的方式标注消费者所具有的无因退回权，致使大部分消费者忽略此信息，而经营者却以已经履行义务抗辩，导致消费者无法充分行使其权利。此外，在新《消法》的适用中，对“商品完好”

的定义也应当由经营者进行一定程度的说明。经营者与消费者之间无疑是存在差异性的，对同一件商品完好的评价标准也不尽相同，甚至在卖方与卖方、买方与买方之间也是具有异质性的。因此，如何认定商品是否完好，应当在法律进行规定的基础上要求经营者向消费者予以说明。这不仅对消费者有重要意义，也能够在一定程度上减少经营者可能产生的损失，并基于此进一步规定消费者的价值补偿义务，在保障消费者权利行使的同时，防止消费者的道德风险产生。

（五）法律后果

我国新《消法》第25条仅对经营者返还价款的义务及运费的承担问题进行规定，在《网购退货暂行办法》中也仅是将退货程序细化，主要就退货中的价款认定予以规定。在消费者行使无因退回权之后，消费者与经营者各享有何种权利、负有何种义务，商品的价值贬损或服务已经进行的部分如何进行认定及补偿，均未涉及。这就导致在实践中，部分消费者抓住制度的不完善之处，伺机恶意退货、退货欺诈，消费者的道德风险问题无法有效防范。因此，就此问题进行明晰，能够提升消费者在消费过程中的谨慎程度，也能够降低消费者的道德风险。

第四章

标的规制型冷静期制度研究

第一节　标的规制型冷静期制度的理论基础：基于与要约规制型的对比

消费者最初的消费对象仅为一些基本的搜寻品与经验品，这些商品日常可见且通常不具有高专业性或者高复杂性，消费也主要为满足个人家庭生活的需要。恩格斯的消费资料基本属性理论将消费资料分为生存资料、享受资料和发展资料。概言之，在社会发展初期，当社会成员收入水平还处于较低状态时，消费需求基本上属于生存型消费，仅为满足基本生活需要而消费。[①] 当社会经济发展到一定程度后，社会成员在满足生活需求的基础上还会有财富盈余，当个人财富积累到一定程度后，更专业、更复杂的商品或者服务也开始逐渐出现。例如，对更加多元化的旅游产品需求增加、对金融产品的需求增加等。具体来说，社会成员及其家庭一般分为两种模式：一种是消费意愿较强的模式，另一种是消费意愿较弱的模式。对消费意愿较强的消费者来说，无论是旅游产品、金融产品还是其他新型产品，都对其有较强的消费吸引力。对消费意愿较弱的消费者来说，他们仍有极大可能为金融理财类的产品所吸引，通过存款或者购买理财产品来储存甚至提高自身的消费能力。因此，新型产品虽然具有相当的专业性或者复杂性，由于能够满足多种类型的消费需求，仍然得到快速发展。但相比传统消费者，这类特殊标的的消费者的弱势地位也更加明显。以金融市场为例，随着个人金融消费需求的增长，

① 参见何颖：《金融消费者权益保护制度论》，北京大学出版社 2011 年版，第 12 页。

金融消费品越发普及，甚至成为家家户户都可能会购买的消费品之一。然而，在金融市场中消费者权益受损的问题也越发严重，经营者不如实履行信息提供义务、经营者的不当劝诱行为以及消费者受损后的索赔难等问题充斥市场。有鉴于此，标的特殊的消费品也逐渐形成了一个新型消费者群体，“金融消费者”的出现标志着新型消费领域中消费者保护的问题得到关注。通过立法为此类消费者提供更全面的保障，即成为一种必然选择。从前述分析中可以看出，在新型消费品领域中消费者可能受到的损害较之传统消费者更为严重，仅以基本的新《消法》难以提供有效的制度约束。因此，冷静期制度的建立不仅能够提高应对日益复杂的经济活动的能力，也能够为消费者提供更全面且更便捷的保护。

一、标的规制型冷静期制度与要约规制型冷静期制度中消费合同的信息不对称差异

在对冷静期制度进行类型化时已经对其重要基础——信息不对称的差异进行初步论述，正是由于标的规制型与要约规制型制度涉及的消费合同中所存在信息不对称的异质性，才需要进行制度类型化，使之能够更好地实现其保护消费者的制度目的。因此，下文拟从不同领域中消费者信息差异和产生信息不对称差异性的基本因素着手分析，明确要约规制型与标的规制型两种类型的冷静期制度存在的实质性区别，以充实标的规制型冷静期制度的理论基础。

（一）同一市场下不同领域中消费者的信息差异

尽管在对消费者保护的研究中，通常将消费者看作一个整体，对其进行保护也是基于整体性而设置。这种制度安排从消费者之间的共性出发，能够为消费者提供较为基础的全面保障。但随着科学技术的革新、社会经济的发展，在消费者保护领域中有越来越多的特殊问题凸显，使

以共性为出发点的保护制度在适用过程中显得有些力不从心。因此，在消费者保护制度的未来改进中，关注“个性”成为实现对消费者有力保护的发展方向。当然，关注“个性”并非关注消费者的“个性”，而是关注不同领域的“个性”。在前文中，已经从消费者自身的异质性、不同的消费方式与不同的标的等角度，探讨了消费者分别在不同情形下产生的不同程度的信息不对称问题。前述探讨则是为关注“个性”打开一扇大门，进一步探讨在不同领域中消费者的信息差异。本书主要以金融领域为例进行分析，能够更直观且清晰地体现金融商品与传统商品可能产生的信息差异。金融消费者概念即是从传统消费者概念出发逐步形成的，这是由于金融产品或服务有其特殊性，也就是说，金融领域具有一定的“个性”。这种“个性”伴随社会发展而来，实际上与社会发展变化的方向不谋而合。社会由传统市民社会向消费社会转变，再由消费社会向投资与消费社会方向发展。[①] 在社会发展的不同阶段中，消费者的消费需求也随之变化，并进一步向消费需求多元化的方向迈进。消费者的需求不再仅停留在传统的消费需求范畴中，而是出现更多其他的需求，这也促进了商品和服务乃至消费方式的多元化发展。为满足社会成员财富积累后所产生的新的消费需求，金融商品应运而生。这种金融商品本身带有不同于传统商品的特点，通常来说，它具有以下几种特殊性：第一，金融商品具有无形或者虚拟性。其往往表现为权利和义务的表征，或者说表现为一系列信息的排列和组合。对于消费者来说，购买金融商品无异于购买金融信息。[②] 第二，金融商品具有较高的专业性。金融商品的复杂性和专业性已经是人所共知，其形态多元，且结构复杂，没有较高的专业知识的消费者无法准确掌握和处理其中的相关信息。第三，金融商品

---

① 参见刘媛：《金融消费者法律保护机制的比较研究》，法律出版社 2013 年版，第 31－33 页。

② 参见马国泉：《金融消费者保护研究》，法律出版社 2013 年版，第 23－24 页。

具有利益敏感性。金融商品是与金钱密切相关的一类特殊商品，其交易与流通都与消费者的利益密切相关。以理财产品为例，消费者只需要支付权利金，就能以有限的成本获取一定的收益。第四，金融商品具有风险性。在金融市场中，与高收益相伴的通常是高风险，如证券市场中，投资者虽然能够以较少的本金投入获取巨额利益，但这是建立在投资者选择正确的基础之上的，一旦投资者选择错误，不仅无法获得收益，甚至有可能失去本金。有学者指出，金融业面临的风险大致有四类，即信用风险、市场风险、操作风险与合规风险。对于消费者而言，无论是其中哪一类，都可能导致其个人资产遭受损失。[①] 也正是由于有此特殊性，金融消费者在交易过程中的信息不对称问题更为严重，甚至可能在经营者如实履行说明义务后，消费者仍无法作出正确决策。综上所述，消费者的新型消费需求与新型商品相伴相生，这些商品中的一部分也体现出异于传统商品或服务的“个性”，由此产生了与传统商品之间的信息差异。消费者在处理更专业、更复杂的商品时，对信息的依赖性更强，也更容易受到信息不对称问题的消极影响，作出低效或者无效决策，不仅造成消费者自身权益受损，低效或无效决策的增加也会导致市场运行效率的下降。

（二）基于特殊交易方式与基于特殊标的产生信息不对称的基本因素分析

恰如前述，标的规制型与要约规制型冷静期制度的类型化基础即两类信息不对称产生消极影响的源头不同，继而导致信息不对称的程度与制度约束策略的选取也产生差异。具体来说，如表 4－1 所示，标的规制型制度与要约规制型制度中涉及的信息不对称基本因素具有一定差异，

---

① 参见何颖：《金融消费者权益保护制度论》，北京大学出版社 2011 年版，第 21－23 页。

因此导致不同程度的信息不对称产生。本书从专业性与复杂性要素、周期性要素及经营者劝诱要素出发，对两者差异进行分析。首先，在专业性与复杂性要素上。要约规制型制度中信息不对称的产生实际上是源于消费者所获得的信息的不可核实性，也就是说，消费者通过新型消费方式进行消费，无法通过传统方式中的触摸、观察等办法来对商品进行检验，并且商品也无法当场交付，因而诱发经营者的机会主义倾向。通过新型消费方式购买的商品通常是一些搜寻商品和经验商品，仅仅由于消费方式的改变而加剧了信息不对称问题，但并不要求消费者具有较高的专业知识，商品本身通常不具备较高的复杂性。标的规制型制度中信息不对称的产生则是源于商品本身所具有的特殊性，无论在何种消费方式之下，这些商品本身的专业性与复杂性并不会减少①，以金融商品为例，其本身充斥的大量专业术语晦涩难懂，且不仅要求具备相当的专业知识，同时也要求具备一定的操作经验，更遑论其还具有复杂多样的组合形态。可想而知，面对这类商品，消费者要作出正确且高效的决策通常需要具备相当的专业知识与处理复杂情形的能力，但这并不是普通消费者所能够实现的。其次，在周期性要素上。要约规制型制度以采用特殊交易方式进行的消费为主，此类消费中通常以搜寻商品和经验商品占比较大，且商品的周期性较短，信息不对称问题在经营者履行阶段，消费者收到货物时即可得到有效缓解。但标的特殊的商品（标的规制型制度以此为主）通常具有周期性较长的特点，如消费信用买卖，经营者履行交付义务之后，并不需要消费者一次性履行其给付义务。在这一交易过程中，消费者往往容易被眼前的利益吸引，在合同订立的较短时间内无法正确

---

① 例如，现如今也有很多消费者通过网络购买金融理财产品，像这类通过特殊交易方式购买的标的特殊的商品或服务，其规制仍应以标的规制型为主，否则无法对消费者提供有效的保护。

预估这一交易完成后将会带来何种长期的经济负担。[①] 最后，在经营者劝诱要素上，要约规制型与标的规制型制度中信息不对称都可能产生经营者的不当劝诱。但在标的特殊的商品中，经营者的不当劝诱行为更为普遍，且成功率较之特殊交易方式中的不当劝诱更高。产生这一现象的原因则在于，标的特殊的交易中经营者和消费者之间往往面临更严重的信息不对称或者地位不对等情形。例如，在金融消费领域中，经营者与消费者之间存在对商品认知和辨识程度的差异、风险偏好的差异、信息占有与处理能力的差异以及在消费者权益受损后与经营者的谈判能力等差异，因而经营者更容易利用这些差异对消费者进行劝诱。在日本金融行业立法中，就将不当劝诱细化为不当说明、断定的判断、意外劝诱、执拗劝诱及承诺额外收益或保本等几种行为规则分别进行了规定。[②] 综上所述，相较于特殊交易方式所产生的信息不对称问题，由于标的本身的特殊性而产生的信息不对称问题更为严重且持久。因此，在构建制度以调整经营者与消费者之间的关系时，应当充分考虑两者间的差异，并根据不同的情形设置不同的适用期限、适用阶段等，以期获取更好的适用效果。

表 4－1　要约规制型与标的规制型制度中信息不对称的差异

	要约规制型制度中的信息不对称	标的规制型制度中的信息不对称
事前的信息不对称	由于交易方式的特殊性 1. 经营者通过线上页面发布商品信息：消费者仅能通过经营者提供的信息进行判断并决策，且该信息无法核实。	由于商品本身性质特殊，具有高复杂性或高专业性 1. 经营者如实提供充分信息：消费者自身处理能力有限无法有效处理信息。

① 参见迟颖：《论德国法上以保护消费者为目的之撤回权》，载《政治与法律》2008 年第 6 期。

② 参见何颖：《金融消费者权益保护制度论》，北京大学出版社 2011 年版，第 112 页。

续表

	要约规制型制度中的信息不对称	标的规制型制度中的信息不对称
事前的信息不对称	2. 在上门推销中经营者通过提供样品和会面提供信息：消费者可通过触摸、观察样品，并根据经营者提供的信息进行决策，但突袭式销售使消费者信息来源单一，决策时间仓促	2. 经营者不如实提供信息：消费者自身的专业能力不足以支撑其作出有效决策
事后的信息不对称	在大部分情形下，信息不对称问题在消费者收货时得以在较大程度上缓解	信息不对称具有持续性，即使在经营者履行阶段信息不对称仍无法得到有效缓解

二、标的规制型冷静期制度与要约规制型冷静期制度的异同

除作为分类基础的信息不对称要素具有差异外，要约规制型与标的规制型冷静期制度既存在一致性也存在差异性。二者的一致性在于，都将克服信息不对称，为消费者提供充分的保护作为制度目标。差异性则在于，由于信息不对称的类型不同而导致的制度适用差异。下文拟就这两个问题分别进行分析，为标的规制型冷静期制度提供理论支撑。

（一）制度目标的一致性

近年来，新型消费方式与新型商品不断推陈出新，以支付宝为首的便捷支付越来越受人们的喜爱，无卡化支付一方面为社会成员提供便捷，另一方面间接推动了网络购物等新型消费方式的普及与发展，甚至可以说便捷支付在一定程度上起到刺激消费的作用。同时，财富不断积累也让消费者的消费需求向多元化趋势发展，各种新型商品如金融理财产品、分时度假产品、保险产品等应运而生，在此发展过程中交易标的的专业性与复杂性也在持续攀升。然而，事物总是具有两面性的。新型消费方

式与新型商品的层出不穷，虽然能够满足消费者不断变化的消费需求，但也加剧了市场中的信息不对称问题。要以制度调整市场参与者的选择，使信息优势方能够充分履行其信息提供义务，信息不对称问题能够得以缓解，实现参与双方的均衡状态，首先需要明确的是制度所需要解决问题的根源。在对信息不对称的克服中，则体现为一项制度要发挥其效用，首先需要明确信息不对称问题产生的根源，即哪些原因可能导致信息不对称的产生。在明确问题的根源之后，才能为制度安排奠定基础。冷静期制度的产生也是基于此，为了弥补信息不对称所衍生的对消费者权益的侵害行为，通过制度安排实现对信息不对称问题的缓解，以实现经营者与消费者之间的利益均衡，是冷静期制度的重要目标。这一目标无论是在基于特殊交易方式还是在特殊标的交易中，都始终如一。如图 4－1 所示，虽然表现形式不同，但这些经营者与消费者之间的差异广泛存在于基于特殊交易方式与特殊标的的交易中，继而不同程度地加剧两者之间的信息不对称问题。事实上，要从源头上解决以下问题仅靠单一的制度是无法取得良好效果的，只有通过制度组合，通过事前规制到事后策略的一系列规则，才能为消费者提供更为全面的保护。冷静期制度是一种事后策略，为消费者实现低成本的权益维护提供可能。这种事后策略的建立，还能够进一步促进事前规制制度的效用发挥，既具有保障作用

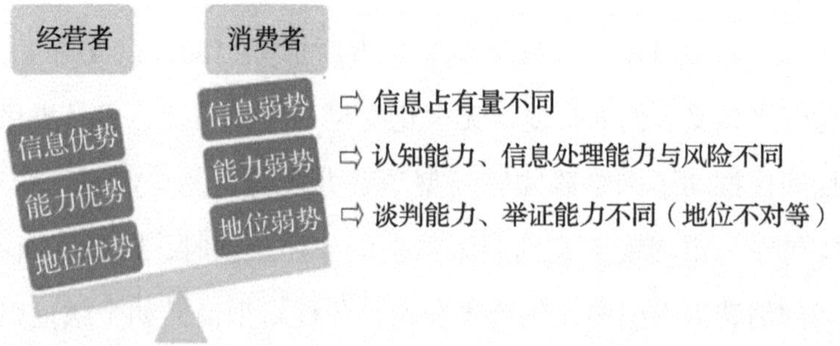

图 4－1　冷静期制度的规制基础

也具有激励作用，使经营者在交易过程中更加主动地选择有利于消费者的行动（如提供信息），使双方都能实现效用最大化目标，达到均衡状态。

（二）制度适用的差异性

众所周知，冷静期制度是通过赋予消费者无因退回商品的权利来实现对消费者的保护，作为一项事后策略，能够扭转消费者的受侵害后果。在此制度之下，消费者可以直接通过退货这一成本形式维护权益，此制度为消费者提供不同于私法救济的新型救济路径。虽然无论是基于特殊交易方式还是特殊标的的交易，冷静期制度对其进行调整的目标都是缓解信息不对称，实现经营者与消费者之间的一般均衡，但由于信息不对称产生的根源不同，在制度适用过程中也体现出一定的差异性。鉴于制度适用具有一定的复杂性，笔者仍按照经营者与消费者交易的四个阶段的次序，探讨不同类型之下信息不对称的存在阶段及冷静期制度的适用。

信息不对称的持续阶段影响着冷静期制度这一策略的适用，当交易进行到某一阶段，信息不对称得到缓解，经营者与消费者之间信息量趋于平衡时，冷静期制度即能够登场。此时的适用能够挽回消费者因为信息不对称而作出的低效或者无效决策，避免消费者蒙受较大的损失。因此，信息不对称的持续性是冷静期制度适用的重要参考因素。我们已知经营者与消费者的交易分为要约、承诺、履行和履行后四个阶段，在基于特殊交易方式的交易中，信息不对称的持续通常到履行阶段即能够终止，这是这一类型的特性所致，当消费者收到货物则能够对信息进行核实，是否行使冷静期制度所赋予的权利也在此时能够作出决定。此时，冷静期制度的适用仅至履行阶段即能够充分发挥其效用，既能够为消费者提供保护也能够提升实施效率。在特殊标的交易中，信息不对称的持续通常会延迟至履行后的阶段，由于标的的专业性和复杂性因素，导致经营者即使充分履行告知义务，消费者仍然可能因为其中的专业词汇含量高、操作过程复杂难懂等因素无法充分处理获取的信息，并且通常针对如金融商品等标的专业性和复杂性较高的商品，即使到履行后的阶段经营者也仍然负有信息提供义务。在这种情况下，冷静期制度要实现对消费者的有效保护，必然需要将适用阶段延长至履行后。至此，冷静期制度在要约规制型与标的规制型两类涉及合同的交易中的适用差异已经呼之欲出。法律制度的实施需要耗费大量的执法和司法资源，合理的制度安排则能够减少资源的损耗，优化资源的配置。正是因为存在以上差异，在制度的安排中也应当对此予以体现，不加区分地规制不仅会导致浪费资源，实施效果也大打折扣，难以达到制度的预期目标。只有根据差异性对制度的行使方式、行使期限、行使要件等要素分别予以规定，才能够更精准地实现对消费者的保护，同时也使法律运作效率得以提升。

第二节　标的规制型冷静期制度的基本类型

消费者在标的特殊的交易中弱势更为明显，信息不对称的程度更为严重，不仅体现在与经营者之间信息占有量的严重不对等，更体现在信息处理能力上的巨大差异。这一问题在不同地区的市场中都日益凸显并逐渐受到重视，各地区纷纷出台立法对此类交易进行规制。冷静期制度由于规则简单，适用便捷，在不同地区的消费者保护领域都发挥着重要作用。但同时冷静期制度也是一项具有特殊性的规则，其通过扩展消费者的权利为消费者提供保护，而这种权利的倾斜配置实际上会造成对经营者的集体化惩罚后果，因此，其适用应当限缩在必要范围之内，应当针对不同类型的标的，充分考虑其可能产生的危害性并进行成本效益分析，最终予以确定。概言之，以各国现行立法为参照，标的规制型冷静期制度主要包括以下两种类型：其一，金融商品①；其二，分时度假产品。

一、金融商品

尽管在各国立法中的名称或者描述有些许出入，但金融商品交易中冷静期制度的适用已经逐渐兴起。这种适用主要基于金融商品所具有的特殊性，在此，本书将金融商品的特殊性主要归纳为两点：其一，金融商品自身的复杂性。商品具有高专业性、高复杂性，使消费者仅具备普通知识甚至具备专业知识也无法作出高效决策，这正体现出这类商品的

---

① 金融商品实际上是经营者所提供的一种金融服务，因此在研究中有学者将其称为金融商品，也有学者将其称为金融服务，并未将其严格进行区分。为避免产生歧义，本书统一使用金融商品。

特殊性。金融商品即具备这样的特殊性，其知识专业性与操作复杂性众所周知，但在生活水平不断提高、消费需求不断发展的今天，它所具有的高不确定性并没能成为阻却消费者购买的事由。越来越多的消费者进入曾经只有专业人员才涉足的金融领域，为迎合消费者也有越来越多所谓的“大众金融商品”出现在金融消费市场之中。严重的信息不对称导致消费者屡受其害，因而冷静期制度随即登场。其二，金融体系下商品的多元化发展。近年来，由于金融商品的消费群体不断扩张，各式针对普通大众所推出的新型金融商品也层出不穷。这些商品往往标榜着通俗易懂、流程简洁等特点，但事实却往往并不如商品所宣传的那样。以现如今最为流行的理财产品为例，理财产品相较于其他金融商品具有一定的稳定性优势，其所预计的收益往往高于储蓄利率，而风险相较于其他金融商品则较小，加之经营者在推销理财产品时总会给消费者以理财产品相当于储蓄的错觉，因此吸引了大批消费者购买。作为一项热门商品，不仅各大银行、证券公司纷纷推出各式各样的理财产品，各种机构推出的理财产品也纷纷崛起。消费者也因此受损严重，各种不明机构推出的理财产品问题自不必说，即使是商业银行推出的理财产品也会出现较多问题。在经营者劝说下冲动购买的消费者不在少数，还有相当数量的消费者在购买一段时间后才发现该项理财产品并非如经营者承诺的高收益低风险，最终导致消费者权益受到损害。如此繁杂且庞大的体系，专业、复杂的内容和操作流程，都为信息不对称的规制带来较大挑战。

具体来说，金融商品是一个外延较为宽泛的概念，一般认为，它不仅包括各类储蓄、存贷款、债券、股票及外汇等传统的金融商品，而且包括从这些传统品种衍生出的各类期货、期权、互换等金融衍生商品。[①] 在一些国家的立法中，金融商品之所以需要适用冷静期制度，主要是由

① 参见何颖：《金融消费者权益保护制度论》，北京大学出版社 2011 年版，第 18 页。

于金融领域的专业性强、复杂性高，仅凭消费者的生活常识与一般性知识难以有效作出决策。在这一领域中，信息不对称程度相较于其他领域也更为严重，这不仅体现在经营者和消费者之间的信息占有量及专业知识储备上，而且体现在消费者有限的信息处理能力上。金融商品本身具有利益敏感性，在面对此类商品时，消费者更容易在缺乏预期决策思维的情况下作出错误的决策。加之近年来网络、电视、报纸等媒介中充斥金融商品广告和促销信息，致使消费者在潜移默化中产生了金融消费需求。这就像《消费社会》中所提到的，橱窗、广告、生产的商号和商标在这里起着主要作用，并强加着一种一致的集体观念，好似一条链子、一个无法分离的整体，它们不再是一串简单的商品，而是一串意义，因为它们相互暗示着更为复杂的高档商品，并使消费者产生一系列更为复杂的动机。[①] 由此可知，消费者的需求不仅伴随财富的增长而自发地增加，在一些情况下消费者也会成为在消费结构中被控制的一方。至此，消费者在消费社会中的地位已然明朗，由于其有限的认知能力、有限的理性以及有限的谈判能力等，导致其更易受到损害。在金融领域，经营者与消费者之间利益对立性更强，且金融交易本身具有一定的风险性，部分消费者甚至在受侵害后多年都不自知。即使有信息不对称的事前规制制度（如经营者强制说明义务），由于标的的特殊性，其效果也不尽如人意。是故，冷静期制度的建立有着重要作用，既是对事前规制制度的一种激励补充，也是一种事后的有效策略，能够更全面地为消费者提供保护。当然，在具体的制度安排中，还应当对金融商品中冷静期制度的适用除外情形予以规定，并对金融消费者进行进一步界定，才能够确保实现经营者与消费者的一般均衡。

---

① 参见［法］让·鲍德里亚：《消费社会》，刘成富等译，南京大学出版社2014年版，第5页。

二、分时度假

相较于金融商品，分时度假产品则要简单很多，它起源于20世纪60年代的法国，并于70年代末传入美国，后陆续为各国立法所吸纳。这类交易是一种将房地产业、酒店服务业、旅游业融合于一体的新型商品，其能够在不改变消费者购买力的前提下，引入时空经济学原理，对房屋资源进行整合，扩大了该资源的边际效用，来满足消费者对旅游度假的特定时段性需求，以此在旅游消费者和设施提供者之间实现双赢。[①] 分时度假商品在逐渐被大众所了解的同时，大量的投诉与纠纷也随之而来。这主要源于时至今日，分时度假对大部分旅游产品消费者来说已经不再陌生，却仍有大量消费者因购买分时度假商品而受骗，如以分时度假为营销手段的骗局，诱骗消费者一次性缴纳会费成为会员，承诺会员可多年享受免费旅游或低成本旅游，并定期给予分红。[②] 由此，也可见分时度假产品虽然有相当的知名度，但消费者对其的了解程度却普遍浮于表面，复杂的流程与多边法律关系都为消费者的决策增加难度。除此之外，分时度假产品的特殊性还体现在其长期性上，消费者在订立分时度假消费合同时往往对其长期性认识不足，本书主要分以下两种情况进行分析：一是在消费者旅游过程中订立的分时度假消费合同。通常是经营者通过突袭式推销向消费者发出要约，如上门推销，一般给消费者处理信息的时间较短，同时经营者利用消费者正在旅游时较为放松的心情，来诱使消费者在信息不对称的情况下订立合同。此时，消费者可能尚未对分时度假消费合同的长期性、履行的阶段性有深入的认识，更对此类合同所

---

① 参见陈耀东、任容庆：《所有权型分时度假对传统所有权理论的冲击与发展》，载《法学杂志》2005年第1期。

② 参见《“教你识别非法金融活动骗局”系列案例之二十六：参加旅游还返利，暗藏陷阱等着你》，载宜昌市人民政府网2021年8月17日，http://jrj.yichang.gov.cn/content-61884-783-1.html。

具有的风险性没有客观的了解。二是在度假地以外的其他地点订立的分时度假消费合同。其他地点通常指旅游公司或旅游推介会等场所，此时消费者无法亲见合同标的物，经营者利用这种合同订立与履行的时间差，诱使消费者订立合同。此时，由于合同通常不是即时履行的，导致消费者在其后即使发现问题也难以低成本挽回损失。

是故，从这类商品的特殊性可知，分时度假产品同时具有信息的不可核实性及周期较长的特点，在要约、承诺阶段，由于通常消费者距度假地有一段距离，因而消费者仅能够获取到由经营者提供的信息，从合同订立到经营者履行会经过一个不确定的期间，甚至在履行后也可能出现消费者权益受损的情形。加之由于标的具有一定的复杂性，普通消费者未必能对住房分时段使用权完全理解，在对条款的解释过程中容易受到经营者的蒙蔽。此外，营销属于分时度假纠纷产生较多的环节。硬销售、高压销售策略、虚假广告、有奖促销活动在分时度假销售中屡见不鲜，严重损害了购买人权益，消费者的投诉也大多集中于此，各国无不把它作为分时度假立法规制的重点所在。[①] 有鉴于此，分时度假产品的冷静期制度适用也几乎成为大多数国家立法中的共识，这一制度的引入能够为消费者提供更便捷的救济路径，通过赋予消费者无因退回的权利减少消费者在此类交易中的受损情形。

三、两类特殊标的冷静期制度的立法回应

事实上，冷静期制度最初的提出就是应用于特殊标的领域中，即英国 1964 年颁布的《租赁买卖法》，该法规定消费者在经营者营业地之外的任何地方签订租赁买卖合同或者分期付款合同，都有权在收到正式合

① 参见汪传才：《分时度假的消费者保护初探》，载《法律科学（西北政法大学学报）》2006 年第 4 期。

同的副本之日起 4 日内解除该合同。[①] 随后，各国开始逐一将冷静期制度运用于特殊领域或者特殊方式的交易中，冷静期制度的发展逐步走向成熟。在此，也应当进一步对消费信用[②]等类型的交易予以认定，即消费信用到底应由要约规制型还是由标的规制型冷静期制度调整。笔者认为，消费信用等类型的交易应当归属于标的规制型，更符合消费者保护的制度目的。理由如下，采用分期付款等方式进行的消费，虽然购买的商品可能并不一定具备专业性或者复杂性，但合同的内容却具有一定的专业性和复杂性，且由于分期付款买卖的周期较长，往往使消费者对自身的经济负担过于乐观，继而作出错误决策。因此，这种类型的交易虽然表现为交易方式具有特殊性，但实际上却是合同内容与合同履行具有特殊性，将其归于标的规制型中，则能够使冷静期制度的适用更有效率。

冷静期制度最早运用于一些标的复杂或者合同复杂的领域中，在英国率先规定冷静期制度之后，1968 年美国颁布《诚实借贷法》，德国也于 1969 年颁布《外国投资股份销售法》，在这些立法中对冷静期制度的引入做了一次有益的尝试。虽然在以上几部立法中冷静期制度能够适用的范围还很窄，适用规则也不够全面，但却让冷静期制度进一步走入各地区的立法之中。在德国，《德国民法典全条文注释》（上册）第 495 条规定，在消费者借贷合同中，借用人享有第 355 条的撤回权，[③] 并对权利行使的方式、期间的起算以及适用除外情形，分别进行规定。通过建立冷静期制度，赋予消费者在合同订立后仍可享有一段思考期间，并能够在此期间内取消合同的权利。在《德国民法典》第 508 条中，对分期付

---

① 参见张良：《论我国消费者撤回权制度的立法完善》，载《湖北社会科学》2016 年第 6 期。

② 消费信用是普通经营者或者金融机构为消费者提供商品、服务或者货币，消费者在将来某个时期进行偿还的信用，在法律上通常包括分期付款买卖以及信用贷款等基础形态。参见李凌燕：《信用经济法律精论》，北京大学出版社 2007 年版，第 239 – 251 页。

③ 《德国民法典》第 495 条。参见《德国民法典全条文注释》（上册），杜景林、卢谌译，中国政法大学出版社 2015 年版，第 375 – 376 页。

款买卖中消费者的退还权和解除予以规定，退还权可以由经营者赋予，其行使后果与撤回权相仿，实际上是一种撤回权的变体形式。[①] 在《法国消费法典》中，对远程销售中的金融服务合同予以特别规定。其中第 L121－20－8 条第 2 款中对适用范围予以说明，涉及《货币与金融法典》、《保险法典》、《医疗互助保险法典》及《社会保障法典》中的部分交易活动，并在第 L121－20－12 条中就撤回权的行使进行详细规定。[②] 此外，在《法国消费法典》第 L121－69 条中还对分期使用财产合同、长期休假产品合同、转卖合同和交换合同的撤回权行使予以规定[③]，以保障消费者在签订此类复杂合同的过程中权益不受损害。在日本，于 1988 年将冷静期制度加入《分期付款销售法》中，于 2005 年将冷静期制度加入《保险业法》。此外，在日本金融投资立法领域，冷静期制度也得到认可，如《金融商品交易法》第 37 条之 6 第 1 项规定，与金融商品交易业者缔结金融商品交易合同（该金融商品交易合同的内容只限于政令规定的范围之内）的顾客，除内阁府令另有规定之外，自书面文件受领之日起 10 日之内有权以书面方式解除该金融商品交易合同。[④] 综上所述，针对标的具有较高专业性或者复杂性的特殊交易，较多国家都采取了将冷静期制度引入的做法，以减少在此类交易中可能出现的消费者权益受损情形。并且，由于此类交易通常较为复杂且类型繁多，在冷静期制度的适用范围上各地区的规定也有所不同，我国在进行经验借鉴时，也应当采取谨慎态度，将其适用限定在必要的范围内。

---

① 《德国民法典》第 508 条。参见《德国民法典全条文注释》（上册），杜景林、卢谌译，中国政法大学出版社 2015 年版，第 386－387 页。

② 《法国消费法典》第 L121－20－8 条至第 L121－20－14 条。参见《法国消费法典》，孙平编译，中国政法大学出版社 2012 年版，第 31－34 页。

③ 《法国消费法典》第 L121－60 条至第 L121－79－5 条。参见《法国消费法典》，孙平编译，中国政法大学出版社 2012 年版，第 40－46 页。

④ 参见何颖：《金融消费者权益保护制度论》，北京大学出版社 2011 年版，第 114－120 页。

第三节　标的规制型冷静期制度的国内外立法评述

通过对域外标的规制型冷静期制度所包含的类别及其立法回应的分析可知，冷静期制度对此类消费合同中的信息不对称问题能够起到有效的规制作用，因而在许多地区已有较成熟的规制设计。与此同时，也可以看出无论是在哪个地区，此类型都是消费者保护体系中极具挑战性的部分，原因不仅在于商品本身的专业性与复杂性，而且在于商品多样性而引发的立法繁复。对域外立法模式与立法经验予以分析更能够取其精华，再进一步反思我国立法中的缺失，以便确立我国标的规制型冷静期制度构建框架。

一、域外立法模式评述

在我国冷静期制度的未来改进中，标的规制型冷静期制度的构建是必然趋势。但如前文所述，仅金融商品所涵盖的内容已经十分庞杂，因而选取何种立法模式关乎制度的整体效率。通过不同类型的域外立法模式进行逐一分析，不仅能够为标的规制型冷静期制度的构建提供思路，更能为冷静期制度的整体完善提供借鉴。

（一）表现形态不同的立法模式

通过不同地区的消费者立法可以看出，各国所采用的立法模式都具有一定特点，通常模式的选择与各国的立法习惯也有一定联系。根据立法的表现形态对其进行总结，可将立法模式分为三类，即统一立法模式、半统一立法模式和单行立法模式。

如前文所述，冷静期制度的一般适用范围主要包括远程交易、上门推销、消费信用、保险及分时度假等领域，各领域之间又具有各自的特点，而统一立法模式则是在立法时将冷静期制度统一置于同一法典中。此前有观点认为德国是统一立法模式的代表，但事实上从德国目前的立法现状来看，虽然较为接近统一式立法，但仍不是典型的统一式立法。在《德国民法典》中，虽然对要约规制型及标的规制型冷静期制度中的大部分类型进行了统一化规定，但尚有部分类型未在其中得以体现，而是在其他立法中进行单独规定。例如，《德国民法典》债法总则中另一项新的下级标题中规定了消费合同中撤回权的一般规则，包括上门交易、远程合同、分时居住协议、分期供货合同及远程教学合同等，[①] 囊括了大多数冷静期制度可适用的合同类型，但部分标的规制型制度中的金融商品并未在内。当然，统一立法模式自然有其优点：其一，它具有较高的统一性和协调性。相较于其他模式的立法，统一立法模式中各项规则之间具有更高的协调性，减少法律规范适用中的冲突，并且能够为冷静期制度的适用提供统一的准则，避免在法的实施过程中出现同案不同判等现象，使消费者都能获得标准化的保护，不会因为消费者所在地区不同或者身份地位的差距出现差异化保护现象。其二，统一立法模式能够节约立法资源，防止立法中的重复。统一立法模式的另一个优点，则是能够减少重复立法带来的立法资源浪费问题，如《德国民法典》将大部分冷静期制度所适用的类型纳入其中，虽然不同的交易类型在不同的条款中予以规定，但在立法中出现重叠性法律规则的情况较少，在一定程度上也精简了法律规则的种类和数量，无论是消费者还是经营者在法律适

---

① 参见［德］莱因哈德·齐默曼：《德国新债法——历史与比较的视角》，韩光明译，法律出版社 2012 年版，第 270－273 页。

用的过程中都能够更加便捷。由此可见，统一立法模式具有更强的系统性，使不同类型的冷静期制度既能够保有可明确区分的特殊性，同时又不丢失其整体性。但这一立法模式的缺点也十分明显，即对立法水平的要求较高。事实上，仅仅是将不同类型的冷静期制度置于同一法典中并保证其协调性，对立法者来说就已经是相当繁重的工作，更遑论还要体现其特殊性，使法律制度的实施更有针对性。因此，德国在法典化完善的过程中，仍然未能完成完全的统一立法工作。在我国立法模式选择的过程中，不能单纯地对统一式立法进行移植，还应当关注这类立法的立法环境、立法成本及立法资源等要素，结合本土实际情况予以确定。

半统一立法模式的代表则是日本。扩大和发展消费者保护法的作用是推动规制缓和的同时确保公正、自由的市场竞争机制所必不可少的环节。因此，日本从20世纪90年代开始陆续出台了一系列横向化的消费者民事立法，并对《消费者保护基本法》《访问销售法》《分期付款销售法》《消费生活用制品安全法》等已有立法进行修订。现如今，日本仍然保持着以《消费者契约法》与《消费者保护基本法》为基础，再通过对其他相关交易领域单独立法设置特别保护规则的模式。[①] 在日本，以半统一立法模式规定冷静期制度，能够同时兼顾其统一性与特殊性，基础法典中的规则通常具有普适性，可满足较大程度上的消费者保护需求，并减少重复立法带来的资源浪费，再通过设置特别保护规则能够为消费者提供更为全面的保障。但是，日本的立法经验也告诉我们，半统一立法模式中仍然存在各项立法之间的衔接不到位问题，在一些领域中产生对消费者权益保护的缺位，例如，在日本金融领域中由于尚未实现完全的立法统一，就存在部分问题无法有效规制的情况，继而对消费者权益造成损害。是故，为弥补立法衔接不当导致的缺位问题，日本对金融消费

① 参见何颖：《金融消费者权益保护制度论》，北京大学出版社2011年版，第65－79页。

者相关立法进行统一化改革已经是学者们的共识，并且已经取得一定成功，也将继续成为未来的发展趋势。

单行立法模式是各地区冷静期制度立法所采用的最常见的立法模式，其代表为英国、美国等国家。这种模式主要是以调整对象的类型化和差异化为导向，对不同类型的冷静期制度分别以立法进行规定，注重不同法益的特殊保护。[①] 如英国就针对上门推销、远程交易、分时度假及消费信用四大领域分别立法，通过颁布法令法例的形式确立了这些领域中冷静期制度的适用规则。美国也采用了相类似的立法模式，分别就不同类型的冷静期制度进行立法规范。由于冷静期制度的适用对象具有类型差异，不同的领域有各自的特点，因而采用单行法模式能够在一定程度上降低立法难度，在适用对象的界定上更加清晰准确，并且立法也更有针对性，实施效果也基本符合预期，但重复性立法在所难免，因而也造成一定程度的立法资源浪费。总体上，单行法模式虽然具有一些缺陷，但对一些立法技术未达到一定水平的地区而言却是更好的选择，既能避免统一立法的繁复，也能在较短的时间内取得立法效果。

（二）立法理念不同的立法模式

立法模式除了在表现形态上存在差异，不同的立法理念也会对其产生影响。在不同立法理念下，比较具有代表性的模式有两种：一种是美国模式，另一种是欧洲模式。它们分别体现了在设置消费者冷静期制度时的立法态度，以自由主义为中心的美国在赋予消费者无因退回权时较为谨慎，而以消费者保护为中心的欧洲在赋予消费者无因退回权时显得异常慷慨。

---

① 参见陈书全、王开元：《共享单车地方立法研究——以立法模式选择为视角》，载《中国海洋大学学报（社会科学版）》2018 年第 3 期。

美国是以自由主义为中心的国家，在立法时更注重赋予交易双方更充分的自主权，减少国家对市场的干预，因此在消费者领域的立法中，也注重对经营者自主权的保障，并且关于消费者保护的立法与实践已有丰富的经验。众所周知，对消费者的保护通常涉及权利的倾斜配置，在美国立法中也是如此。但其立法主要注重对事前信息不对称的规制，如规定经营者的信息提供义务、对作为信号传递重要来源的广告的严格规制以及维护市场良性竞争的相关制度等，这些法律规则大多是对合同订立前市场参与者之间的权利义务进行调整，力图使双方的信息量能够实现对等，同时使合同成立后双方都能够实现预期的收益均衡效果，达至市场最优配置。对合同订立后的规制则相对谨慎，尤其是可能影响合同稳定性的冷静期制度，这一制度打破了传统的民法原则，由国家强制力介入使原本已经成立的合同能够再恢复到订立前的原状。因此，美国在对冷静期制度进行立法时十分谨慎，对于冷静期制度能够适用的范围都逐一明确，且采取分散式的单行法模式进行规定，在美国关于合同的普通法和《美国统一商法典》中都不存在关于冷静期制度的相关规定。此外，在美国联邦或者州立法规定中也设置了较为严格的适用条件，并且较多州立法都以任意性规则为主，即当事人可以通过明示的方式排除冷静期制度的适用。①

在欧洲，冷静期制度的相关立法主要是由欧盟指令转化而来，如2001年8月修订的《法国消费法典》中关于远程交易的相关规则，就是移植了欧盟1997年关于远程合同消费者保护的《第97/7/EC号指令》。②从欧盟的指令来看，针对交易中经营者与消费者之间的信息不对称问题，既注重事前规制，也注重事后救济，因而其立法体现出以消费者保护为

① 参见白江：《对消费者撤回权立法模式的反思》，载《法学》2014年第4期。

② 参见凌学东：《法国消费者合同撤回权立法及启示》，载《比较法研究》2015年第4期。

中心的理念。如《法国消费法典》第 L111 条至第 L114 条就分别对经营者的各项说明义务予以详细规定，以使经营者与消费者之间的信息量能够趋于平衡。在事后救济的规定中，冷静期制度的适用较之美国模式范围更广泛，期限更长，大多也未设置价格限制，在权利的赋予上更为慷慨。在模式的选择上，欧洲立法中的冷静期制度在较多领域中采取强制性立法，在行使规则的规定中也较为细致，旨在为消费者提供更加充分的保障。

综上所述，冷静期制度的美国模式与欧洲模式体现出立法理念的明显不同，并且这两类不同的立法模式在其各自的土壤中都得到了较好的适用效果。虽然美国冷静期制度的立法多任意性规范，但其作用却得到了充分发挥，同时节约了一定的立法与执法成本。欧洲立法模式中国家干预的强度更高，以“严父式”规则给予消费者更全面的关怀。

二、域外标的规制型冷静期制度的立法经验

冷静期制度在金融领域与分时度假领域的应用已经有一定的历史，其制度构建也已经逐步成熟。金融领域作为冷静期制度的源头，在各国陆续得到适用认可。但对于我国来说，冷静期制度仍然是一个新兴规则，因而他国的经验能够为我国冷静期制度的构建提供有益的参考。冷静期制度行使规则主要包括适用范围、行使期限、说明义务及行使方式，在行使方式上与要约规制型冷静期制度相仿，此处不再赘述，主要就适用范围和行使期限及说明义务展开评述。

在金融市场中，以消费信用、金融理财产品与保险为主要适用领域，但各国立法中的适用范围仍存在一定差异。例如，在《法国消费法典》中主要对消费信贷进行了规定，将以下几类排除适用：第一，土地及不

动产类的适用排除;[①] 第二，信贷总额低于200欧元或者高于75000欧元的交易，但第L313－15条提到的以信贷重组为目的的交易除外；第三，允许在一个月内偿还透支的交易；第四，偿还期不超过3个月的信贷交易，且该交易不附带任何利息、费用或只附带数额可被忽略的费用。此外，还有其他六项排除适用的情形。[②] 针对保险，法国仅赋予人寿保险消费者撤回权，并在《法国保险法典》中予以规定。德国则是在《德国民法典》第495条中规定了消费者借贷合同的撤回权适用，并在第491条中对适用除外情形予以规定，将以下几类合同排除在消费者借贷合同之外：第一，净借贷额少于200欧元的合同；第二，借用人的责任限于一个作为质物交付于贷与人的物的合同；第三，借用人应当在3个月之内偿还借贷，并且仅约定低费用的合同以及其余两项。[③] 对分时度假的适用，各国则较为统一，如《德国民法典》第481条就部分时间居住权合同进行规定，将其定义为企业者凭支付总价金而使消费者取得一项权利，或者允诺使消费者取得一项权利，而此项权利使消费者有权在长于1年的期间之内，以过夜之目的多次使用住房，并且每次都是在一定的时间或者在一个有待制定的时间使用的合同。[④] 《法国消费法典》则是在第L121－60条至第L121－79－5条中，对分期使用财产合同、长期休假产品合同、转卖合同和交换合同予以规定，并分别对其定义作出区分。[⑤]

在行使期限上，各国立法中对标的规制型冷静期制度的适用期限规

---

① 原文见《法国消费法典》第L311－3条第1款。参见《法国消费法典》，孙平编译，中国政法大学出版社2012年版，第104－106页。

② 具体见《法国消费法典》第L311－3条。参见《法国消费法典》，孙平编译，中国政法大学出版社2012年版，第104－106页。

③ 详见《德国民法典》第491条。参见《德国民法典全条文注释》（上册），杜景林、卢谌译，中国政法大学出版社2015年版，第368－369页。

④ 《德国民法典》第481条。参见《德国民法典全条文注释》（上册），杜景林、卢谌译，中国政法大学出版社2015年版，第353－354页。

⑤ 详见《法国消费法典》第L121－60条合同定义。参见《法国消费法典》，孙平编译，中国政法大学出版社2012年版，第40－41页。

定通常长于要约规制型冷静期制度。在《法国保险法典》中，对人寿保险合同的撤回期限规定为 30 个自然日期间，如遇周六、周日或者法定节假日将顺延。[①] 在《法国消费法典》中，分别对金融服务合同与分时度假合同的撤回期限规定为 14 天整，同时规定金融服务合同的撤回无须说明理由或承担罚款，分时度假合同无须说明理由也无须支付赔偿金。[②] 在《德国民法典》第 495 条第 1 款中，规定在消费者借贷合同中，借用人享有第 355 条的撤回权，即行使期限为 14 日。[③] 并且，该法第 485 条对分时度假合同[④]同样规定享有第 355 条的撤回权。由此可见，在各地区的标的规制型冷静期制度中，权利的行使期限通常规定为 14 ~ 30 天，较之要约规制型冷静期制度的权利行使期限更长。

在说明义务的规定中，标的规制型冷静期制度相较于要约规制型冷静期制度则更为详细。由于标的本身具有复杂性，消费者仅处理与标的或者合同规则相关的信息就已经需要花费相当多的精力，且较多标的复杂的合同也具有较长的周期，因而更需要经营者以清楚、明确的方式告知消费者所具有的权利，否则将使消费者无法及时行使其权利导致自身权益受损。《法国消费法典》在第 L121 - 63 条中针对经营者说明义务作出规定，在消费者作出决定之前，经营者应将有关其打算订立合同的财产或服务的确切和充分信息，以清楚易懂的方式，通过书面或耐久性易读载体，及时发送给消费者，其中第 8 款即规定应当明确消费者撤回权的期限、行使方式及其后果。并于第 L121 - 67 条中规定，在签署合同之

---

① 参见凌学东：《法国消费者合同撤回权立法及启示》，载《比较法研究》2015 年第 4 期。

② 详见《法国消费法典》第 L121 - 20 - 12 条与第 L121 - 69 条。参见《法国消费法典》，孙平编译，中国政法大学出版社 2012 年版，第 32、43 页。

③ 《德国民法典》第 495 条。参见《德国民法典全条文注释》（上册），杜景林、卢谌译，中国政法大学出版社 2015 年版，第 375 页。

④ 《德国民法典》第 485 条。参见《德国民法典全条文注释》（上册），杜景林、卢谌译，中国政法大学出版社 2015 年版，第 359 页。

前，经营者应提醒消费者注意撤回权的存在及其期限，以及注意在撤回权期限内禁止支付预付款。[①] 该法对金融服务合同的规定也与分时度假类似。在英国的《分时度假、假期、转售和交换合同条例（2010）》中，则对经营者规定了更为严格的告知义务。在告知内容的部分，一共规定了七项内容，包括权利行使的期限、期限的起始日期、除斥期间、权利行使的无因性与无偿性以及经营者未履行其告知义务时消费者的权利延长期限等一系列详细规则。[②] 综上所述，在标的规制型冷静期制度中，由于信息获取量较大且处理难度高，消费者更需要经营者如实履行告知义务以有效行使其权利。因此，无论是在要约规制型还是标的规制型冷静期制度中，都应当对经营者不如实履行告知义务规定明确的不利后果，以激励经营者更加主动地进行信息提供，而不是沉默地等待权利期限届满致使消费者无法行使其权利。

三、我国标的规制型冷静期制度的缺失与反思

（一）我国标的规制型冷静期制度的立法缺失

在特殊标的交易中，信息不对称的存在及其严重程度已经无须更多验证，而对信息的掌握与处理无疑是这类消费决策是否有效率的关键所在。金融商品种类繁多，我国却并无统一立法对其予以规制，而是通过分散的法律或者法规来一一规定。对于标的规制型冷静期制度的立法缺失，需要首先揭示我国的立法现状。

在金融领域，对金融消费者的保护虽然逐渐受到重视，但相关的制度却并不全面，对信息不对称的规制也一直较为欠缺。消费者购买热情

---

① 详见《法国消费法典》第 L121－63 条和第 L121－67 条，参见《法国消费法典》，孙平编译，中国政法大学出版社 2012 年版，第 41－43 页。

② See *The Timeshare*, *Holiday Products*, *Resale and Exchange Contracts Regulations 2010*, legislation. gov. uk（2010），http：//www. legislation. gov. uk/uksi/2010/2960/contents/made.

较高的几类金融商品中，理财产品和保险两类在信息不对称的制度克服上具有一定经验。这主要体现在，针对理财产品，它的销售事实上是经营者与消费者之间的信息互换，消费者将接收到的信息进行重整处理再据以作出决策，信息的重要性可见一斑。有鉴于此，在我国自 2005 年以来陆续出台的法规中，对信息不对称的克服进行了相应的规定，集中于经营者（如银行）信息披露义务的规范与改善。[①] 也就是说，这些法规主要属于事前的信息不对称克服范畴，通过完善信息提供制度以期缓解经营者与消费者之间的信息不对称，改善缔约前的阶段中消费者的信息弱势地位，而对于冷静期制度却并未提及。但是，理财产品的冷静期制度适用却是具有一定实践经验的。这是由于，2009 年东亚银行、平安银行等相继推出了部分理财产品的“冷静期”规则。2018 年银保监会发布《商业银行理财业务监督管理办法》对私募理财销售新增“投资冷静期”，规定银行应当在私募理财销售文件中约定不少于 24 小时的投资冷静期。[②] 以上规则的设置，预示着金融消费者保护的未来发展方向，为我国标的规制型冷静期制度的构建提供了有益的实践经验。在保险业领域，我国在克服信息不对称的经验上优于理财产品。在各项法律法规中对信息提供制度的规定自不必说，对于冷静期制度也有相应的规定，不仅具有实践经验，同时也具有法律法规经验。对于冷静期制度，我国《保险法》目前虽然并未有明确规定，但在出台的行政规范性文件中却早已加入，且在人身保险实务中已经开始得到应用。[③] 在该文件中将冷静期称为

① 参见颜苏：《银行理财产品信息披露标准化原则的立法研究》，载《法学杂志》2015 年第 3 期。

② 参见《注意了！以后购买这种银行理财产品也可以“反悔”了》，载南方号 289 财经热点 2018 年 9 月 28 日，https：//static nfapp. southcn. com/content/201809/28/c1534234. html.

③ 2000 年，保监会发布《关于规范人身保险经营行为有关问题的通知》首次提及“犹豫期”规则。参见何颖：《金融消费者权益保护制度论》，北京大学出版社 2011 年版，第 176 – 177 页。

犹豫期，并就适用的范围、期限的起算、经营者的说明义务等一系列问题逐一进行规定，初步勾勒出人身保险冷静期制度的轮廓。然而，除此之外金融商品的其他领域均未有冷静期制度的相关规则设置。同样地，对于分时度假产品，我国也尚未有冷静期制度的适用。

综上所述，从我国目前的立法概况来看，标的规制型冷静期制度无疑是缺失的。概言之，金融领域中仅在人身保险这一项产品中出台了多项行政规范性文件，立法层级较低且内容分散，对消费者的保障不够充分。理财产品虽然有金融机构自发推出的“冷静期”规则，但由于不具备法律强制力，在实践中更多的是作为吸引消费者购买的促销手段，难以为消费者提供实在的保障。特殊标的交易的其余领域则更是为空白。在这样的环境之下，消费者想要维权无疑是困难的。

（二）我国标的规制型冷静期制度的现状反思

标的规制型冷静期制度对消费者的意义无疑十分重大，从我国立法现状可以看出，目前此类型的相关制度是缺失的。造成这一后果的原因，一方面在于，长期以来对标的规制型消费合同信息不对称克服的事后策略没有引起足够的重视，仅针对事前策略进行部分改进与完善。面对专业且复杂的特殊标的，事前规制固然重要，事后救济也应予补充。另一方面在于，我国金融领域的立法目前处于较为分散的状态，不同法律法规之间可能存在重复或者冲突，导致冷静期制度的构建也受到制度阻碍。这在导致部分消费者权利受损后不能及时有效获得救济的同时，也影响了市场的运行效率。因此，可以明确的是，在金融领域和分时度假领域构建起冷静期制度是未来发展的必然趋势。近年来，无论是国内还是国外，对金融领域的监管重视度都在不断攀升。世界各国各地区先后颁布多项金融监管改革法案，其中加大金融消费者保护力度即改革重点之一。[①] 在我国，金融监管体系的改革也沿此趋势不断发展，金融商品交易中的信息不对称问题受到极大关注，但迟迟未在立法中得到充分体现。分时度假产品在我国的发展正处于缓慢上升的状态，但是在多起分时度假产品交易中消费者权益受损的事件曝光后，甚至还曾一度回落。因而这一领域的消费者保护始终未能成为制度所关注的重点，不仅使消费者权利难以得到有效救济，从法律体系的周延性上讲，这样的缺失也不利于消费者保护制度的体系化发展。概言之，现阶段以特殊性质商品为标的的消费合同由于没有冷静期制度的规制，存在违法成本低廉、救济途径单一等问题，导致消费者难以改善处境，在陷入产品“陷阱”之后也维权困难。此外，无论是金融商品还是分时度假产品所涉及的金额都较大，消费者产生损失又难以寻求救济予以挽回，容易造成较严重的后果。在域外立法的相关规定中，一些国家或地区会就此类消费合同规定更长的冷静期期间，以便消费者能够有充分的时间处理信息，作出正确决策。在我国，构建标的规制型冷静期制度也是推动金融商品与分时度假产品良性发展的必要齿轮，既能给予消费者更多的保护，也能提升市场运行效率。在改善消费者维权困境的同时，也促进消费者更加理性地消费。

综上所述，冷静期制度的缺失对以特殊性质商品为标的的交易中的消费者是不利的，并且，要完善消费者保护体系，这一制度的构建是必要的。因此，应当充分认清存在的障碍，逐一予以消除。同时，应当充分认识到问题的本源，施以有的放矢地规制。基于这一思路，实现对冷静期制度的整体改进与完善。

---

① 参见鲁篱、熊伟：《后危机时代下国际金融监管法律规制比较研究——兼及对我国之启示》，载《现代法学》2010 年第 4 期。

第五章

我国消费者冷静期制度的信息不对称规制改进

第一节 冷静期制度完善的整体策略

一、冷静期制度立法理念的确定

综观各国家和地区的冷静期制度立法，既有以美国为代表的自由主义模式，也有以欧洲为代表的保护主义模式，不同理念指导下的不同模式在各自的土壤中都取得了相应的法律效果，对我国的模式选择也有一定的借鉴意义。我国新《消法》第25条对冷静期制度的规定采用了强制性规范+适用除外的模式，在制度设计上偏向于消费者保护主义模式。对于是否应当采取干预性相对较强的模式，在学界也几经争议。但是在我国现行的制度背景之下，这一选择是有其合理性的。原因在于，以美国与欧洲为代表的两种模式，虽然美国模式下冷静期制度的立法与实施都收到良好的成效，其在平衡经营者与消费者的权利义务上优于制度刚性偏高的欧洲模式，但这一模式却并不能与现今中国的立法环境相适应，这主要是由于自由主义模式下的冷静期制度对配套法律制度的依赖性更高。正如前文对美国自由主义所进行的分析，其更注重于合同订立前的事前规制，并且立法通常以保障自由竞争为中心，而冷静期制度的设置也建立在保障自由竞争的相关立法已经较为成熟的基础之上，也就是说，美国模式下的冷静期制度是建立在能够通过竞争为消费者提供最佳条件的假设之上。[①] 例如，美国为维护市场竞争秩序所颁布的《谢尔曼法》、《克莱顿法》和《联邦贸易委员会法》构成了美国反托拉斯法的主体，以实现促进和保护竞争，最终达到优化资源配置、保护消费者和推动社

① 参见卢春荣：《消费者撤回权制度比较研究》，复旦大学2012年博士学位论文。

会福利的目的，并且也因其历史最长、对其他国家反垄断立法和执法的影响最大，被称为世界各国反垄断法的母法。[①] 因此，美国冷静期制度的立法有其较为成熟的市场规制立法背景，在部分领域中采取任意性规定，由经营者自主决定是否通过合同赋予消费者无因退回的权利。在实践中，美国大部分商家也会主动赋予消费者这样的权利。现阶段我国对于市场规制的配套立法还在完善过程中，因而贸然将冷静期制度的立法模式采用任意性规定，则可能会导致制度效果的削减，加之市场监管的不足，最终导致制度实施的混乱，难以达到保护消费者的预期。欧洲模式与我国的法律“父爱主义”背景则更加匹配，法律“父爱主义”并非我国特有的，但从中国制度化的历史来看，部分法律法规采强制性规定是人们容易接受的，如汽车司机系安全带、强制食品检疫等。因此，在考虑中国历史文化传统、现状、福利国的影响和现行宪法规范的前提下，在某些领域采法律“父爱主义”是正当和可行的，其为解决“弱而愚”的现代人像所面临的困境有积极意义。[②] 在我国消费者领域，保护主义模式对消费者的保障更易取得实效，与整个消费者保护体系协调度也更高。当然，我们也应当认识到，干预必须是有“度”的。在消费者领域，也应当保有一定的谦抑性。[③] 谦抑性虽然多用于刑法学界，但对市场规制亦有指导作用，尤其在消费者保护法中更应秉承谦抑规制的理念，把握干预的“度”与“量”，保障消费者的同时也关注经营者，避免过度干预对经营者产生消极影响，继而无法实现市场规制之目的。此外，刚性过高的制度还会阻碍交易双方的类型判断，例如，一个强制所有经营者对所

① 参见王晓晔：《反垄断法》，法律出版社 2011 年版，第 49－50 页。

② 参见孙笑侠、郭春镇：《法律父爱主义在中国的适用》，载《中国社会科学》2006 年第 1 期。

③ 所谓经济法的谦抑性理念，是指在自由主义和市场竞争基本假设下的私法能够发生作用的范畴内，经济法应保持必要的谦恭和内敛，让位于起决定性作用的市场机制，而不轻易使用国家干预，令经济法作为一个补充性和最后手段性的机制而存在。参见刘大洪、段宏磊：《谦抑性视野中经济法理论体系的重构》，载《法商研究》2014 年第 6 期。

售商品提供“质量保证”的法律规则就可能难以实现其目标。这是由于在消费者面对多个经营者的一般情况下，消费者无法准确掌握经营者所售物品的确切信息，因而无法确定交易对象。此时，产品质量好的经营者想要获取交易机会，就可能通过提供“质量保证”这一方式向消费者传递信息以显示自己的类型，而产品质量差的经营者由于成本原因则可能不会提供“质量保证”，消费者从而可以据此对两类经营者进行判断，最终确定交易对象。在实践中，情况则可能更为复杂，因此在法律规则的制定中应当充分考虑其适用的环境要素，通过不同规制工具的组合，更能发挥规制优势，提高规制效率。

综上所述，强制性规则与任意性规则各有所长，具体的模式选择还需结合本土的实际情况进行。现阶段我国采用强制性规定能够更好地实现对消费者的保护，但在此后的发展趋势中，伴随立法从管制型向协调型发展这一背景，在不同领域的冷静期制度中，也能够分别采取强制性或者任意性规范，以降低制度的刚性，减少经营者的对策行为。[①] 此外，需要明确的是，任意性规范并非不具有强制性，有学者认为，任意性规范和强制性规范的区别绝非仅仅是当事人可否排除适用那样简单。民法中的任意性规范对私法自治的运作，有其积极辅助的功能，也有消极制衡的功能，不会因无强制性而受影响。[②] 是故，在我国冷静期制度的未来发展中，可先在部分领域设置赋予消费者自主选择权为过渡，选择享有或者放弃冷静期制度所赋予的权利。具体来说，在交易中，经营者可以选择为消费者提供这样一种选择，即消费者可以选择享有权利不享受优惠价格，或者选择放弃权利而享受优惠价格。这样的制度安排一方面能

---

① 在强制性规定的冷静期制度之下，经营者可能采取提高商品价格或者降低商品质量等方式，将消费者行使无因退回权所产生的成本分摊到消费者身上，变相消解冷静期制度实施所带来的现实功效。

② 参见靳文辉：《消费者撤回权制度的反思与重构——基于法律经济学的分析》，载《法商研究》2017 年第 3 期。

够降低制度的刚性，增加经营者与消费者的自主性；另一方面由于放弃权利后消费者将不再享有无因退回权，也会在一定程度上提高消费者选择的谨慎程度。

二、冷静期制度立法模式的选择

恰如前述，各国家和地区对冷静期制度的立法采用的立法模式不同，而三类不同表现形态的立法模式也各有所长，在对经营者与消费者之间信息不对称的克服上发挥重要作用。这些立法经验对我国立法模式的选择也有着借鉴意义。在统一立法模式之下，能够减少立法资源的浪费与法律规则之间的冲突，制度的统一性较强，但在此模式中对立法技术的要求较高，否则难以将不同类型的冷静期制度很好地衔接起来。在分散式的单行法立法模式之下，立法更具针对性与灵活性，且对立法技术的要求相对较低一些，这也是目前各国家和地区冷静期制度立法中采用最多的模式，立法耗时相对较短，能够及时满足消费者领域的规制需求。半统一立法模式则是统一立法模式与单行立法模式的综合体，既能够在一定程度上减少重复立法带来的立法资源浪费，也能够兼顾不同类型的冷静期制度之间的差异性，使立法更具可操作性。这些不同的模式在不同的国家和地区也都纷纷取得实效，那么在我国未来的冷静期制度完善中应当采用何种模式，则需要结合我国本土具体情形进行进一步分析。现如今在各地区的立法过程中，法律移植并不鲜见，通过移植能够充分吸收成熟法律规则的优点，在一定程度上节约立法成本。但也正如有学者所提出的，其他国家和地区的经验的确可能为我们提供启示和帮助，同时在对外交流日益频繁的今天，它也正在影响着我们的社会，然而，这种启示和帮助也是有限的。[①] 因此，在立法模式的选择过程中，也应当

① 参见苏力：《法治及其本土资源》，中国政法大学出版社 2004 年版，第 19－20 页。

更多地对不同立法模式在不同地区的效用进行分析，具体来说，也就是通过将其他国家和地区立法中的经验分为通用型经验与地方性经验，仅通用型经验对我国的立法模式选择能够有借鉴意义，而地方性经验如果被借鉴则可能产生排斥效果，使立法在实践操作过程中显现出不适应性。基于此，本书拟对不同模式在我国的适用可能分别展开分析。

首先，统一立法模式冷静期制度的适用分析。这一模式的优点十分明显，并且在大陆法系国家中，统一化也是发展趋势，虽然目前日本采用的半统一式立法颇具成效，但对消费者相关法律的统一化呼声也在日益增加。对现阶段的中国来说，这种统一立法模式却未必能够取得较好的成效，这主要源于以下几方面：其一，对立法资源与立法技术的要求较高。以德国为例，在德国，冷静期制度的立法事实上经历了一个由分散到统一的漫长过程，早期冷静期制度在德国首次提出时，也正是体现于单行法之中。后期伴随德国法典统一化的进程，分散的类型也逐一被纳入《德国民法典》之中进行统一规定，但至今仍未实现真正的统一化立法。我国目前还不具备这样的历史条件，因而贸然将消费者相关立法进行统一，一方面在立法技术上可能存在经验欠缺的问题，另一方面我国正处于一个法治建设不断完善的阶段，立法资源有限，而统一化立法需要耗费大量的资源，对现阶段的我国来说其成本可能大于收益。其二，频繁的修订会影响法律的稳定性。我国新《消法》于 2013 年完成修正，在新《消法》中增加了冷静期制度的规定，并于 2014 年 3 月 15 日开始施行。虽然在法律适用上新《消法》对冷静期制度的规定仍有所欠缺，但对其的改进应当循序渐进，不宜在短时间内再次进行法律修订。其三，也有学者认为可借鉴德国经验，将包括冷静期制度在内的消费者法整体纳入《民法典》中[①]，但笔者认为，现阶段这种统一化对立法经验、技术等要求较高，容易导致《民法典》与消费者法的价值目标冲突，进而影响各自功能的发挥。

其次，单行法立法模式冷静期制度的适用分析。这一模式是现行冷静期制度的主流模式，不仅在英美法系国家，在大陆法系国家也较多采用。这种针对某一类型交易进行专门立法规定的方式虽然具有针对性强、灵活性高等优点，但在我国的土壤之上却并不适合。这主要在于：一方面，单行法立法模式与我国的传统立法模式不相容，冷静期制度事实上是赋予了消费者一种新型权利，与消费者的其他权利一起为消费者提供全方位的保护，因此，就某一权利进行专门立法，显然会使该制度显得格格不入。另一方面，法律规则本身事实上是一种信息，而且是一种具有较强专业性的信息。消费者往往会根据自身类型有目的地获取信息，如果对不同的交易类型进行分别立法，对消费者来说，则可能显得立法内容过于烦冗，对具体规则的选择也可能出现理解偏差。

最后，半统一立法模式冷静期制度的适用分析。如前文所述，这一模式吸收了统一模式与单行法模式中的部分优点，是介于二者之间的一种过渡模式。之所以说它是过渡模式，是因为虽然日本现在采用的是这种半统一模式，但统一化却也是其未来的发展方向。

关于我国立法模式的选取及制度安排，笔者认为，在我国，冷静期制度的立法模式选取半统一模式，更能够实现在满足规制需求的同时适应我国国情的目标。对半统一立法模式的初步设想是，将其分为要约规制型冷静期制度与标的规制型冷静期制度两部分分别立法。目前，要约

---

① 如认为从法律适用的方便与简洁、各项消费者撤回权本身的体系化、撤回权与民法固有制度如解除权的关联看，在将来的立法中，将消费者撤回权纳入《民法典》之中，应是更佳选择。参见张学哲：《消费者撤回权制度与合同自由原则——以中国民法法典化为背景》，载《比较法研究》2009 年第 6 期。

规制型在现行新《消法》中已有体现，而标的规制型则可以纳入金融立法体系中予以专章规定，对于不能穷尽的部分，如分时度假则可以出台特别法制度特别规则。理由主要基于以下几方面：其一，能够在一定程度上节约立法资源，同时不会与本土立法传统产生排斥。其二，能够更好地实现倾斜保护消费者的需求。经营者与消费者之间存在地位的优劣差距，这一点已经人所共知，冷静期制度的目的则是缓解其中产生的信息不对称等问题，而半统一立法模式中立法价值冲突的现象相对较少。其三，现行消费者保护法律规范已经具有一定的群众基础，在此基础上进行完善，能够提高消费者的接受度，也能够促进消费者更好地行使其权利。

三、冷静期制度与现行规则的协调

（一）与民法合同规则的融通

由于冷静期制度所赋予消费者的权利可能影响交易的稳定性，并且是通过国家干预的形式对经营者与消费者的权利义务进行调整。这一制度的提出目的是为消费者提供保障，但究其价值仍是维护市场的良好运行，优化资源配置。因此，冷静期制度的适用应当与民法合同规则进行内在融通以解决二者之间可能存在的冲突，这样既能通过规制达到经营者与消费者之间的一般均衡，也不影响交易的稳定性，实现不同法律规则之间一定程度的价值统一。本书拟首先对冷静期制度对合同自由原则的实质实现及其与“禁反言”原则的统一进行分析，再明确要实现制度规则之间的内在融通，在冷静期制度立法中所应当秉承的态度。

合同自由原则是私法自治原则最重要的内容，而私法自治可以看作私法主体的“自己决定原则”，其核心内容是当事人的意思自治。合同既是意定性私法关系中承载着双方自由意思表示的载体，也是实现私法自治理念的最重要的法律工具。[①] 但冷静期制度的提出，看似以国家干预的力量，打破了以这种合同自由原则为基础所形成的体系。因而对两者关系的梳理，是冷静期制度有效实施的前提。冷静期制度作为一种策略，事实上是为消费者提供一种救济，使消费者在交易中受损后能够以低成本且便捷的方式挽回损失。具体来说，按照合同自由原则，市场参与者一旦订立合同，一方参与者如不能举证证明其在合同订立过程中受到欺诈、胁迫等，则需要继续履行该合同，并且始终受到合同的约束，即使该合同的内容可能对一方参与者不利。每个人为自己的行为负责，这正是私法自治的基本含义。[②] 合同能够成立且产生约束力的核心，是双方均出于真实的意思表示而决定订立合同。然而，在意志的形成与表达过程中，行为人可能受到来自他人的不当干扰，而这些干扰可能导致行为人错误的决定，这种决定并非行为人独立判断的结果，不属于“自由意志”。[③] 因此，冷静期制度事实上是为消费者的意思表示不自由提供了救济，其与合同自由原则存在内在一致性，是对民法意思自治的修正，亦能够与私法规则相融通与衔接，有助于帮助消费者修正其发出的基于信息不对称而产生的不自由的意思表示，免去消费者的举证责任，以低成本且快捷的方式实现其意思表示自由。

“禁反言”则是对合同坚守原则的体现，也是诚实信用原则的重要组成部分。所谓诚实信用原则，是市场经济活动中形成的道德规则，它要求人们在市场活动中讲究信用，恪守诺言，诚实不欺，在不损害他人利益和社会利益的前提下追求自己的利益。具体到消费者领域，则表现为一旦合同订立，经营者或者消费者都应当秉承“禁反言”的原则，恪守

---

① 参见张学哲：《消费者撤回权制度与合同自由原则——以中国民法法典化为背景》，载《比较法研究》2009 年第 6 期。

② 参见朱庆育：《民法总论》，北京大学出版社 2013 年版，第 272 页。

③ 参见朱庆育：《民法总论》，北京大学出版社 2013 年版，第 272－273 页。

诺言，履行合同义务。这一原则是交易形成的基础，现代经济学认为，包括商品在内的一切社会资源只有经过交换方可趋于最有价值的利用。所以，一切形态的社会与国家总是不遗余力地使用一切手段确保交换的顺利进行，亦即确认交换的诚实信用基础。[①] 由此可见，“禁反言”等诚实信用原则的功能目标实际上是实现有效的交换，而冷静期制度也正是服务于这样的价值目标，二者在制度规范的目的上具有内在统一性。冷静期制度实际上为经营者提供了一种激励，激励经营者在合同订立前的阶段充分履行其说明义务，减少对消费者进行信息干扰行为，以保障消费者决策的真实有效性。在这一制度下，一旦经营者对消费者进行信息干扰或者采取沉默行为以隐藏信息，在履行或者履行后两个阶段中被消费者发觉的概率较大，此时消费者可以通过行使权利保障自身权益，而经营者则必须承担更高的成本。是故，冷静期制度在一定程度上也保障了诚实信用原则的实现。

从上述分析可知，冷静期制度与合同自由原则、“禁反言”原则并没有实质上的冲突，并且还具有一定的内在统一性。但在实践中，这一制度的适用却会为这些民法原则带来威胁，究其原因还在于适用边界的不合理。综观各国家和地区的冷静期制度立法，整体还是限于有限的几类交易中，经过综合考虑在这些交易中的信息不对称程度及受损程度，最终予以确定。过度扩大适用范围不仅会破坏市场参与者之间的诚信基础，也会引发消费者的道德风险，最终导致市场运行效率受损。因此，要实现冷静期制度与民法的融通，其适用必须谨慎地控制在合理范围内，而不应当过于宽泛，破坏市场交易的稳定性与参与者之间的平衡性。

---

① 参见郑强：《合同法诚实信用原则价值研究——经济与道德的视角》，载《中国法学》1999 年第 4 期。

（二）与市场规制法规则的衔接

无论是在消费者领域还是在整个市场中，信息不对称都是一个核心问题，法律规则的制定目的之一即使每一方主体都能尽可能获得充分的信息，也正是因为信息不对称问题的存在，规制主体往往不能观察到被规制主体的所有行动，因而刚性过高的规制手段反而会引起被规制主体更强烈的对策行为。例如，前文对经营者的沉默行为进行了分析，在强制说明制度之下，由于经营者是否充分履行告知义务难以被充分地验证，沉默就成为经营者能够选择的最佳策略。因此，在未来的制度安排中，制定出激励当事人按改善每个人状况的方式实施行为的法律，强制性和非强制性工具的组合使用是一种更优的选择。这一发展趋势恰与市场规制中的谦抑规制理念①相契合，在此放松规制的背景之下，立法也正由管制型向协调型转变。

近年来，伴随多种规制工具的广泛应用，市场规制立法已经由过去的管制型向协调型迈进，市场管理方式不断创新，对于市场问题的治理，我国不再单纯强调国家管制，而是致力于国家管理、社会协同和公民参与的合作管理。② 但是，目前从立法的整体情况上看，我国仍以管制型立法为主。管制型立法的优缺点都十分明显，其优点在于具有强制性，规制力度大；其缺点在于，在此格局之下不仅需要付出较高的立法、执法成本，同时也需要付出较高的监督成本，并且容易造成公权对私权的过

---

① 在谦抑性理念指导下，国家干预经济过程中所发生的法律关系依附于市场机制而存在，只有在发挥市场决定性作用的前提下，国家干预才有可能发生积极作用，因此即使是在经济法应该发生作用的市场失灵领域，法律关系也表现为基础性的民事法律关系和谦抑性的经济法上的法律关系的综合。参见刘大洪、段宏磊：《谦抑性视野中经济法理论体系的重构》，载《法商研究》2014 年第 6 期。

② 参见张新宝：《从隐私到个人信息：利益再衡量的理论与制度安排》，载《中国法学》2015 年第 3 期。

度干预，继而引起经营者的对策行为。[①] 在我国消费者领域的立法，则较为明显地体现出管制型的特点，甚至带有法律“父爱主义”关怀的色彩。一般来说，“父爱主义”法律保护行为人利益的方式有两种：一种是使行为人的利益得到增加；另一种是使行为人的利益免受某种损害。[②] 在这种关怀之下，消费者在交易中的安全系数无疑是增加了，在一定程度上实现了立法对个体有限理性的弥补，以及对消费者弱势地位的调整。但同时也应当充分认识到，这类管制型立法的有效性问题也尤为突出，即强制性规范是否能够在实施中为人所服从或者执行。目前，我国冷静期制度的建立正处于这样一个背景中，即在缔约前的信息不对称克服与缔约后的消费者救济中，管制型立法的规制并未达到预期效果。一方面，经营者的违法行为隐蔽而难以被观测，且执法机构对于此类行为的监管成本和难度较高，致使经营者更倾向于不如实履行信息提供义务。由此，即便有强制信息提供制度的规制，信息不对称仍然难以得到有效缓解。另一方面，消费者在缔约后即使受损，碍于寻求救济的高成本、难举证等因素，其寻求法律救济的积极性也一直较低。冷静期制度的提出一方面在一定程度上减弱了经营者违法行为的隐蔽性，激励经营者主动提供信息；另一方面为消费者提供了规则简单且成本低廉的新的救济方式，提升消费者寻求救济的积极性。由此可见，冷静期制度对消费者保护无疑是具有积极作用的。当然，这一制度最终采用的也是强制性规则，因而有学者认为，这种强制性规定有对经营者采取“集体化”惩罚之嫌。[③]

---

① 参见许丹琳：《消费者保护中信息不对称的规制路径研究》，载《法制与经济》2017 年第 12 期。

② 参见黄文艺：《作为一种法律干预模式的家长主义》，载《法学研究》2010 年第 5 期。

③ 参见靳文辉：《消费者撤回权制度的反思与重构——基于法律经济学的分析》，载《法商研究》2017 年第 3 期。

但新《消法》中规定的四类适用除外的商品及一个例外条件[①]，又为经营者排除冷静期制度的适用提供了空间。由此可见，立法者在立法过程中也充分考虑到强制性法律规则的有效性问题。正如对立法理念的未来发展趋势进行的论述一般，现阶段适用强制性规则虽然更贴合需求，但由强制性规则逐渐向半强制性规则过渡也似乎是一种趋势。一项法律制度如不能达到预期效果，则会导致大量成本的损耗、资源的浪费，甚至可能阻碍交易双方进行类型判断。综上所述，在冷静期制度的立法中，也已逐渐与市场规制法谦抑规制理念相衔接，初见由管制型向协调型发展的端倪，与冷静期制度立法理念的发展相应和，最终影响着这一制度适用的未来走向。

四、冷静期制度整体规则框架的构建

在前述分析中，从信息经济学这一视角出发，就冷静期制度的基础理论与实践经验进行了系统的分析与探讨。在此过程中，也对我国冷静期制度存在的分歧与问题予以反思。至此，我国冷静期制度的构建已经形成一个整体框架，如图 5－1 所示，本书拟基于这样一种思路探讨冷静期制度的完善。首先，在冷静期制度纳入新《消法》之前，针对其制度基础与功能学界已经进行多番论证，但多从民法角度出发，具有一定的局限性。针对制度的基础理论研究略显不足，而对其功能的论证也尚有欠缺。信息经济学的研究方法与成果对夯实冷静期制度基础、论证制度的功能作用有着重要意义。如前文所论证的，在信息经济学工具的辅助下，冷静期制度的功能与目的不再是笼统地总结为保护消费者，而是进一步论证冷静期制度的正当性与具体的功能作用，为冷静期制度的未来

---

① 我国新《消法》第 25 条规定，消费者定作的，鲜活易腐的，在线下载或者消费者拆封的音像制品、计算机软件等数字化商品，交付的报纸、期刊四类不适用冷静期制度，且规定一个例外条件，即“根据商品性质并经消费者在购买时确认不宜退货的商品，不适用无理由退货”。

改进与完善提供重要基础。其次，制度的建立离不开立法模式的选择，在对已有模式进行适用分析后，可知半统一式立法最为契合我国现阶段国情。从成本—效益角度看，在我国如采取统一式立法需要付出非常高昂的立法成本，由于对立法技术的要求高，可能造成所制定的法律执行难的问题，既影响法律的实效，也影响法律的稳定性。分散式立法可能造成过多的重复性立法或者立法冲突，浪费法律资源。我国消费者保护体系尚不够成熟，选择这种立法模式可能造成消费者难以选择适用的问题。显然，这两种立法模式在我国都无法实现成本与效益的帕累托最优。最后，以信息不对称这个基础要素为对象进行类型化分析，不仅关注制度间的共性，也注重个性，能够帮助在制度构建过程中更加有效地发挥其功能，对不同情形下的消费合同进行有的放矢的规制。要约规制型与标的规制型两类冷静期制度，正是在前述理论的基础之上构建起来，能够解决在不同类型的信息不对称环境之下，通过对两类冷静期制度进行规则设置，能够为消费者提供何种策略，在此制度的规制之下，经营者和消费者又会作出何种行动选择等问题。并且，由于冷静期制度所赋予消费者的是一项新型权利，这一权利是通过为消费者提供倾斜保护来实现的。因而，如前文所论证的，在适用中充分考量信息不对称的各种因素，将制度的适用限制在有限的几类消费合同中，更有益于制度目的的实现与资源配置的优化。综上所述，冷静期制度能够实现对经营者和消费者之间的均衡调整，激励事前信息披露的同时也为事后救济提供了新的路径，缓解信息不对称带来的消极影响，并且提升市场的运行效率。但是，这些功能的实现也是以制度有效实施为前提的，因此，在下文中的冷静期制度具体改进中还将就要约规制型与标的规制型进行具体规则设计。

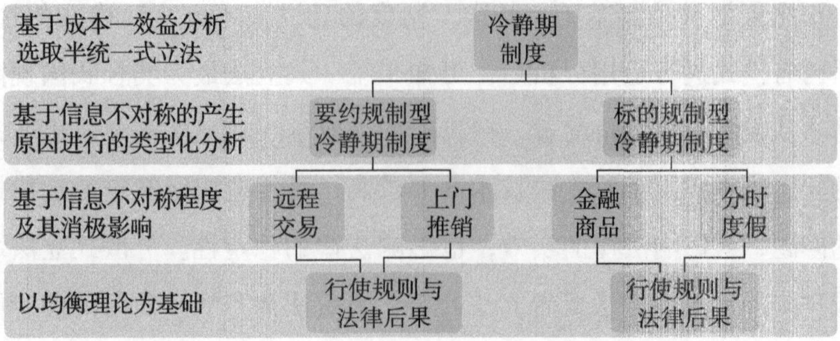

图 5－1　信息经济学视野下的冷静期制度完善构架

第二节　我国要约规制型冷静期制度的改进

一、适用范围的选择：信息不对称的精准克服

（一）新《消法》第25条适用范围的再解释

在前文中，对要约规制型冷静期制度已经作了初步介绍，其应包含的内容也根据各国立法的经验进行了总结。针对冷静期制度的适用限制问题，也已经进行多次论证，此处不再赘述。冷静期制度的适用范围确定对制度的实施效果、经营者的遵守情况都有着重要影响，是整个制度建立的基础性问题。由于这一制度是通过扩大消费者权利来给予消费者充分保护，势必会导致经营者承担更多的义务。因此，过宽或者过窄的适用范围都无法达到制度建立的预期目标。到底何种交易可以被纳入冷静期制度的规制范围之内，如何防止过犹不及情形的出现，是我国要约规制型冷静期制度完善所需解决的首要问题。

目前，我国冷静期制度已经初步建立，其具体制度规定体现在我国新《消法》第25条中。从新《消法》第25条对冷静期制度的适用范围上来看，“采用网络、电视、电话、邮购等方式销售商品”的规定在类型上体现为特殊的交易方式，应当属于要约规制型。要约规制型制度制定的规范目的在于，缓解在新型消费方式之下由于特殊交易形式产生的信息不对称问题，在事前激励经营者提高信息提供的主动性，在事后激励消费者在权益受损后积极寻求法律救济，弥补由于无法身临其境对商品信息进行核实所产生的信息不对称问题，以及线上交易中缺乏一般的

“商店”氛围所提供的“警告性形式”所导致的非理性诱导。[①] 例如，远程交易中的促销活动相较于现场交易的促销活动更能吸引消费者购买，由此导致权益受损的消费者数量也急剧增加。该制度自实施以来在消费者保护上取得了一定的效果，但在适用范围的确定上，新《消法》的规定却略显含糊，因而也影响制度在实践中的适用。事实上，冷静期制度能够适用的特殊交易方式十分有限，根据各国家和地区立法经验概括来看仅有远程交易与上门推销两类，也有国家和地区立法中直接将此两类交易总结为非营业地交易进行统一规制。[②] 然而，我国新《消法》第25条却并没有将上门推销这一特殊交易形式纳入在内。从条文规定中可以看出，虽然条文中加入了“等方式销售”这样的语句，用以为特殊交易方式的冷静期制度适用增加解释空间，但条文中通过网络、电视、电话、邮购等方式进行的交易，都是以远程且无法接触、查看实物的方式进行的交易，并不能通过这一条文内容的字面解释将上门推销的交易形式纳入其中。然而，现如今因为上门推销这种形式达成交易并受损的消费者却并不在少数。尤其是一些老年消费者，更易受到这种交易形式下经营者利用信息优势地位所进行的侵害，在受侵害后这些消费者仍然面临着寻求救济困难的窘境。此外，纵观冷静期制度的发展史，在域外立法中，上门推销都是制度适用的主要交易形式之一，这是由于上门推销中信息不对称程度较之传统交易方式更为严重。具体的问题产生与其严重性在前文中已有论述，此处不再赘述。是故，在我国要约规制型冷静期制度立法中，将上门推销纳入其中是制度适用范围未来改进的主要内容。

---

① 参见张学哲：《消费者撤回权制度与合同自由原则——以中国民法法典化为背景》，载《比较法研究》2009年第6期。

② 如英国1987年颁布的《在非营业地缔结合同的解除权条例》。

（二）上门推销冷静期制度的增设

将上门推销这一特殊交易形式纳入现行要约规制型冷静期制度的调整范围中，是制度完善的应有内容。通过法律解释将其纳入，则是现阶段制度完善的最优选择。这一改进方式不仅能够为消费者提供更充分的保护，也能够实现冷静期制度的体系化与统一性。如表5－1所示，远程交易和上门推销作为要约规制型冷静期制度的主体部分，信息不对称问题主要发生在合同订立之前的阶段，而在经营者履行交付义务之后则能够得到大幅缓解。远程交易和上门推销在事前信息不对称产生的原因上，又各有不同。因此，将二者都纳入要约规制型冷静期制度的适用范围中具有合理性，但制度实施如要达到预期效果，则仍需要对二者进行规则细化，以使消费者能够明确理解并更准确地适用。是故，通过法律解释以充实现有要约规制型冷静期制度的内容，使之与现阶段消费者保护需求匹配，是具有必要性的。

表5－1　远程交易与上门推销的信息不对称差异

	远程交易	上门推销
事前的信息不对称	1. 无法与经营者当面磋商； 2. 无法触碰、观察商品实物； 3. 缺乏一般“商店”氛围所提供的“警告性形式”	1. 为突袭式交易，消费者事前缺乏准备； 2. 经营者的不当劝诱行为； 3. 短时间内进行决定否则会错失交易机会的紧迫感
事后的信息不对称	通常在经营者履行交付义务后，两者之间的信息不对称得以显著缓解	

法律解释是完善法律制度所普遍采取的方式之一，通过解释实现要约规制型冷静期制度的完善也是具有可行性的。这是因为，法律解释在法的生成过程中占有重要地位，它既是法律实施的前提，又是法律发展的重要方法。在法律适用的过程中，由于成文法总是具有局限性，因而

法律解释是各国普遍采用的一种重要的法律方法。这主要源自以下几个原因：第一，法律具有概括性和抽象性，通过解释能够让其成为具体行为的规范标准；第二，法律具有相对稳定性，通过解释让其更能适应社会需求的更新与转变；第三，法律不可能完美无缺，任何制定的法律总会存在一些疏漏之处，通过解释才能使之趋于完善。[①] 具体到冷静期制度的解释之中，如前文所述，全国人大常委会法制工作委员会民法室在解释新《消法》第 25 条的适用范围时已经明确指出，考虑到设立无理由退货制度的初衷，是解决消费者在特定交易领域因信息不对称而导致的意思表示真实受影响的问题，本条适用应作广义解释，即包括上门推销、直销等非固定经营场所销售。[②] 由此可见，将上门推销扩大解释到新《消法》第 25 条的适用范围内，是以立法意图、目的为基础的，具有合目的性。

为了使冷静期制度能够更好地适用，除了对其适用范围进行重新解释外，也应当在解释中对上门推销的具体含义进行说明。从字面意思理解的上门推销，通常仅指推销员到消费者家中或者工作地进行的销售活动。但正如前文所述，现如今的突袭式推销已经不仅限于存在于家中或者工作场所，新形式的“上门推销”已经不仅限于上门，但虽然表现形态不同，实质也仍然相同，信息不对称的产生也基本大同小异。因此，在对上门推销进行说明时，也宜采取扩大解释的方法，不拘泥于“上门”的形式与地点，而主要以在非营业地的突袭式交易为主进行考量，即通常应当包括经营者在消费者毫无准备的状况下进行突袭式推销，使消费者面临经营者的信息轰炸式劝说以及“怕不买后悔”的心理等情形。具

① 参见张文显主编：《法理学》，高等教育出版社、北京大学出版社 2011 年版，第 235－237 页。

② 参见汪渊智：《我国消费者无理由退货权的解释论》，载《山西大学学报（哲学社会科学版）》2017 年第 3 期。

体来说，可以将为推销产品而举办的旅游推介会、晚会或者其他活动，除在消费者家中、工作地之外的某些旅游观光地、休闲活动地（如公园）、交通工具上等非常规营业场所等都纳入上门推销这一特殊交易方式之中。由消费者自行预约经营者上门进行产品销售的，则不应当包含在内，因为在这种情况下，消费者通常不会没有准备，也有充分的时间对商品的质量、价格等进行比较，对经营者可能采取的信息轰炸式劝说也有一定心理预期，因而不会产生在突袭式上门推销中的严重信息不对称问题。

二、行使规则的细化：消费者占优策略的塑造

（一）适用对象

在对要约规制型冷静期制度应予适用的具体交易类型进行厘清的基础之上，探讨制度行使规则是否合理且具有可操作性，是冷静期制度完善的应有之义。我国新《消法》第 25 条在冷静期制度的适用对象上存在模糊之处，导致法律适用过程中无法充分实现对消费者权益的保障。本书拟从两个方面探讨对制度适用对象的改进：其一，对是否应该将新《消法》中的商品扩大解释为服务进行分析探讨；其二，对冷静期制度适用除外的适用规则细化与对消费者确认方式的明确。

在对适用对象的内涵探讨中，是否应当将冷静期制度适用于服务成为学界的焦点。不赞成将服务纳入冷静期制度规制范畴的观点主要出于对服务一旦履行则难以恢复原状这一特性的考虑，但笔者认为，这一观点有以偏概全之嫌，仅从服务的特性出发否定消费者在远程交易中购得服务所应当享有的权利，是对立法所欲达到的保护消费者的目的之限缩。冷静期制度的立法目的在于调整经营者与消费者之间的信息不对称问题，因而无论购买对象是商品还是服务，均应当享有这一制度赋予的权利。对于服务的特性所产生的难以恢复原状问题，则能够通过对制度体系的

完善得以解决。当然，也并非所有类型的服务均可适用冷静期制度，因此在对适用对象“服务”的解释中，应当对其包括的内容予以明确。这一点，可借鉴英国冷静期制度立法中对于服务的边界设置，对可适用冷静期制度的服务合同进行明确规定，且要求经营者不应提前向消费者提供服务。[①] 根据服务的类型、是否具有持续性、合同的解除是否会造成经营者负担过高的成本等因素充分考量，最终划定适用服务的范围。通常来说，一次即能完全履行的合同不应适用冷静期制度，这有可能诱发消费者的道德风险，增加交易纠纷，因此具有继续性的服务更适宜采用冷静期制度规制。过高的解除成本负担则会对经营者的利益造成影响，制度的目的在于平衡利益而不是无限制地给予消费者倾斜性保护。在此类合同中，还可以进一步规定经营者提供服务的缓冲期，即在消费者决定是否行使权利前通常不应向消费者提供服务，否则在合同解除后消费者可以此为抗辩理由拒绝支付服务费。具体的解决路径将在下文法律后果的部分中分述之。

对于冷静期制度的适用除外规则，在我国新《消法》与《网购退货暂行办法》中已经有相对细化的规定，分为法定的适用除外与约定的适用除外。其中，《网购退货暂行办法》对约定的适用除外规则的补充使新《消法》第25条原本抽象的条文更具可操作性，且符合交易的一般要求。对商品性质的考量充分将商品质地、开封后商品的价格贬损程度以及商品期限、瑕疵等因素包含在内，有利于经营者与消费者之间的均衡实现，也为经营者进行排除适用提供明确的指引。除此之外，还应当将商品价值、商品退回后信息核实的难易程度作为考量因素。新《消法》的适用，由于规则简单、操作便利，消费者行使权利的积极性有所提升，但同时

---

① 参见汪渊智：《我国消费者无理由退货权的解释论》，载《山西大学学报（哲学社会科学版）》2017年第3期。

也滋生了部分消费者的机会主义行为，即通过调换购买的商品谋取利益。由于部分商品如奢侈品皮具、饰品等的信息核实成本较高，非专业人员无法简单对退回的商品进行验证，因而有消费者利用这一点骗取商品。[①]综合以上因素对冷静期制度的适用除外进行界定，能够避免在制度适用过程中对经营者的利益造成过高的贬损，同时在合理范围内的排除也能够激励消费者在作出消费决策时更加谨慎。此外，《网购退货暂行办法》中规定，约定排除冷静期制度的适用应当经消费者确认，第7条第3项还规定，“销售时已明示”的临近保质期或者具有瑕疵的商品可排除适用。对此则应当作进一步的细化规定。

对于消费者的购买确认路径，笔者认为，应当从以下三个角度出发予以完善。第一，排除适用说明义务履行的阶段。在《网购退货暂行办法》中仅规定为“消费者购买时”，“购买时”这一表述具有高度概括性，在经营者履行交易义务之前的任何一个阶段都可以解释为“购买时”，如要约、承诺阶段甚至合同刚刚订立时都能够被包含在内。事实上，是否能够行使冷静期制度所赋予的无因退回权，也是消费者作出消费决策所考虑的重要因素之一。因此，笔者认为，可将“购买时”规定为在合同订立前的阶段，一方面能够为消费者决策提供足够的信息以作决策，另一方面防止经营者在合同订立后才告知消费者排除适用冷静期制度，导致经消费者强行被确认的情形出现。针对“销售时明示”的条款也同样适用这一程序，经营者均应在合同订立前向消费者告知排除适用的事实，并获取消费者的确认。第二，排除适用说明的方式。经消费者确认这一程序势必会涉及两个问题：一是如何对消费者进行说明，二

---

① 如有消费者利用新《消法》赋予的无因退回权，在一家大型电商平台购买高价奢侈品包，后又利用“七天无理由退货”申请退货，将假冒仿制品退回，调包商品价值数万元，参见《为得到奢侈品包包，女大学生玩“神操作”，被刑拘了》，载环球网 2020 年 7 月 18 日，https：//baijiahao. baidu. com/s？ id = 1672509890647134263 8wfr = spider&for = pc。

是如何获得消费者的确认。对此问题，本书将在“经营者告知义务”中进行分析和论证。第三，举证责任的设置。由于排除适用规则是通过事前声明的方式对消费者的权利进行排除，在举证责任的承担上，笔者认为宜由经营者承担，理由如下：一方面，经营者在交易中的举证能力通常强于消费者；另一方面，由经营者承担举证责任能够避免经营者的机会主义行为，更好地保障消费者的权益。

（二）消费者权利的行使期限

要实现冷静期制度的预期效果，除了应当明晰其适用范围、适用对象等基础内容，还需要合理规定权利行使期间以配合制度的实施。我国新《消法》第25条将冷静期制度的行使期间规定为7日，对于这一规定学界并无太大争议。在域外冷静期制度的立法中，对冷静期制度的行使期间规定从3日到30日不等，如美国冷静期制度中即有将部分交易类型的行使期间规定为3日，而德国则统一规定为14日。① 立足于我国国情，笔者赞同权利行使期间规定在7日以内，这能够避免过长的冷静期给经营者带来过重的负担，且过长的冷静期也会对交易稳定性造成不好的影响，在保障交易安全的同时也应当兼顾交易的稳定性。因此，将冷静期制度的行使期间规定为7日有其合理性。在对具体行使期间的说明中，《网购退货暂行办法》规定7日期间自消费者签收商品的次日开始计算，对于这一条文一般可以理解为在签收商品次日的0时开始计算至第7日的24时，那么签收商品的时间该如何认定呢？通常来说，远程交易中经营者履行交付义务都需要通过快递的形式邮寄给消费者，而上门推销既可能采取邮寄的方式也可能采取当场交付的方式，因此，以邮寄的方式交

---

① 美国于1972年颁布的《关于在家中或其他特定场所交易的冷静期规则》中将权利行使期限规定为3日；《德国民法典》第355条对消费者合同情形的撤回权中，将权利行使期限统一规定为14日。

付的商品可以快递签收的日期为标准认定，消费者的权利行使期间自物流公司系统中对应单号下显示的签收时间的次日0时开始计算。在上门推销中以当场交付方式交付的商品，则以交付的次日0时开始计算。此外，对期限的计算也应当充分考虑节假日等的影响，可规定如期限届满之日为节假日，则将终止时间延长至节假日结束的次日24时为宜。

为了激励经营者主动履行告知义务，也为了对经营者的不告知产生威慑作用，域外立法中通常会规定冷静期期限的延长，申言之，即当经营者怠于履行其告知义务导致消费者不知道其所拥有的权利，从而错失行使权利的机会时，能够通过将权利行使期限进行延长的形式，在一定期间内消费者知道或应当知道其权利后仍然可以行使该权利。如《德国民法典》与《法国消费法典》中即对冷静期期限进行了延长规定。在《德国民法典》中，将延长分为两种情形：一种是经营者未履行其权利告知义务的情形，《德国民法典》第355条第4款规定，当消费者未按照第360条第1款的要求，以文本形式被告知自己撤回权的，撤回权不消灭；[①]另一种是经营者事后履行告知义务的情形，在经营者履行告知义务后，权利行使期限开始计算，但此时《德国民法典》所规定的撤回权期限不再是14日，而是一个月，以此作为经营者怠于履行义务的惩罚。[②]在我国立法中，如将期限的延长作此类规定显然不妥，通过权利不消灭赋予消费者的保护，将严重影响交易的稳定性，经营者在交易中也无法获取稳定的预期，因而这一规定颇有过犹不及之效，并不适合于我国的立法土壤。因此，就这一问题，笔者认为，可采取较为中性的做法，将权利行使的最长存续期限规定为3个月。虽然消费者获取信息的主要渠道是经营者，但在如今通讯技术日益精进的社会中，消费者也能够通过其他

---

① 《德国民法典》第355条。参见《德国民法典全条文注释》（上册），杜景林、卢谌译，中国政法大学出版社2015年版，第268页。

② 参见张学哲：《论消费者撤回权的构成与行使要件》，载《华东政法大学学报》2011年第1期。

渠道获知相关权利信息，3 个月的最长期限既能够激励经营者履行义务，也不会使经营者长时间处于待定状态之中，具有一定的合理性。具体来说，即若经营者不履行其告知义务或延迟履行告知义务，消费者在 3 个月内获知其权利后仍然可以行使其无因退回权，行使期限从消费者知道或应当知道权利之日开始计算。

综上所述，笔者认为，在实践中消费者权利行使期限的起算可经由两个阶段确定：第一阶段即经营者履行其告知义务后消费者知悉自身所具有的权利；第二阶段则是从商品签收之日（以物流单号下签收时间为准）的次日 0 时或现场交付的次日 0 时开始计算其权利的行使期限。此外，经营者未履行告知义务的，则从消费者知道或应当知道其权利之日起算，权利最长存续期间为 3 个月，3 个月后权利消灭。

（三）经营者告知义务

恰如前文所述，在交易中消费者之所以更易受到损害，其根源之一是经营者与消费者之间的信息不对称。相较于消费者，经营者对所出售的商品或提供的服务有更多的私人信息，在没有制度规制的情况下，经营者更趋向于利用私人信息获取利益，而不是向消费者提供充分的信息。因此，经营者的强制说明义务对解决交易中与消费者之间的信息不对称问题有着至关重要的作用。法律也是一种信息，且是一种具有高专业性的信息，以冷静期制度为例，消费者的法律意识近年来虽然在逐步提升，但由于个体差异较大导致对法律制度的掌握情况不一，因此，从整体上看，目前我国消费者的维权意识仍然不高。① 甚至有不少消费者并不清楚

① 参见《2017 消费者权益日调查报告》，载荔枝网，http：//news. jstv. com/a/20170315/1489560306790. shtml。调查显示，消费维权意识较强的受访者仅占 22. 9%，其中包括“大多数问题下会维权”及“感觉受到侵害就会维权”，而受访者中从没有主动维权的消费者占 21. 8%。也就是说，仍有超 80% 的消费者在权益受到侵害后维权积极性较弱。

自身所具有的一般权利，继而无法有效地行使权利。因此，消费者对权利的知悉是冷静期制度发挥其效力的重要前提，而经营者则是提供这一信息的重要渠道之一。

我国在《网购退货暂行办法》中仅规定网络交易平台提供者对“7日无理由退货规则及配套有关制度”负有明示义务，而新《消法》及《网购退货暂行办法》均未对经营者的说明义务进行规定。在实践中，除网络购物外还有多种远程交易方式以及上门推销方式，这将会导致在大多数交易中的经营者怠于履行告知义务。此外，对于经营者的法律责任规定，也并未涉及不履行冷静期制度说明义务所应当承担的后果，仅对网络交易平台提供者有相应的规定。[①] 对于经营者告知义务的规定，有学者认为，这一义务是冷静期制度构成上不可或缺的要件，基于成本与效率的考量，由经营者负担这一义务也具有立法上的正当性。[②] 笔者也赞同此观点，在我国消费者维权意识尚薄弱的环境之下，由立法明确规定在冷静期制度中经营者负有的说明义务能够使之取得更好的实施效果。对于经营者的具体履行方式，可借鉴德国经验，规定以文本或者便于消费者查看、留存的方式作出。语言上应当简洁精练，便于消费者理解。内容上则应当包括权利的无因性说明、行使期限的起算与终止、消费者可以采取的权利行使方式、退货的具体流程以及撤回后成本的分担。

在约定的适用除外中，由于经营者需经消费者确认方可排除部分商品的冷静期制度适用。因此，对经营者的告知义务应当更严格于普通的告知义务。笔者认为，在网络购物、邮购等交易方式中，经营者可采用

---

① 关于冷静期制度的法律责任主要体现在《侵害消费者权益行为处罚办法》第9条，以及《网购退货暂行办法》第30条至第34条中，其中，第32条对网络交易平台提供者的明示义务及不履行其义务的法律责任进行规定。

② 参见张学哲：《论消费者撤回权的构成与行使要件》，载《华东政法大学学报》2011年第1期。

弹窗确认或者邮件确认的形式获取消费者的确认，并且为防止消费者误点确认按钮，可设置需间隔一定时间点击两次的方式，以确认消费者已经知悉具体内容并且同意排除适用，在文本中还可以通过字体加粗、使用彩色字体等方式标明重要信息部分。通过电视、电话等交易方式消费的，则可以采用电话确认的形式以确保消费者对排除适用的知悉和确认。在上门推销中，则可以通过现场说明并在同意书上签字的方式予以确认，在此方式中应当注意经营者提供格式条款的问题。申言之，消费者冷静期制度并不具有十分复杂的法律规则，其设置也是为了给消费者提供更加通畅的维权策略。因此，通过经营者义务的充分履行，消费者基本能够掌握这一制度，从而促进消费者维权意识的提升。

（四）消费者权利行使方式与行使要件

在其他要件都满足之后，冷静期制度的规则是否能够充分发挥实效，还依赖对消费者权利行使的方式与行使要件的充分规定。

在权利行使方式上，从我国新《消法》第25条的规定来看主要以商品退回为准，而《网购退货暂行办法》对权利的行使方式补充为通知。由此，一般可以认为，在网购中消费者既可以采取通知的方式行使权利，也可以采取直接将商品寄回的方式行使权利，但其他交易方式中仅能以新《消法》所规定的商品退回方式为准，在实践中会产生一些操作性问题。首先，不以通知为前置程序的直接退货可能导致经营者无法及时、有效地处理消费者退回的商品。随着通讯科技的不断发展，中国网民规模达7.72亿，其中手机网民占比达97.5%，[①] 这使远程交易尤其是网络购物越来越受消费者喜爱，如图5－2、图5－3所示，我国网络购物交易

---

① 数据来源于CNNIC：《第41次〈中国互联网络发展状况统计报告〉》（全文），载中共中央网络安全和信息化委员会办公室、中华人民共和国国家互联网信息办公室官网，http://www.cac.gov.cn/2018－01/31/c_1122347026.htm。

量与零售额都在不断攀升中。因此，在如今新型交易方式被大量采用的背景之下，仅直接将商品寄回则可能会过重地增加经营者再行向消费者确认等程序性负担，也会提高经营者的处理成本。基于利益平衡之考量，在通常情况下将通知作为退货的前置程序能够改善这一问题。当然，如果消费者忘记通知经营者而直接将商品寄回，这一行为仍然可被视作行使了权利，经营者不得以未接到通知为理由拒绝履行其义务。[①] 其次，涉及对消费者权利行使生效时间的认定问题。由于现阶段我国冷静期制度的权利行使方式分为通知与寄回两种，因此本书分别就两种情形下生效时间的认定进行分别探讨。在以通知形式向经营者发出权利行使的意思表示情形下，应采“通知到达主义”认定生效时间，亦即当消费者向经营者发出通知后，经营者收到通知的时间即消费者权利行使的生效时间。这也符合形成权的行使规则，即只需以单方意思表示为之，于相对人了解或到达相对人时发生效力。[②] 然而，这一规则适用到商品寄回的情形下则显得不甚合理，制度赋予消费者的权利行使期限仅有 7 日，但通常消费者将商品退回需要花费一定的邮寄时间，而邮寄时间无法准确掌握，采“到达主义”则可能导致权利行使期限已过而商品尚未到达，会为消费者的权利行使增加较多不确定因素，因而不妥。因此，对于采取将商品寄回方式行使权利的消费者，应当采取“寄出主义”，即将商品寄出的时间认定为权利行使的生效时间。最后，网购中消费者的通知形式及举证责任设置问题。对于通知的形式，笔者认为，借鉴德国立法经验，将通知形式规定为以文本形式或者利于保存的形式更妥。在此情形下，由消费者承担举证责任更具合理性。通过文本或利于保存的形式发出通知

---

① 参见葛江虬：《论消费者无理由退货权——以适用〈合同法〉条文之解释论为中心》，载《清华法学》2015 年第 6 期。

② 参见杨立新：《非传统销售方式购买商品的消费者反悔权及其适用》，载《法学》2014 年第 2 期。

也并不会为消费者增加过重的负担，同时能够减少因此问题产生的纠纷。

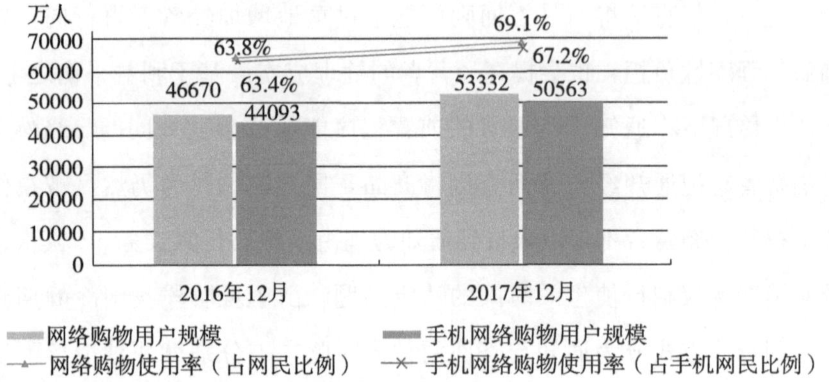

数据来源：CNNIC中国互联网络发展状况统计调查。

图5－2　2016年12月－2017年12月网络购物/手机网络购物用户规模及使用率①

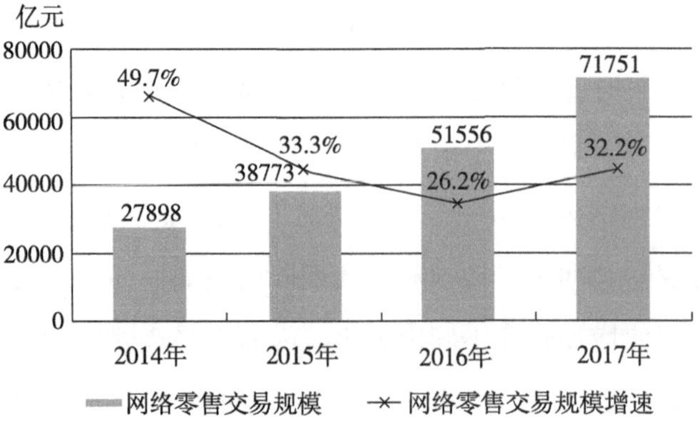

数据来源：国家统计局（2017年12月）。

图5－3　中国网上零售额②

① 数据来源于CNNIC：《第41次〈中国互联网络发展状况统计报告〉》（全文），载中共中央网络安全和信息化委员会办公室、中华人民共和国国家互联网信息办公室官网，http://www.cac.gov.cn/2018－01/31/c_1122347026.htm。

② 数据来源于CNNIC：《第41次〈中国互联网络发展状况统计报告〉》（全文），载中共中央网络安全和信息化委员会办公室、中华人民共和国国家互联网信息办公室官网，http://www.cac.gov.cn/2018－01/31/c_1122347026.htm。

在行使要件的规定方面，我国新《消法》中仅规定“商品完好”这一要件，而对商品完好的认定并未作详细说明。后《网购退货暂行办法》对商品完好进行了补充规定，将商品品质、功能、标识等作为商品完好的认定要素，而在该暂行办法第 8 条第 3 款中又规定“消费者基于查验需要而打开商品包装，或者为确认商品的品质、功能而进行合理的调试不影响商品的完好”，并在第 9 条中列举了商品不完好的几类标准。[①] 这一规定为解决经营者与消费者在商品完好认定上的纠纷起到了一定的积极作用，在进一步的完善中，除列举外也可加入概括性描述，为经营者和消费者提供指引。具体来说，可将以下几个方面作为认定标准：其一，依经验，消费者的拆封与试用是否会造成商品较大的价值贬损。例如，某些商品一旦拆开后，其外观即无法恢复原状，这种商品的拆封势必会导致商品价值的贬损，因而在商品完好的认定上应当未拆封才能判定为完好。其二，消费者的适用是否超过了限度。在部分交易中，为防止消费者过度试用，经营者会邮寄赠品以供消费者试用，此时如果消费者仍然将购买商品拆封则应当认定为商品不完好。其三，应以“使网购消费者享有与实体商场购物同等的检查、试用货物的机会从而自主决定是否进行交易”的立法目的为基础，防止在适用中过度限制消费者的查验权，以致消费者无法充分行使权利。[②]

---

① 《网购退货暂行办法》第 9 条规定，对超出查验和确认商品品质、功能需要而使用商品，导致商品价值贬损较大的，视为商品不完好。具体判定标准如下：（1）食品（含保健食品）、化妆品、医疗器械、计生用品：必要的一次性密封包装被损坏；（2）电子电器类：进行未经授权的维修、改动，破坏、涂改强制性产品认证标志、指示标贴、机器序列号等，有难以恢复原状的外观类使用痕迹，或者产生激活、授权信息、不合理的个人使用数据留存等数据类使用痕迹；（3）服装、鞋帽、箱包、玩具、家纺、家居类：商标标识被摘、标识被剪，商品受污、受损。

② 参见葛江虬：《论消费者无理由退货权——以适用〈合同法〉条文之解释论为中心》，载《清华法学》2015 年第 6 期。

（五）法律后果

在符合冷静期制度的各项要素的基础之上，消费者行使其无因退回权则会导致与经营者之间的合同解除，双方不再负有合同义务，也不再享有合同权利，总体上达到恢复原状的法律效果。但是，原有的合同解除后合同权利义务消灭，却又产生了新的权利义务，对此，我国立法规定则有所欠缺。

虽然冷静期制度所赋予消费者的退回权是无因且无偿的，但这并不意味着消费者行使这一权利不用付出任何成本。在合同解除后，消费者原本的合同权利义务随即消灭，由新生的权利义务取而代之。在义务承担上，首先，消费者负有退款义务。在采取以通知为前置要件的情形下，由于通知到达权利行使行为即为生效，在生效后消费者即负有将商品返还给经营者的义务，鉴于消费者可能会怠于履行其退货义务，如在通知发出后21日内仍未退货的，经营者可向消费者收取一定的使用费。其次，在将商品退回经营者之前，消费者应当负有合理的保管义务。事实上，这一点也是消费者权利成功行使的要件之一。按照规定，消费者退回的商品必须完好，否则经营者可以以此为由拒绝履行其退款义务，这与在商品退回前消费者履行必要的保管义务具有内在统一性。这样的制度安排也能够防止在以“到达主义”为生效要件的消费者权利行使通知发出后，消费者怠于对商品进行合理保管导致商品损坏或者造成较为严重的价值贬损，如因为消费者保管不当导致的白色衣物被染色等情形。造成商品损害或严重价值贬损后，消费者经与经营者协商可选择承担赔偿责任，或者经营者可以直接拒绝履行其退款义务。最后，在消费者签收商品后到商品寄出前，如对商品进行了实际使用并导致轻微的价值贬损，则应当负有价值补偿义务。一方面，通常对商品完好的判断可以有多个标准，在最低标准下，消费者造成商品的轻度价值贬损后再行使其权利，则可能导致经营者二次销售中无法获得与首次销售相同的价款，而这种轻度贬损又难以作为其排除适用的理由。另一方面，在交易中，经营者可能会随商品附赠赠品或含有配件，通常消费者在退货时应当将附随物一并寄回，如没有寄回的则需要承担相应的补偿义务。这一点在《网购退货暂行办法》第 12 条中也有相应的规定，与第 14 条、第 15 条一并对消费者可以获得的退款规则进行了较为细化的补充解释。这一补偿义务的规定能够适度平衡经营者与消费者在合同解除后的成本分担，在保障制度有效实施的情况下不让经营者的利益过度受损。除价值补偿义务外，还有观点认为消费者还应当承担一定的用益返还义务。[①] 但笔者不赞同此种观点，一是由于用益难以给定判断标准，导致实践中的可操作性不强，增加经营者与消费者之间产生纠纷的可能性；二是用益返还义务的增加可能导致经营者利用这一规则变相向消费者收取费用，导致冷静期制度的无偿性无法得到保障。价值补偿义务的设置目的主要是弥补经营者过重的退货负担，平衡双方利益，仅在商品由于试用等原因产生的轻微贬损之下消费者才承担此义务，且在具体规则设置中应当对补偿金额度上限进行限制。当然，这一价值补偿规则在以服务为适用对象的交易中，也同样适用。并且针对消费者已经接受的服务部分，应当规定其负有一定的价值补偿义务，避免消费者道德风险的产生。综上所述，价值补偿义务的适用也应当十分慎重，在适用条件上应设置较为严格的规定，例如，设置补偿费的上限、经营者能够举证证明价值贬损是由消费者的实际使用造成的等。申言之，这一规则应当以以下两个原则为出发点：其一，对补偿义务的设置不会阻断消费者无因退回权的行使；其二，价值补偿的适用应当严格限制，否则将会导致冷静期制度中的“无

---

① 参见于程远：《消费者撤回权的合理限制——价值补偿与用益返还的双重进路》，载《法学》2016 年第 9 期。

偿性”受损，而事实上无法实现保护消费者的目的。具体来说，当经营者的主张可能导致消费者权利受到限制或者导致“无偿性”受损时，此主张即为无效，消费者无须承担任何补偿费用。此外，在运费的承担上，我国新《消法》第25条规定由消费者承担，且经营者与消费者可以通过约定协商运费承担规则。这一规定具有合理性，一方面在一定程度上减轻经营者的成本，另一方面能够促进消费者理性行使权利，可通过约定更改运费的承担则增加了经营者的自主权，在经营者自愿承担运费的情况下，法律不应禁止。在权利的享有上，当合同解除后，消费者即享有请求经营者返还价款的请求权，两者之间的关系实质上由买卖合同关系转化为债权债务关系，消费者按照行使要件与方式等规定行使权利并履行退货义务后，即享有对经营者的债权。

同样地，合同解除后，经营者也会负有与合同义务不同的解除后义务，并享有相应的权利。与消费者所负义务相对应，经营者享有以下权利：首先，在消费者以通知形式行使权利时，请求消费者返还商品的权利。在英国冷静期制度立法中，还规定了经营者以文本形式请求消费者返还商品的前置程序，如经营者未及时行使其返还请求权，则21日后消费者的合理保管义务即行消灭。[①] 笔者认为，立法如此安排虽然目的在于催促经营者行使其权利，减轻消费者的保管负担与成本，但这一规定在实践中会不合理增加经营者的负担，实为不妥。因此，在经营者请求返还的权利行使上，可设置为在消费者权利行使的通知到达生效后随即产生。其次，如消费者在21日内仍未履行其退回商品的义务，超过期限后，经营者还享有收取一定使用费的权利。使用费的规则参照消费者价值补偿义务可以通过设置上限，避免经营者滥用权利谋取利益，使用费

---

① See *The Cancellation of Contracts made in a Consumer's Home or Place of Work etc. Regulations 2008*, legislation. gov. uk, http://www.legislation.gov.uk/uksi/2008/1816/contents/made.

的设置目的在于激励消费者及早履行其返还义务。最后，当经营者能够举证证明消费者拆封后的实际使用造成商品价值贬损的，还可以主张相应的价值补偿请求。对价值补偿的规则设置前文中已有详细论述，此处不再赘言。经营者所负担的义务，则主要为退款义务。在《网购退货暂行办法》中，针对经营者擅自拒绝退货、超过 15 日未办理退货手续及收到退回商品之日起超过 15 日未履行返还已支付价款义务的情形，规定了相应的法律责任。这一规定明确了经营者退款义务的履行期限，也规定了当经营者未尽义务时所应当承担的法律责任，对规范经营者退款义务的履行具有积极作用。

第三节 我国标的规制型冷静期制度的构建

一、金融商品冷静期制度的构建

（一）制度基础：金融消费者的统一化立法

伴随社会经济的发展，个人与家庭的财富也在不断积累，对不同金融商品的需求也逐步增加。但是在相当长一段时间内，对于购买金融理财产品、保险等金融商品的消费者的保护却并没有跟上金融消费品市场扩张的速度，由于金融商品所涉及金额往往较大，在实践中导致不少消费者权益受损严重却难以维权。2008 年的国际金融危机，是监管者与学术界将金融消费者保护纳入视野的重要契机。以此为起点，有学者提出应当对金融法主体体系进行重构，使金融消费者与金融监管者、调控者、金融机构等共同构成金融法主体体系。[①] 此后，针对金融消费者的探讨急剧增加，毋庸置疑，其已经成为消费者保护体系中的重要组成部分，而本书则是在金融服务统合法律体系构建的语境之下对金融商品冷静期制度的构建进行讨论。金融服务统合法律体系是目前国际金融立法的潮流和趋势，如日本正是以“金融服务法”的构建框架为基础，通过金融改革逐步实现将金融立法完全统一，最终形成一部横向化、具有统合性的法律。现阶段，我国虽然尚未实现金融立法的统一化，但统一化无疑是未来发展的重要方向。对此，有学者提出，应从金融商品（服务）、保护机构、纠纷解决机制三个方面构建动态立体、有机统一的以金融消费者

---

① 参见杨东：《论金融法的重构》，载《清华法学》2013 年第 4 期。

为核心的金融服务统合法体系。[①] 在此背景之下，金融商品冷静期制度势必成为金融消费者保护的核心内容。

正如博登海默所说，概念是解决法律问题所必需的和必不可少的工具，没有限定严格的专门概念，我们便不能清楚理性地思考法律问题。[②] 法律概念是有法律意义的概念，是认识法律与表达法律的认识之网上的扭结，即对各种有关法律的事物、状态、行为进行概括而形成的法律术语。[③] 由此可见，概念的界定是法律制度建立之初所要解决的首要问题。科学合理的概念界定能够促进制度的良性发展与有效实施，减少因概念界定不准确而产生的适用阻碍。对金融消费者进行界定，首先应当明确其与消费者概念之间的关系。在我国新、旧《消法》中均未对消费者概念进行明确界定，只在第 2 条规定，“消费者为生活消费需要购买、使用商品或者接受服务，其权益受本法保护；本法未作规定的，受其他有关法律、法规保护”。从这一条文中，可以将消费者简单地定义为为生活消费需要而进行购买、使用商品或服务的人。金融商品实质上是一种服务，因而新《消法》的保护对象当然地包含了金融消费者在内。金融消费者可以以此为蓝本，定义为为生活消费需求而进行购买、使用金融商品或服务的人。可以说，“金融消费者”这一概念应当是从属于消费者概念的。如表 5－2 所示，金融消费者较之消费者具有特殊性，是在消费者的大范围之下针对具体金融领域适用的消费者的子概念。具体对金融消费者概念的界定，我国已有较多的研究成果，大多着眼于金融消费者的特

① 参见杨东：《论金融服务统合法体系的构建——从投资者保护到金融消费者保护》，载《中国人民大学学报》2013 年第 3 期。

② 参见［美］E. 博登海默：《法理学：法律哲学与法律方法》，邓正来译，中国政法大学出版社 2004 年版，第 504 页。

③ 参见张文显主编：《法理学》，高等教育出版社、北京大学出版社 2011 年版，第 66－67 页。

殊性以创设概念和法律规则。[①] 金融冷静期制度仅需放在此制度语境下对这一概念进行简单的定义，目的在于明确制度的调整范围，即什么样的金融消费者能够行使冷静期制度所赋予的权利。因此，本书对金融立法统一化背景下金融消费者的具体内涵和外延不做过多的探讨。

表5-2 消费者与金融消费者的概念结构比较[②]

结构层次 \ 主体	消费者	金融消费者
第一层次：主体类型	自然人	自然人
第二层次：行为目的	为生活消费需要	为生活消费需要
第三层次：适用领域	所有领域	金融领域

此外，金融领域十分宽泛，并非所有的金融商品都能够适用冷静期制度，对于金融商品的几种主要类型将在后文详述。金融领域的参与者也不是只有消费者，还有投资者。那么，在对金融消费者进行界定时，是否应当包含投资者在内？这是对我国金融冷静期制度构建产生重要影响的问题之一。在对法律制度调整范围的设置过程中，应当十分慎重地考虑其应当调整对象的内涵，范围设定过窄会导致疏漏，范围设定过宽则会导致权利的滥用，无论是哪一种都难以实现制度的预期目标。对消费者与投资者的认定，也体现出这样的问题。对于消费者与投资者应当明确区分，还是可将部分投资者纳入金融消费者的范畴之内，我国学界已就此展开热烈讨论。主要观点包括以下两种：[③] 第一，将投资者与消费

① 例如，目前对金融消费者概念的界定研究，主要有三种理论：主体转变论、立法缺失论和政策响应论。各自从不同的角度出发对金融消费者概念的创设与界定进行论证。参见姚佳：《“金融消费者”概念检讨——基于理论与实践的双重坐标》，载《法学》2017年第10期。

② 图表改编自姚佳：《“金融消费者”概念检讨——基于理论与实践的双重坐标》，载《法学》2017年第10期。

③ 知网数据显示，自2008年以来，以“金融消费者”为研究对象的论文大量涌现，发文量已达到2100余篇，对金融消费者的概念界定也已有较多研究成果，因此本书仅就不同观点做概括性描述，不再一一列举。

者截然分开，仅将金融消费者限于为生活需要进行购买的自然人；第二，从立法意图出发，将处于弱势地位的部分投资者纳入金融消费者的保护范围。并且，还有观点认为可借鉴日本的立法经验，将消费者与投资者设置为满足一定条件后即可进行转换。在日本，金融消费者的内涵较为宽泛，如表 5 – 3 所示，在立法中将投资人分为专业投资人与一般投资人，分采不同的规范予以规制，并且在满足条件的情况下，经办理一定的手续专业投资人与一般投资人还可进行转换。但对我国来说，这样的转换规定无疑有太过复杂之嫌，将投资者部分纳入金融消费者调整范围中虽不是不可取，甚至可以说在此后的制度改进中也可能采纳这样对象更为宽泛的范畴，但却并不能完全契合我国的立法现状。若制度安排不当可能产生较为严重的利益受损后果，更会滋生投资者的投机行为。不仅增加执法成本，在适用中也更易产生实施障碍。因此，针对冷静期制度的适用，笔者认为，应先限制在一定范围内，明确地对消费者与投资者进行区分更适合现阶段我国立法环境，因而仅将冷静期制度适用于为生活需要而购买的金融消费者更为合理。

表 5 – 3　《日本金融商品交易法》中对投资人的类型划分

<table>
<tr><td rowspan="2">专业投资人</td><td>专业投资人（不可选择归为一般投资人）</td><td>适用专业投资人的规范</td></tr>
<tr><td>专业投资人（可选择归为一般投资人）</td><td rowspan="2">具有选择性：办理一定手续后可以进行相互转换，转换后分别适用相应的规范</td></tr>
<tr><td rowspan="2">一般投资人</td><td>一般投资人（可选择归为专业投资人）</td></tr>
<tr><td>一般投资人（不可选择归为专业投资人）</td><td>适用一般投资人的规范</td></tr>
</table>

（二）金融商品的几种主要类型

在前文中已对金融商品的特殊性及其冷静期制度构建基础进行整体论述，形成一个制度框架。在对此框架进一步细化前，就金融商品的几种主要类型予以分析与说明，论证面对不同类型的金融商品，冷静期制度如何发挥其功能作用，能够使制度轮廓更加清晰，也为其后的制度规则设计提供依据。我们已知，正是基于金融商品的特殊性所产生的信息不对称难以为一般法律制度所规制，才需要将冷静期制度引入该领域为金融消费者提供更全面的保障。那么，到底什么是金融商品？一般来说，哪些商品可以被认定为金融商品？这是本书拟进行明确的问题。金融商品具有广义与狭义之分，广义的金融商品是指具有金钱价值或记载金钱交易的工具，包括货币、存款、人身保险、基金、股票以及各种金融衍生商品等。狭义的金融商品则仅指投资类金融工具。构成金融商品的内容通常是一项或者多项金融服务。① 由此可见，金融商品虽然种类繁多、内容复杂，但究其本质仅是经营者所提供的金融服务，而从表现形式上看，无论是股权、存款还是债券，其主要载体均为纸质凭证或者电子凭证，实质上也体现为一种法律合同。目前我国金融领域中最为主要的则是以下几种类型的商品，即消费信用、理财产品和保险。

所谓消费信用，在早期的研究中被认为是商人与金融机构对个人进行商品、服务或货币的供给，并在将来的时期中，要求消费者对这些商品、服务或货币进行相应的支付。② 近年来这种方式在我国的普及程度日益提升，例如，无论是选择传统消费方式还是新型消费方式，在购买时分期付款的选项已经十分常见，实践中也有越来越多的消费者选择以分期付款的方式消费。消费信用的普遍存在刺激了市场经济的发展，但在刺激消费的同时也导致了大量的过度负债问题出现，这是由于消费者无法在有限的时间内对消费信用进行有效评估。以分期付款为例，其合同

① 参见何颖：《金融消费者权益保护制度论》，北京大学出版社 2011 年版，第 12 页。
② 参见李凌燕：《消费信用法律研究》，法律出版社 2000 年版，第 2 页。

通常看似简单，将款项分为若干期，使每期支付的数额在消费者所能够接受的范围之内，加之在营销过程中，经营者还会对消费者进行劝诱，最终导致消费者非理性消费。当冷静期制度赋予消费者更长的思考期限后，使消费者在合同履行后仍然有一段冷静期以重新评估消费信用可能带来的长期负债以及高额手续费等问题，使消费者更好地进行信息处理。

所谓理财，据国际金融理财标准委员会（FPSB）的解释，被认为是通过管理个人所拥有的财产以满足其人生目标的活动过程，也被认为是一种综合金融服务。[①] 伴随消费者投资型消费需求的增长，金融理财产品业务在我国迅速扩展，却也成为引发法律纷争的源头，如银行理财产品引发的争讼、保险公司推出的带有理财功能的投资连结保险出现的退保潮等，纷纷反映出目前立法的规制低效。[②] 与消费信用相同，理财产品也具有长期性，且涉及金额偏大，更具有高专业性。因此，在此类商品交易中，消费者容易受到经营者的误导而作出错误决策。实践中，对所购买的理财产品一知半解的消费者不在少数，对产品存在的风险认识也往往不足。冷静期制度的构建，不仅能够给予消费者更长的信息处理时间，消费者也能够在冷静期内持续不断地补充信息，加深对所购产品的认识，获取重新选择的机会。

较之前两类金融商品，保险最为人所熟知，也是冷静期制度应用最早的领域。虽然在我国《保险法》中并未有冷静期制度的直接规定，但在2000年保监会发布的《关于规范人身保险经营行为有关问题的通知》内已经对“犹豫期”进行规定。究其原因，还是在于保险本身的专业性、

① 参见马忠法：《论金融理财活动中实施“冷静期规则”的可行性》，载《上海财经大学学报》2010年第2期。

② 参见黄韬：《我国金融市场从“机构监管”到“功能监管”的法律路径——以金融理财产品监管规则的改进为中心》，载《法学》2011年第7期。

复杂性与风险性，更重要的是保险市场的监管难度大，经营者的劝诱购买行为层出不穷，信息不对称不但难以缓解更有不断加重的趋势，导致消费者权益严重受损。冷静期制度的适用，则能够避免仅有一次选择时，信息劣势给消费者带来无法挽回的局面。赋予消费者更长的思考期限，多一次的选择机会，也能够激励消费者在缔约后对购买的保险进行二次信息处理，降低无效决策的概率，减少经营者与消费者之间的纠纷，维护市场稳定运行。

综上所述，在消费信用、理财产品和保险三类消费者常购的金融商品中，普遍存在信息处理时间较短、操作规则复杂或专业性高等问题，导致信息不对称无法有效缓解。虽然具体表现形式有所差异，但在不同类型下所产生的信息不对称问题都能够通过金融商品冷静期制度的构建得以解决，该制度的构建有利于减少金融消费中消费者的非理性消费，为消费者提供一个更为畅通且低成本的事后策略，使消费者能够避免产生不必要的损失。

（三）冷静期制度适用范围的明晰

恰如前文所述，冷静期制度通过扩大消费者权利的形式为消费者提供事前信息不对称缓解的激励与事后受到损害的解决策略，这一倾斜性的权利配置势必会在一定程度上增加经营者的负担，因而对其适用范围的界定合理与否关乎着制度建立后预期效用能否得以实现。

首先，金融商品冷静期制度的适用范围界定。由上述分析可知，金融商品的外延较广，而冷静期制度显然并不能适用于所有的金融商品交易中，因而在此基础之上，应当对冷静期制度的适用范围进行进一步限缩。范围的确定应当充分考虑以下两个因素：第一，充分考虑导致消费者受损的普遍性；第二，在借鉴国外成熟经验的同时充分考虑我国的本土环境。申言之，一方面，如果在以某种金融商品为交易对象的领域中，信息不对称程度并不足以产生对消费者的严重损害结果，或者消费者严重受损的情形仅为个案，那么在这类交易领域中则无须适用冷静期制度。例如，银行与消费者订立的关于接受存款并为消费者发放存款凭证的合同，即无须适用冷静期制度。另一方面，冷静期制度发源于金融领域，在国外的制度适用范围中也不乏以消费信用、人身保险等金融商品为内容的交易，但在经验借鉴过程中，则仍需根植于本土土壤进行制度构建，否则即使法律制度的设置具有理论上的合理性，在实践中也仍然缺乏可操作性。因此，结合我国国情，在未来金融冷静期制度的建立中，对适用范围的划定可包括以下几个领域：第一，消费信用领域。这一领域的冷静期制度适用在域外立法中也有较为悠久的历史，伴随个人消费需求的增长，分期付款、消费信贷等方式逐渐在越来越多的交易中得以使用，尤其是在标的额较高的大宗交易中使用更为频繁。然而，广泛地使用也为消费者带来许多困扰，如消费者的过度负债问题在各地区都频频出现。[①] 冷静期制度的引入则能够为消费者在合同订立后提供冷静期间，以供消费者进一步思考所作的消费决策。第二，保险领域。在保险领域的已有经验之上，将这一领域作为冷静期制度的适用范围既具有合理性，也具有可行性。第三，金融理财产品领域。对于投资型金融商品的冷静期制度适用应当十分谨慎，但在此领域中，消费者权益受损较为普遍且较为严重。[②] 因此，本书也将这一领域纳入冷静期制度的适用之中。但在

---

① 德国《世界报》网站于2013年发布调查报告显示，德国消费者过度负债的风险已经上升，约1000名受询者对自身经济状况的评价明显差于以往。有1/9的人感觉其债务盖过头顶，年初还有1/12的人如此。参见驻德国经商参处：《世界报：德国消费者过度负债风险上升》，载环球网，http：//china. huanqiu. com/News/mofcom/2013 - 08/4301743. html。

② 《上海法治报》报道“去银行被‘忽悠’买了理财产品，一年不到亏损22万元”，这是上海市虹口区人民法院发布的金融审判白皮书及十大典型案例中的一起判例，消费者在去银行办理业务的过程中被“忽悠”购买了理财产品，在亏损后才发现所购买的并非银行的产品，而这样的“套路”在理财产品推销中却是屡见不鲜的。参见《去银行被“忽悠”买了理财产品，一年不到亏损22万元》，载腾讯财经，http：//money. qq. com/a/20180403/013479. htm。

适用的条件设置上，应较其他类型更为严格，可设置对理财产品购买者的消费者身份确认为前置程序，将投资者严格排除在外，防止造成对权利的滥用。

其次，对消费信用领域中可适用冷静期制度的范围还应当进一步明晰，这是由于在一些域外立法中，分期付款可适用于商品房买卖合同之中，且此类合同适用冷静期制度规则，消费者可通过行使其权利无理由且无偿地解除合同。但在我国，这样的规定似乎难以发挥积极作用，甚至会产生不利后果。这是由我国商品房市场本身具有的特殊性所造成的，在房地产市场交易额涨幅较大的背景之下，不乏投机炒房者伺机从中赚取利润，如再引入冷静期制度，不难想象这一制度的适用势必会加重房地产市场的不稳定性，甚至可能被投机者利用来控制价格赚取差价。因此，笔者认为，虽然域外较多立法中将不动产交易纳入冷静期制度的适用范围中，但这一设置植根于我国土壤之上则可能难以开出“善良之花”，因而不应当予以适用。

（四）权利行使规则与法律后果的设置

虽然标的规制型冷静期制度与要约规制型冷静期制度存在差异性，但两者之间也存在共性。针对差异性分别予以规制能够更好地发挥其效用，因此，本部分的论述主要包括两种类型冷静期制度应具有差异的规则设置内容。亦即，主要对权利行使规则中的行使期限、行使方式、行使要件及法律后果上存在差异的部分予以分析论证。在两类冷静期制度中的经营者说明义务并不存在较明显的差别，因此在金融商品冷静期制度中对经营者说明义务的设置可参照要约规制型冷静期制度进行，在此不再赘述。

首先，在行使期限的规定上。在前文中已经就特殊标的性质进行充分分析，得出相较于特殊交易方式，其信息不对称具有持续性，贯穿合同订立前到合同订立后的整个阶段。因此，在权利行使期限的设置上也应当长于要约规制型冷静期制度的权利行使期限。综观域外各立法中，金融领域冷静期制度通常适用较长的14日到30日的权利行使期限。在我国制度构建中，充分对经营者与消费者之间的均衡进行考量，笔者认为，将行使期限规定为14日即可达到保障消费者充分思考的目的。14日的期限内必然包含一个周末假期，消费者能够有充足的时间对其消费决策进行思考，也能够与家人商量决定是否行使其权利。在行使期限的起算上，与要约规制型的规则相仿，为合同订立的次日0时开始计算，如经营者未履行告知义务则权利的最长行使期限可延长至6个月14天。此外，由于金融商品合同通常是通过提供服务来履行的，在金融商品冷静期制度中还可进行特别规定，即消费者可以选择在合同订立时要求经营者在冷静期间内不能开始履行其义务，如未经过冷静期期间经营者提前履行的，消费者可拒绝支付相应的费用。

其次，在行使方式的规定上。由于以金融商品为标的的交易通常具有利益敏感性，并且在此类交易中金融商品通常为服务或者虚拟物品，因而并不存在将商品退回的权利行使方式，消费者权利的行使应当统一采用文本的形式送达经营者。此外，由于现如今互联网的高速发展，较多金融理财产品等金融商品都可以实现线上交易，因此，在以远程交易方式订立的以金融商品为标的的合同中，消费者行使其权利也应当通过文本形式送达。对文本的送达形式则不作限制，消费者可以选择邮寄纸质文本、发送邮件或者信息等方式。相应地，在生效规则的设置上，直接采通知到达生效主义即可，通过邮寄发送文本的采寄出生效主义。

最后，在法律后果的规定上。与要约规制型冷静期制度相同，金融商品冷静期制度中消费者行使权利后所欲达到的效果也是恢复原状。合同解除后，在消费者与经营者的权利义务上则有细微的变动。由于通常不存在实体商品，因而一般不产生运费[1]，且消费者不再负有退货义务与对商品的合理保管义务，在没有与经营者约定冷静期期限届满前不履行义务时，则可能负有价值补偿义务。在价值补偿义务的限制规则上，可参照要约规制型冷静期制度中的规定，设置费用上限，且需经营者证明其补偿费用设置的合理性，若设置不合理，消费者可拒绝支付。在消费者享有的权利上，金融消费者仍可向经营者主张请求返还价款的权利。对经营者来说，则不再享有请求返还商品的权利，自然也不存在消费者超期退货产生的使用费问题。在与消费者没有约定冷静期期限届满前不履行义务的情况下，提前履行则能够向消费者主张价值补偿，但同时也负有证明义务。在承担义务方面，经营者仍然负有向消费者返还价款的义务。退款期限与法律责任的设置可参照要约规制型的规定设置为15日，且不履行义务的经营者应当承担相应的法律责任。

二、分时度假冷静期制度的构建

（一）概述

近年来，伴随消费水平的不断上涨，消费需求呈多元化发展趋势，消费者对旅游产品的需求也在不断增加。如图5－4所示，中国旅游研究院发布的《中国国内旅游发展年度报告2016—2017》数据显示，2016年国内旅游人数为44.4亿人次，比上年同期增长11.0％。[2] 人们的经济观念不再以传统的储蓄为主，更多地放在改善生活环境、提升生活品质等方面。因而旅游消费品逐渐成为众多消费者休假时的首选，产品也逐渐向多元化发展且不断推陈出新，如生态旅游、观光旅游等产品都受到消

① 如果消费者以邮寄文本的形式向经营者发出通知的，应当由消费者承担运费。同样地，经营者也可以通过与消费者约定来主动承担运费。

② 数据来源：中国旅游研究院：《中国国内旅游发展年度报告2016—2017》，载http：//www.ctaweb.org.cn/cta/zdcg/202103/2ff33e832526400d88469f85f12a0dea.shtml。

费者青睐。分时度假产品作为其中一员，其市场分布主要以家庭消费占比较高，个人消费相对较少。如图 5 －5 所示，现阶段消费者家庭旅游的意愿十分强烈，渴望家庭旅游的受访者占总人数的 96.5%。[①] 然而，自分时度假产品进入中国以来，也产生了较多纠纷。[②] 原因之一在于，在家庭消费中中老年人是分时度假产品购买的主力。在实践中，许多分时度假产品的经营者通过举办推介会等形式，吸引并劝说消费者购买产品。在这一过程中，经营者通常不会提供充分的信息，并利用优惠、实景照片等方式劝诱消费者。消费者，尤其是中老年消费者容易在环境等各方面影响之下，在信息不充足、信息处理不完全的情形下冲动消费。大多数经营者所出售的分时度假产品金额较高且合同期限较长，消费者一旦订立合同就难以更改，继而造成不必要的损失。例如，2004 年就发生过这样一起案件，北京一对夫妇参加完分时度假推介会后一时脑热签订了总价超过 50 万元的合同。这起法律纠纷的处理过程，则像“追回一只鸡，杀掉一头牛”，代价高昂，即使最终胜诉也无法弥补消费者所受到的损害。[③] 因此，分时度假领域构建冷静期制度，是保障消费者权益的重要途径，本书拟从制度适用的必要性角度出发对此问题进行分析论证。

---

① 数据来源：中国旅游研究院：《中国家庭旅游市场需求报告 2018》，载中国日报网 2018 年 5 月 18 日，https://baijiahao.baidu.com/s?id=1600802875084492233&wfr=spider&for=pc。

② 自 2005 年至 2014 年，北京东城区法院审理分时度假旅游合同纠纷案件 50 件，占旅游案件的 30.3%。案件判决通常是双方解除合同，经营者全额退还款项。参见《分时度假　又一个吸金黑洞》，载南方周末网 2016 年 3 月 17 日，http://www.infzm.com/content/115936。

③《分时度假　又一个吸金黑洞》，载南方周末网 2016 年 3 月 17 日，http://www.infzm.com/content/115936。

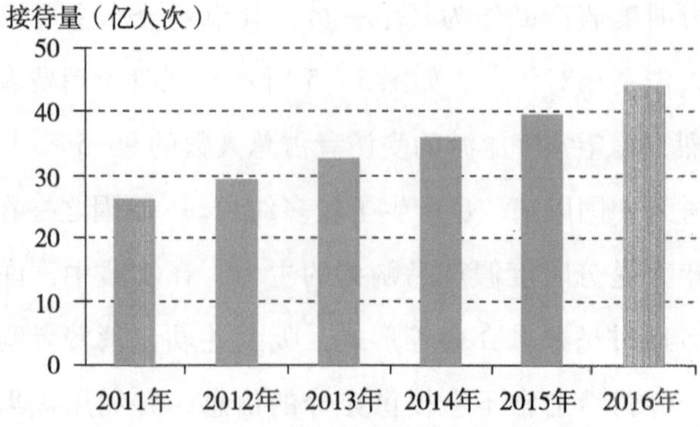

图 5－4　国内旅游市场接待人数增长量①

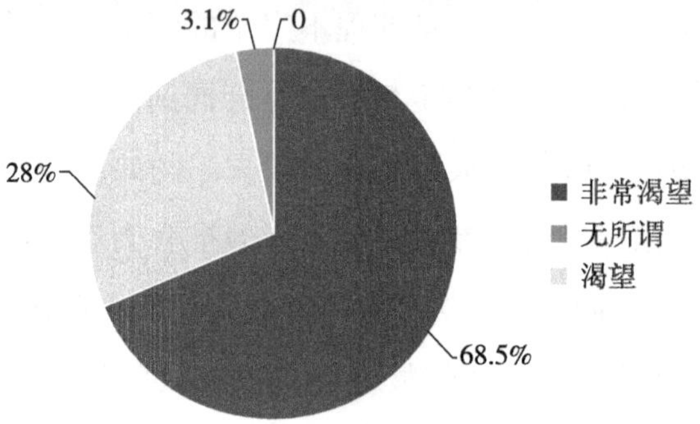

图 5－5　消费者家庭旅游意愿②

（二）制度基础

在域外冷静期制度立法中，分时度假领域适用较早，随着这一产品的日趋发展，较多国家的立法中都将它纳入冷静期制度的适用范围之内。虽然现阶段将分时度假纳入我国冷静期制度的观点支持率较高，但仍需以我国的旅游产品市场为基准，对这一领域适用冷静期制度的必要性进行论证。

① 数据来源：中国旅游研究院：《中国国内旅游发展年度报告 2016—2017》，载 http：//www. ctaweb. org. cn/cat/zdcg/202103/2ff33e832564f0d88469f85f12a0dea. shtml。

② 数据来源：中国旅游研究院：《中国家庭旅游市场需求报告 2018》，载中国日报网 2018 年 5 月 18 日，https：//baijiahao. baidu. com/s？ id = 1600802875084492233&wfr = spider&for = pc。

在欧盟指令中，将分时度假合同界定为以支付一笔总价金为条件，购买人在一年中指定时段（至少不短于一周）直接或间接地使用一项或多项不动产的权利或其他任何权利的合同或一组合同，合同期限至少为3年，该不动产必须已经建成使用，或者作为交付或承诺交付的标的。[①] 我国对分时度假的定义并没有统一化，但基本可归纳为将度假地房屋的整体或部分住宿设施，按照一定的时间段分割后出售给购买者，购买者在未来一段期限内的特定时间段，对其所购度假房屋及共同设施享有使用的权益；同时，购买者还可将其所购度假权益与同一交换系统中的其他购买者的度假权益互换。[②] 由此可见，不管是哪一种定义下的分时度假，都具有合同期限较长、内容专业复杂、由于过长期限导致的不确定性增加的问题，此外，在我国的分时度假产品交易中涉及金额通常也不小，正是这些因素的叠加，导致经营者与消费者之间的信息不对称不断加重，致使消费者难以作出正确决策，最终导致资源配置效率下降。一方面，与上门推销相类似，在分时度假产品的销售中，也广泛存在经营者的不当劝诱行为，且由于目前此领域无法适用冷静期制度，消费者一旦签订合同则很难再行解除。在这种情形下，解除合同通常只能通过寻求私法救济的手段，即使最终成功解除，消费者仍然需要付出较高成本。也正因为消费者维权成本过高，许多消费者在选择是否维权时通常踌躇不前。这激励了经营者在营销手段的采取上更为多样化，力图劝诱消费者签订合同。另一方面，分时度假产品中的信息具有不可核实性。这一点在前文中已有论述，由于大部分此类合同签订时消费者并未亲临不动产所在地，因而增加了信息核实的难度。此外，分时度假产品进入我国旅游市场时间尚短，从图5-6可以看出，分时度假初入我国后消费者对其了解

① 参见汪传才：《欧盟〈分时度假指令〉研究》，载《河北法学》2006年第2期。

② 参见任容庆、陈耀东：《我国分时度假权属定位分析》，载《学术交流》2017年第8期。

程度普遍较低，大多数人的基本认识是：分时度假产品价格较昂贵、运作机制较复杂，这正是由于不动产的分时段使用权问题具有专业性与复杂性。至今，大多数消费者对其了解也仍然不深，在不具备专业知识的情况下，难以有效对其进行信息处理，最终被经营者的说辞说服。是故，在经营者美景加言辞的诱导之下，消费者很容易作出非理性的消费决策，最终导致自身权益受损。实践中不乏有消费者在分时度假产品推介会或者推广活动中签订合同后，次日便后悔，但此时经营者以产品没有任何问题不能退款为由拒绝消费者合同解除的请求。

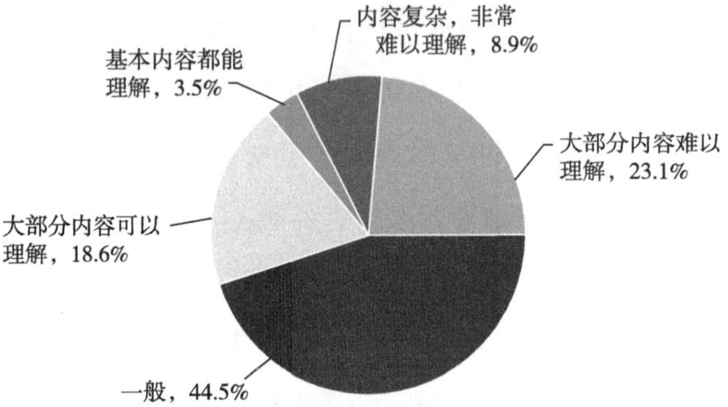

图 5-6　消费者对分时度假的基本认识①

综上所述，分时度假产品由于交易标的的特殊性，通常会产生较为严重的信息不对称问题，在我国旅游产品消费市场中，分时度假产品经营者利用自身的信息优势地位劝诱消费者签订合同后导致消费者权益受损的例子屡见不鲜，导致分时度假产品的纠纷率与投诉率一直居高不下，维权的高成本也导致消费者的权益难以被有效保护。由此，在这一领域中冷静期制度的构建显得十分必要。首先，冷静期制度的适用能够减少经营者的不当劝诱行为。在交易过程中，为诱使消费者订立合同，经营者通常会采取多种营销方式，如仅限今日的优惠、疲劳战术、夸大事实

① 数据来源于王婉飞：《我国分时度假规制研究》，浙江大学 2004 年博士学位论文。

等，消费者在尚未充分处理信息的情况下，由于一时的非理性或者受到疲劳轰炸后的决策效率降低等原因容易作出低效或者无效的决策。冷静期制度赋予消费者“后悔”权之后，消费者即可在冷静思考后重新估量所订立的合同。其次，冷静期制度的适用能够降低消费者的维权难度。冷静期制度具有无因性和无偿性的特点，且规则简单便于消费者理解，因此，能够为消费者的权益保障提供有效的事后策略。在分时度假领域冷静期制度的规则设置上，由于分时度假产品本质上与金融商品相类似，都是由经营者所提供的一种服务，且同属于标的规制型冷静期制度的范畴。因此，在制度的行使规则、经营者的说明义务及法律后果方面，参照金融冷静期制度进行设置即可，在此不再赘述。

第四节 冷静期制度配套法律规则的完善

信息不对称问题广泛存在于我们的社会经济生活中，而法律规则能够通过对行为人行动选择的影响，引导主体做出有利于缓解信息不对称的行为。然而，仅靠一项制度是难以实现对信息不对称的有效缓解的，如经营者强制说明制度作为事前信息不对称的重要规制手段，其能够发挥的作用也是有限的。正是基于此，才需要冷静期制度的体系化构建，并与其他各项制度相衔接，充分为消费者提供有效的保护。因此，除了强制说明制度外，还应进一步提升信息主体提供与获取信息的动力以实现信息的有效传递，而消费者教育制度和信用制度则能够分别发挥实现风险弱化、主体激励等作用。

一、信息传递有效性之保障：提升信息主体提供与获取信息的动力

（一）信息主体的信息有效提供机制

除了经营者负有向消费者提供信息的义务之外，政府、消费者组织、媒体等都能够作为信息提供的主体，对消费者来说这些主体同样是重要的信息来源。学界对经营者的信息提供制度已经有较多研究，因此本书主要就经营者之外的其他信息主体进行论述。

首先，政府的信息提供。政府作为一个重要的信息处理者、传播者，具有其他信息提供主体所不具备的特点，即权威性、广泛性与公共性。[①]

---

① 参见马费成、夏义堃：《我国政府信息服务的现状与创新》，载《图书情报工作》2003 年第 12 期。

由于政府所具有的这些特点，在消费信息不对称的克服上能够起到相当大的作用。然而，一直以来，政府对消费者信息充分获取的助益并不算大。这是由于，政府的信息提供长期处于被动状态，大量信息并未有效传递给消费者，且对于消费者的信息需求也缺乏敏感性。在消费者保护立法中，对于政府的信息义务缺乏全面的规定，使政府的信息提供长期处于边缘状态，信息不对称的缓解仍主要依靠经营者的信息提供。是故，在此后的制度完善中，应当对政府的信息义务予以补全，使政府从被动的信息提供者向主动的信息提供者转化，充分发挥其权威性、广泛性等优势。在信息内容上，政府也应当更多地对消费者信息需求进行分析研究，增强信息提供的能动性。此外，多元化信息传递的途径也是信息传递有效性的组成要素之一。信息的有效传递是一个信息从发出到接收的过程，其间可能受到各种因素的干扰导致传递丧失有效性。政府信息公开如今已经十分普及，但公开的方式却仍然较单一，通常采取在政府网页或者政府公告栏上公示的方式，由于缺乏宣传，被消费者有效接收的信息量有限。因此多元化信息传递途径能够使信息的接收更为便捷，也能够激励消费者更加主动地获取信息。

其次，消费者组织的信息提供。在实践中，消费者组织受限于财政支持的来源单一、怠于拓宽信息发布渠道、在消费者中公信力的提升缓慢、组织的行政化严重等一系列因素，远没有发挥其所应当发挥的作用。因此，应当对消费者组织进行进一步的制度强化。在制度完善过程中，对消费者组织所负有的信息义务进行规定。并且，消费者组织作为一种社会团体，还应当进一步去行政化，以充分发挥其社会团体优势。只有在其优势能够得以充分发挥的前提下，才能解决其公信力较低的问题。此外，在未来改进中，还应当进一步提升消费者组织处理信息的效率，对消费者反馈的信息进行综合处理后即时发布，避免消费者蒙受不必要的损失。

最后，媒体的信息提供。在通讯科技发达的今天，媒体也是消费者获取信息的重要渠道之一。在科技发展日新月异的今天，人们获取信息的渠道也越来越多元化，不再局限于报纸、电视等传统方式，网络也成为主流信息获取途径。渠道的多元化使信息传播更加广泛，消费者获取信息也更加便利，但同时也产生了一系列问题：其一，媒体的可信度下降。信息传播的途径多元化与速度不断提升，推动了新闻媒体的发展，同时也使新闻媒体之间的竞争越发激烈，为博取眼球，许多媒体对事实进行夸大报道，甚至在报道中植入广告，导致公信力下降。[①] 其二，新媒体时代信息过量导致的信息处理成本上升。现如今由于信息传递途径的多元化，消费者信息获取变得十分便捷，但与之伴随的则有信息过量问题。以广告为例，伴随科技进步与现代营销手段的发展，广告无孔不入地介入人们日常生活之中。然而，过度泛滥的资讯也会成为私人生活的一种负担，在消费者个人能力相对孱弱的当今社会，经营者利用其人力、物力和信息等优势进行信息滋扰或滥发虚假广告的情形已经屡见不鲜。[②] 无论是为博浏览量而进行的夸大或是虚假报道，还是经营者与广告商投放的虚假甚至是违法广告，在信息传播途径的局限不断缩减的情况下，仅通过强制手段不仅难以进行有效规制，还会增加执法资源的投入，提高执法成本。

综上所述，政府、消费者组织、媒体等重要信息提供主体都应当进行制度强化，如何将直接干预与间接干预相结合，为信息主体增加提供信息、共享信息的动力，激励信息主体说真话，则是未来制度完善所需要考虑的重点。

---

① 这也是现如今新闻中多出现“标题党”的原因之一，作为一种新闻失范现象，“标题党”的危害不仅仅在于哗众取宠、误导读者，更在于网络传播环境下的“标题党”有“顽强”的生命力。参见王辰瑶、金亮：《网络新闻“标题党”的现状与叙述策略——对 8 家网站新闻排行榜的定量分析》，载《新闻记者》2013 年第 2 期。

② 参见姚海放：《论信息规制在广告法治中的运用》，载《政治与法律》2010 年第 5 期。

（二）消费者的信息获取激励

目前的研究多集中于如何促使信息优势主体提供更全面、真实的信息，虽然同时也对如何提升消费者信息处理能力展开了一些研究，但对如何通过消费者教育激励其更加主动地获取信息研究尚少。在当前的制度中，更强调由拥有信息的经营者、政府、消费者组织等直接向消费者提供信息，消费者时常处于被动接收信息的状态，且部分消费者的信息意识淡薄，加之多元化的信息途径尚未完全建立，因而，在无形之中，消费者获取信息的主动性可能会逐渐减弱。当信息发布不完全时，或发布途径较为单一时，由于信息获取的不全或不便，主动搜寻信息又需要付出一定的成本，最终导致消费者放弃信息的进一步获取，在信息不充分的情况下直接作出决策。这样一来，一方面会造成资源的浪费，信息资源虽然具有公共产品属性，但其价值并不受影响。信息发布后却没有被有效接收，那么这种信息的传递就是无效率的，既浪费了信息资源，付出了信息传递成本，也不能有效缓解消费者的信息不对称。并且，需要明确的是，向消费者提供信息的途径虽然应当多元化，使消费者的获取更加便利，但这并不意味着提供的信息是不计成本的。另一方面消费者缺乏主动性还会导致制度实施效果不佳，继而使政府、消费者组织等不愿再将资源投入信息体系的建设中。因此，既要激励信息优势主体充分提供信息，也应当激励消费者主动获取信息。如何激励消费者主动获取信息，则是消费者教育制度需要重点关注的环节。对信息优势主体，尤其是经营者的激励则能够由信用制度来充分实现。

二、消费者主观能动性之提升：消费者教育制度

消费者教育制度对消费信息不对称的缓解有着重要作用，但其在消费者保护立法中却并未受到足够的重视。这一制度能够集中提升消费者

的信息获取、信息处理以及风险识别等能力，减少消费者的非理性消费，激励消费者更加主动地获取信息，并在此过程中尽可能地降低成本。可以说，消费者教育制度不仅可以帮助发展消费者的批判思维，提高消费者的自我意识，提升消费者的综合能力，从而能使消费者变得更加积极主动，还具有保护消费者利益、实现优胜劣汰、促成市场秩序良性运行等功能。[①] 因此，消费者教育制度也能够对消费者产生激励作用，引导、激励消费者提升信息获取的主动性。在此环境之下，经营者主动提供信息、消费者主动获取信息，最终形成一个有效的信息提供机制，促使市场效率得以提升。

为了充分发挥消费者教育制度的激励与引导功能，首先，应当保障教育资源获取的普遍性。目前我国消费者教育制度的完善在途径的多元化发展上仍有不足，并且由于信息提供的多渠道会产生额外的网站运营、论坛维护等成本，要使各个发布途径都良好地使用，就应当为政府、消费者组织设置利益激励或者制度约束，以促使他们主动进行信息渠道的多元化建设。

其次，可以提供更有针对性的消费者分类教育。分类教育可以分为两种模式：一种是对象分类模式，另一种是内容分类模式。对象分类模式，顾名思义，是指根据不同类别的消费者进行有目的性的提供消费教育。对象分类并不是要进行非常细化的对象类型化，而是就一般消费者和特殊消费者进行一个简单分类。这是基于信息处理的成本而进行的规则设置，消费者可以就自己的类型和需要进行判断，在针对特殊消费者的消费教育中，会对内容进行比较详细的说明，以确保无论何种消费者都能无障碍地理解其中的内容。在针对一般消费者的消费教育中，内容设置会较之特殊消费者更简洁，减少消费者处理过多信息产生的成本。

① 参见应飞虎：《我国食品消费者教育制度的构建》，载《现代法学》2016 年第 4 期。

在内容分类模式中，分类则是主要根据不同类别的交易方式或者交易标的进行的。例如，在对冷静期制度的消费教育中，应当向消费者充分提供冷静期制度的制度目的以及适用规则，使消费者能够更好地理解并运用这一制度，减少因缺乏了解而产生的滥用。在具体适用中，消费者则能够进一步根据分类获取相应类别的冷静期制度教育信息，以细化、完善自身信息。这样的分类能够使信息更加简洁地呈现给消费者，消费者也可以通过分类快速获取自己想要了解的信息，提高信息传递的效率。此外，应当分别根据城市与村镇的不同情况开展消费教育活动。例如，城市居民获取信息的途径更多，因此对消费者的教育也可以通过网络讲座等形式展开，便于消费者随时随地获得教育。在村镇中，由于网络普及率不及城市，因此并不适宜采取在线教育方式，而应当建立区域负责制，通过举办区域讲座等形式开展。但必须明确的一个前提是，无论是哪种模式下的消费者教育，都应当建立在保障消费者已经满足基本教育需求的基础之上，而基本教育则主要包括前述的几类信息综合能力的提升。由于信息成本的存在，且过多的信息会给消费者带来较大负担，因此，在基本教育之外，可以通过分类使消费者更易获取自己所需要的信息，简化信息筛选的程序。如此一来，既能提升消费者信息处理能力，消费者教育的普遍及便利获取也能够提升消费者获取信息的主动性，从而为正确消费决策的作出提供良好基础。

概言之，良好的消费者教育机制能够提升消费者对产品相关知识的掌握度，从而提升消费者处理产品信息的能力，降低消费者的信息成本。良好的消费者教育制度还能够实现消费决策的优化，提升市场运行效率。在实践中，还应当明确消费者是有限理性的，尤其在通讯科技发达的今天，消费的便利化、消费形式的多元化、信息的良莠不齐，使消费者冲动消费的概率也大大提升，继而产生了许多低效决策。因此，通过教育提升消费者处理信息的能力，也能在一定程度上减少消费者由于信息误导等产生的低效消费决策。

三、经营者自律性之激励：信誉制度的建立

在交易中，经营者、媒体、社会中介机构等拥有信息的主体如何实现低成本、高效率的信息传递是克服信息不对称的关键，而激励机制则为信息的有效传递提供了现实基础。在消费者保护制度体系中，信誉能够使消费者的信息搜寻变得更为经济，信誉制度的建立能够激励经营者、媒体、社会中介机构自发地进行信息提供或者进行信息披露，缓解信息不对称，使消费者获得更为全面的信息。社会信用体系的构建，也是未来我国市场经济发展的重要趋势。信誉制度作为社会信用体系的组成部分，是市场中的一个重要信号。具体来说，信誉制度的建立实际上也是一种信号传递机制的建立，而信号传递可以理解为激励机制的一个特例，其表现为使有私人信息的一方有积极性说实话。[①] 根据经济理性的假设，人是否诚实、是否可信赖并非事先给定的常量，而是一个函数。在市场语境下，当且仅当被人信赖有利可图，一个人才希望为他人所信赖；当且仅当诚实比不诚实更合算，一个人才会选择诚实。[②] 基于此，信誉制度的建立能够极大地发挥其激励作用，实现信息低成本且有效的传递。

首先，信誉制度能够降低信息成本。无论是经营者提供信息还是消费者处理信息都需要付出一定的成本，在经营者的信息成本方面，虽然经营者处于信息优势地位，但一个优质的经营者要将其信息有效传递给消费者，通常需要花费较高的成本，如做广告、进行各种认证等，在制度成熟且完善的情况下，消费者的信息核实成本较低，广告、认证等信息都能够实现其信号传递的功能，因而这些成本付出后通常能够取得预

---

① 参见张维迎：《博弈论与信息经济学》，格致出版社、上海三联书店、上海人民出版社 2012 年版，第 339 页。

② 参见彭学龙：《信息经济学视角下的商标制度》，载《知识产权》2012 年第 8 期。

期收益，经营者既表明了自己的类型，也为消费者决策提供依据。但在制度尚有缺失的情况下，即使打广告、做认证，消费者对广告和认证所反映出来的信息无法充分信赖，因而还需花费成本进行核实，此时的核实成本将会高于制度完善时的成本，这种情况下，信号传递的效果不尽如人意。最终不仅整体成本增加，也难以取得预期效果。信誉制度的建立能够使消费者更容易识别经营者的优劣，从而减少经营者的信息传递成本，如高昂的广告费、认证费等，同时也在一定程度上抑制了经营者将信息传递费用转嫁给消费者的行为。在消费者信息处理成本方面，信誉制度的建立能够使消费者更直观地获取关于经营者的信息。通常认为具有良好信誉的经营者所出售的产品质量会优于一般信誉的经营者所出售的。因此，消费者在选择交易对象时能够以信誉作为区分经营者的标准，减少对信息的分析、处理成本，同时节省决策的时间成本。其次，信誉制度的建立能够激励经营者、社会中介机构等保持良好的运营状态。在市场中，信誉评级直接与各个主体的利益相关。在选择交易对象时，当销售者、广告商或是认证机构的信誉评级较高，其就更可能获取更多的交易机会，以此激励经营者、认证机构等提供真实有效的信息，并在行动前充分考虑该行为可能对信誉评级产生的后果，从而保持良好的运营状态。

综上所述，信誉制度对我国消费者保护有着重要意义。这一制度的构建不仅能够提升信息的可核实性，减少信息获取、处理等成本，与冷静期制度相组合，更能有效遏制经营者的投机行为。例如，目前制度的构建存在经营者预期决策思维的缺失问题。究其原因主要在于，信誉的建立是一个长期积累的过程，并且其收益并非立即能够体现。当冷静期制度尚未构建时，合同一旦订立或者履行，消费者想要解除就需要付出较高的成本。因而较多短视型经营者无视自身信誉被破坏，选择投机行为以获取交易机会。在冷静期制度构建后，这一问题便能够得到一定缓解，二次选择权利的赋予使经营者投机行为的成本增加、风险增加，加之社会信用体系的普及化发展，能够激励经营者放弃短视行为，作出正确决策。是故，制度的组合能够推动消费者保护体系的良性发展，规则间的互相补充更能够为消费者提供一个坚实的保护壁垒，使信息不对称对消费决策的消极影响降到最低，从而提升决策效率。

结　　语

信息是有价值的资源，它能够减少市场中的不确定性，使决策的后果更具可预测性。正如哈耶克所说，假如我们具有一切信息，假如我们能从一个已知的偏好体系出发，假如我们掌握全部的知识，一个合理的经济秩序的构建就纯粹是一个逻辑问题了。[①] 由此可见，信息无疑是重要的，然而，它却并非一开始就受到足够的重视。在经济学领域，随着新古典经济学中完全信息假设所受质疑的增加，经济学对信息的研究才逐渐发展起来。信息经济学正是通过批判完全信息假设来超越新古典传统的，信息经济学的信息研究不仅对经济学的发展有着重要意义，对我国法律制度的完善也是有所裨益和启发的。尤其在消费者保护法律体系中，信息也有着举足轻重的作用。由于在市场交易中消费者总是处于信息劣势地位，导致其长期以来频繁遭受信息不对称的消极影响。现阶段克服信息不对称的消费者保护立法主要注重事前的规制，却忽略了事后策略的设置。冷静期制度能够作为克服信息不对称的一种事后策略，所具有的多重功能可以提升消费者决策的有效性。此前的研究中，由于单一化视角具有一定的局限性，因此本书选取信息经济学这一新兴研究视角，能够在原有基础之上进行深化研究，夯实制度基础，也为冷静期制度的

① 参见［英］哈耶克：《知识在社会中的利用》，载罗卫东编选：《经济学基础文献选读》，浙江大学出版社2007年版，第119页。

改进与完善提供了行之有效的新思路。具体来说，对本书主要观点的梳理和总结如下：

在视角的选取上，以信息经济学为视角能够突破原有研究框架的限制，提供新的研究范式来研究和解释冷静期制度。对信息与决策关系的先期论证，一方面阐明了信息的价值，另一方面说明了信息不对称的客观存在，且这种不对称会对决策产生不同程度的影响。在市场交易中，消费者赖以作出决策的重要依据就是信息。以信息经济学的分析工具为借鉴，对经营者与消费者之间的信息不对称问题予以再分析，不仅为冷静期制度奠定了更加坚实的基础，证明其构建的正当性与合理性，更对促进冷静期制度的具体功能发挥提供了制度优化路径。

冷静期制度在各国立法中都已经得到普遍的确立，在我国新《消法》中亦有相关规定。但较之其他国家或地区，我国的冷静期制度立法与实践经验尚浅，因而存在一定的制度缺陷。要实现制度的进一步改进和完善，类型化成为推进进程的关键齿轮。在对冷静期制度进行类型化之前，必须首先明确它的适用边界。冷静期制度是具有局限性的，它并不能广泛适用于所有的消费领域，它通过赋予消费者新型权利，给予他们二次选择的机会，的确为消费者提供了有效的保障，但也在客观上产生了一些消极影响。从成本效益分析来考量法律的设置成本，要实现帕累托最优，将制度限定在一定的范围内是必然选择。范围确定的依据，则是信息不对称的类型。在实践中，信息不对称也是多样化的，但仅针对具有特殊性的信息不对称，才能够适用冷静期制度，即基于特殊交易方式的信息不对称和基于特殊标的性质的信息不对称。沿此逻辑，能够进一步将冷静期制度类型化为要约规制型冷静期制度与标的规制型冷静期制度，两者的制度目的都是保护消费者，但在具体的表现与规则设置上却并不完全相同。通过两类冷静期制度的对比分析及制度的国内外立法评述，能够更加明确我国冷静期制度存在的缺失，在对要约规制型冷静期制度的研究中，首先，需要对其进行基本类型总结，即同样以信息不对称为基础，制度主要适用于上门推销和远程交易，这一总结是基于不同交易方式的特殊性以及对各国立法中要约规制型冷静期制度的比较分析得出。其次，对要约规制型冷静期制度的价值定位做整体论述，明确其作为信息不对称的事后策略，能够实现经营者与消费者之间的利益格局再调整，阐释冷静期制度为消费者提供的保障以及对经营者投机行为的抑制。在对标的规制型冷静期制度的研究中，则采用与要约规制型进行对比分析的方式，探讨由于二者间存在的差异所衍生出的制度设计异同。通过对标的规制型冷静期制度进行类型总结，将适用对象确定为金融商品与分时度假产品。并且，在两类冷静期制度中，都对制度的国内外立法进行评述，从立法模式到立法内容分别予以分析，为此后的制度改进与完善提供借鉴。

通过以上烦冗的分析，本书期望构建起这样一个框架，即以信息不对称的类型化为基础，将冷静期制度分化为要约规制型与标的规制型两类，再分别就两类制度予以改进和完善。这样的制度安排既能够增加适用的便利性，也能够增加制度的针对性，充分发挥其克服信息不对称的实效。整体来说，本书希望在制度的构建上实现以下突破：一是通过对制度的信息经济学解释夯实理论基础研究。二是通过对信息不对称的类型化研究，实现对冷静期制度的类型化。三是针对两类冷静期制度分别提出制度完善的建议：一方面，应弥补要约规制型冷静期制度的不足，改进远程交易中的具体规则设置，增设上门推销为适用对象；另一方面，基于对制度缺失的反思，构建起标的规制型冷静期制度，以填补金融领域与分时度假领域的制度空白。此外，再辅以冷静期制度配套法律规则的完善，为消费者构建起一个体系化的保障框架，既能提升信息传递的有效性，增强消费者信息甄别的能力，也能为各主体提供激励。在制度的综合作用下，保障消费者决策的有效性，维护市场的稳定性。当然，由于消费者群体本身所具有的异质性，消费者保护立法也具有相当的复杂性，因而，在此后的研究中，冷静期制度仍有继续优化的空间。在制度的未来改进中，期望能进一步实现立法由应然向实然的转化，实现理想与现实的接轨。

参考文献

一、中文著作类

（一）中文著作

[1] 刘大洪主编:《经济法学》，中国法制出版社2007年版。

[2] 刘大洪:《法经济学视野中的经济法研究》（第2版），中国法制出版社2008年版。

[3] 应飞虎:《信息、权利与交易安全——消费者保护研究》，北京大学出版社2008年版。

[4] 李昌麒、许明月编著:《消费者保护法》（第4版），法律出版社2014年版。

[5] 漆多俊:《经济法基础理论》（第4版），法律出版社2008年版。

[6] 中华人民共和国国家统计局编:《中国统计年鉴（2016）》，中国统计出版社2016年版。

[7] 陈瑞华:《论法学研究方法》，法律出版社2017年版。

[8] 鲁友章、李宗正主编:《经济学说史》（上册），人民出版社1979年版。

[9] 金福海:《消费者法论》，北京大学出版社2005年版。

[10] 朱庆育:《民法总论》，北京大学出版社2013年版。

[11] 王泽鉴:《民法总则》，北京大学出版社2009年版。

[12] 吕忠梅、陈虹:《经济法原论》，法律出版社2008年版。

[13] 潘浩然:《可计算一般均衡建模初级教程》，中国人口出版社2016

年版。

[14] 张维迎：《博弈论与信息经济学》，格致出版社、上海三联书店、上海人民出版社 2012 年版。

[15] 陈钊：《信息与激励经济学》，格致出版社、上海三联书店、上海人民出版社 2018 年版。

[16] 陈瑞华编著：《信息经济学》，南开大学出版社 2003 年版。

[17] 杜景林、卢谌：《德国民法典评注：总则·债法·物权》，法律出版社 2011 年版。

[18] 杜景林、卢谌编著：《德国债法改革：〈德国民法典〉最新进展》，法律出版社 2003 年版。

[19] 罗卫东编选：《经济学基础文献选读》，浙江大学出版社 2007 年版。

[20] 马费成编著：《信息经济学》，武汉大学出版社 2012 年版。

[21] 陈建斌、郭彦丽主编：《信息经济学》，清华大学出版社 2010 年版。

[22] 盛洪：《治大国若烹小鲜——关于政府的制度经济学》，上海三联书店 2003 年版。

[23] 曹兴权：《保险缔约信息义务制度研究》，中国检察出版社 2004 年版。

[24] 何颖：《金融消费者权益保护制度论》，北京大学出版社 2011 年版。

[25] 刘媛：《金融消费者法律保护机制的比较研究》，法律出版社 2013 年版。

[26] 马国泉：《金融消费者保护研究》，法律出版社 2013 年版。

[27] 李凌燕：《信用经济法律精论》，北京大学出版社 2007 年版。

[28] 王晓晔：《反垄断法》，法律出版社 2011 年版。

[29] 苏力：《法治及其本土资源》，中国政法大学出版社 2004 年版。

[30] 张文显主编：《法理学》，高等教育出版社、北京大学出版社 2011 年版。

[31] 颜苏：《金融消费者保护比较研究》，中国政法大学出版社 2013 年版。

[32] 王宏：《消费者知情权研究》，山东人民出版社 2015 年版。

［33］崔吉子：《东亚消费者合同法比较研究》，北京大学出版社 2013 年版。

［34］戴丽娜：《中国消费者研究：理论演进与方法变迁》，上海人民出版社 2012 年版。

［35］付子堂等：《发展中法治论：当代中国转型期的法律与社会研究》，北京大学出版社 2013 年版。

［36］熊秉元：《法的经济解释》，东方出版社 2017 年版。

［37］韩祥波：《金融产品销售的适当性法律问题研究：以金融产品的纠纷解决为中心》，法律出版社 2013 年版。

［38］靳文辉：《经济法行为理论研究》，中国政法大学出版社 2013 年版。

［39］张维迎：《信息、信任与法律》，三联书店 2003 年版。

［40］张严方：《消费者保护法研究》，法律出版社 2003 年版。

［41］尹世杰主编：《消费经济学》，高等教育出版社 2003 年版。

［42］许明月主编：《中国市场经济法治发展报告》，法律出版社 2013 年版。

［43］郑红娥：《社会转型与消费革命——中国城市消费观念的变迁》，北京大学出版社 2006 年版。

［44］邹浩：《美国消费信用体系初探》，中国政法大学出版社 2006 年版。

（二）译著

［1］［法］让·鲍德里亚：《消费社会》，刘成富等译，南京大学出版社 2014 年版。

［2］［英］亚当·斯密：《国富论》（上），郭大力、王亚南译，译林出版社 2011 年版。

［3］［古罗马］优士丁尼：《买卖契约》，刘家安译，中国政法大学出版社 2001 年版。

［4］［美］道格拉斯·G. 拜尔、［美］罗伯特·H. 格特纳、［美］兰德尔·C. 皮克：《法律的博弈分析》，严旭阳译，法律出版社 1999 年版。

［5］［美］肯尼思·J. 阿罗：《信息经济学》，何宝玉等译，北京经济学院出版社 1989 年版。

[6] [美] 保罗·萨缪尔森等：《经济学》，萧琛主译，人民邮电出版社 2008 年版。

[7] [美] 唐纳德·E. 坎贝尔：《激励理论：动机与信息经济学》，王新荣译，中国人民大学出版社 2013 年版。

[8] [英] 休谟：《人性论》，关文运译，商务印书馆 1980 年版。

[9]《德国民法典》，杜景林、卢谌译，中国政法大学出版社 2015 年版。

[10]《法国消费法典》，孙平编译，中国政法大学出版社 2012 年版。

[11] [美] E. 博登海默：《法理学：法律哲学与法律方法》，邓正来译，中国政法大学出版社 2004 年版。

[12] [美] 理查德·A. 波斯纳：《法律的经济分析》，蒋兆康译，中国大百科全书出版社 1997 年版。

[13] [英] 雷蒙德·瓦克斯：《法哲学：价值与事实》，谭宇生译，译林出版社 2013 年版。

[14] [韩] 权五乘：《韩国经济法》，崔吉子译，北京大学出版社 2009 年版。

[15] [法] 热拉尔·卡：《消费者权益保护》，姜依群译，商务印书馆 1997 年版。

[16] [德] 莱因哈德·齐默曼：《德国新债法——历史与比较的视角》，韩光明译，法律出版社 2012 年版。

二、中文论文类

（一）期刊

[1] 刘大洪、段宏磊：《谦抑性视野中经济法理论体系的重构》，载《法商研究》2014 年第 6 期。

[2] 刘大洪：《论经济法上的市场优先原则：内涵与适用》，载《法商研究》2017 年第 2 期。

[3] 刘大洪、段宏磊：《消费者自主选择权与餐饮行业格式条款的规制逻辑》，载《财经理论与实践》2014 年第 5 期。

［4］刘大洪、廖建求、刘建新：《消费信息不对称的法律规制》，载《法学论坛》2003 年第 4 期。

［5］蔡继明：《论分工与交换的起源和交换比例的确定——广义价值论纲》（上），载《南开学报（哲学社会科学版）》1999 年第 1 期。

［6］张锦鹏：《制度变迁与宋朝小农供给行为研究》，载《中国社会经济史研究》2003 年第 1 期。

［7］谢次昌：《日本关于访问销售等法律》，载《国外法学》（现《中外法学》）1986 年第 4 期。

［8］杨立新：《非传统销售方式购买商品的消费者反悔权及其适用》，载《法学》2014 年第 2 期。

［9］迟颖：《论德国法上以保护消费者为目的之撤回权》，载《政治与法律》2008 年第 6 期。

［10］孙良国：《消费者撤回权中的利益衡量与规则设计》，载《浙江社会科学》2012 年第 7 期。

［11］孙良国：《消费者何以有撤回权》，载《当代法学》2011 年第 6 期。

［12］王金根：《欧洲民法典草案消费者撤回权制度研究》，载《北方法学》2012 年第 5 期。

［13］刘青文：《德国的消费者撤回权制度》，载《世界经济与政治论坛》2009 年第 4 期。

［14］王洪亮：《消费者撤回权的正当性基础》，载《法学》2010 年第 12 期。

［15］张学哲：《消费者撤回权制度与合同自由原则——以中国民法法典化为背景》，载《比较法研究》2009 年第 6 期。

［16］张学哲：《论消费者撤回权的构成与行使要件》，载《华东政法大学学报》2011 年第 1 期。

［17］马辉：《格式条款信息规制论》，载《法学家》2014 年第 4 期。

［18］张良：《论我国消费者撤回权制度的立法完善》，载《湖北社会科

学》2016 年第 6 期。

［19］米新丽：《确立消费者后悔权制度的思考——以〈消费者权益保护法〉的修改为视角》，载《消费经济》2012 年第 5 期。

［20］徐伟：《重估网络购物中的消费者撤回权》，载《法学》2016 年第 3 期。

［21］白江：《对消费者撤回权立法模式的反思》，载《法学》2014 年第 4 期。

［22］李永军：《论债法中本土化概念对统一的债法救济体系之影响》，载《中国法学》2014 年第 1 期。

［23］汪传才：《分时度假的消费者保护初探》，载《法律科学（西北政法大学学报）》2006 年第 4 期。

［24］汪传才：《欧盟〈分时度假指令〉研究》，载《河北法学》2006 年第 2 期。

［25］曾祥生：《论合同解除权与撤销权之竞合》，载《求索》2010 年第 1 期。

［26］彭庆伟：《浅论合同法定解除权的行使》，载《法学评论》2000 年第 6 期。

［27］董新凯、夏瑜：《冷却期制度与消费者权益保护》，载《河北法学》2005 年第 5 期。

［28］钟瑞华：《中国"三包"制度总检讨》，载《清华法学》2005 年第 2 期。

［29］王勇：《香农信息定义分析与改进》，载《情报杂志》2008 年第 8 期。

［30］张海涛、靖继鹏：《信息价值链：内涵、模型、增值机制与策略》，载《情报理论与实践》2009 年第 3 期。

［31］应飞虎：《从信息视角看经济法基本功能》，载《现代法学》2001 年第 6 期。

［32］应飞虎：《我国食品消费者教育制度的构建》，载《现代法学》2016

年第 4 期。

［33］应飞虎、涂永前：《公共规制中的信息工具》，载《中国社会科学》2010 年第 4 期。

［34］应飞虎：《信息如何影响法律——对法律基于信息视角的阐释》，载《法学》2002 年第 6 期。

［35］戚建刚：《我国食品安全风险监管工具之新探——以信息监管工具为分析视角》，载《法商研究》2012 年第 5 期。

［36］王志涛、苏春：《消费者风险感知、风险偏好与企业食品安全的风险控制》，载《上海经济研究》2014 年第 9 期。

［37］钟开斌：《危机决策：一个基于信息流的分析框架》，载《江苏社会科学》2008 年第 4 期。

［38］朱靖：《信息经济学研究综述》，载《情报科学》2015 年第 5 期。

［39］阳建伟、蒋馥：《投资组合理论与预期效用理论的发展》，载《经济理论与经济管理》2003 年第 5 期。

［40］崔礼兵：《预期效用理论与风险投资》，载《上海经济研究》1997 年第 5 期。

［41］丁利：《制度激励、博弈均衡与社会正义》，载《中国社会科学》2016 年第 4 期。

［42］卢春荣：《消费者撤回权与契约自由原则的冲突——行为经济学的视角》，载《西部法学评论》2012 年第 2 期。

［43］段媚媚：《消费者撤回权法律制度产生的理论基础研究》，载《河北法学》2017 年第 4 期。

［44］杨慧、周晶、宋华明：《考虑消费者短视和策略行为的动态定价研究》，载《管理工程学报》2010 年第 4 期。

［45］李平、曾勇：《基于非理性行为的羊群效应分析：一个简单模型》，载《中国管理科学》2004 年第 3 期。

［46］周旺生：《法的功能和法的作用辨异》，载《政法论坛》2006 年第

5 期。

［47］李龙：《论宏观调控与法的功能》，载《中国法学》1994 年第 2 期。

［48］汤海滨：《有限重复占优策略博弈在团队培训中的应用研究——基于大学生团队的分析》，载《中国商论》2016 年第 14 期。

［49］雷秋玉、苏倪：《论网络购物合同的成立及标价错误》，载《昆明理工大学学报（社会科学版）》2014 年第 1 期。

［50］谢晖：《法律的模糊/局限性与制度修辞》，载《法律科学（西北政法大学学报）》2017 年第 2 期。

［51］乔庆梅：《社会养老保险中的道德风险——兼与商业寿险道德风险比较》，载《中国软科学》2004 年第 12 期。

［52］靳文辉：《消费者撤回权制度的反思与重构——基于法律经济学的分析》，载《法商研究》2017 年第 3 期。

［53］凌学东：《法国消费者合同撤回权立法及启示》，载《比较法研究》2015 年第 4 期。

［54］汪渊智：《我国消费者无理由退货权的解释论》，载《山西大学学报（哲学社会科学版）》2017 年第 3 期。

［55］俞仪方：《沪上流行上门推销风》，载《上海经济研究》1993 年第 6 期。

［56］周显志、陈小龙：《英美日消费信用合同“冷却期”制度及其借鉴》，载《经济前沿》2002 年第 8 期。

［57］李晓钰：《消费者无条件解约权适用之交易形态——房屋买卖是否应纳入〈消费者权益保护法〉第 25 条》，载《河北学刊》2014 年第 4 期。

［58］林莎、邓春玲：《“经济人”利己与利他行为的理论分析》，载《社会科学战线》2005 年第 6 期。

［59］许明月：《普遍性侵权、机会主义与侵权现象的法律控制——对传统侵权法的反思》，载《法商研究》2005 年第 4 期。

［60］徐贵宏、贾志永、王晓燕：《“经济人”利他行为的经济分析》，载

《经济学家》2008 年第 1 期。

［61］陈耀东、任容庆：《所有权型分时度假对传统所有权理论的冲击与发展》，载《法学杂志》2005 年第 1 期。

［62］陈书全、王开元：《共享单车地方立法研究——以立法模式选择为视角》，载《中国海洋大学学报（社会科学版）》2018 年第 3 期。

［63］颜苏：《银行理财产品信息披露标准化原则的立法研究》，载《法学杂志》2015 年第 3 期。

［64］鲁篱、熊伟：《后危机时代下国际金融监管法律规制比较研究——兼及对我国之启示》，载《现代法学》2010 年第 4 期。

［65］孙笑侠、郭春镇：《法律父爱主义在中国的适用》，载《中国社会科学》2006 年第 1 期。

［66］郑强：《合同法诚实信用原则价值研究——经济与道德的视角》，载《中国法学》1999 年第 4 期。

［67］张新宝：《从隐私到个人信息：利益再衡量的理论与制度安排》，载《中国法学》2015 年第 3 期。

［68］许丹琳：《消费者保护中信息不对称的规制路径研究》，载《法制与经济》2017 年第 12 期。

［69］黄文艺：《作为一种法律干预模式的家长主义》，载《法学研究》2010 年第 5 期。

［70］葛江虬：《论消费者无理由退货权——以适用〈合同法〉条文之解释论为中心》，载《清华法学》2015 年第 6 期。

［71］于程远：《消费者撤回权的合理限制——价值补偿与用益返还的双重进路》，载《法学》2016 年第 9 期。

［72］杨东：《论金融法的重构》，载《清华法学》2013 年第 4 期。

［73］杨东：《论金融服务统合法体系的构建——从投资者保护到金融消费者保护》，载《中国人民大学学报》2013 年第 3 期。

［74］杨东：《互联网金融的法律规制——基于信息工具的视角》，载《中

国社会科学》2015 年第 4 期。

［75］杨东：《互联网金融风险规制路径》，载《中国法学》2015 年第 3 期。

［76］杨东：《日本金融 ADR 制度的创新及其对我国的借鉴》，载《法律科学（西北政法大学学报）》2013 年第 3 期。

［77］姚佳：《“金融消费者”概念检讨——基于理论与实践的双重坐标》，载《法学》2017 年第 10 期。

［78］马忠法：《论金融理财活动中实施“冷静期规则”的可行性》，载《上海财经大学学报》2010 年第 2 期。

［79］黄韬：《我国金融市场从“机构监管”到“功能监管”的法律路径——以金融理财产品监管规则的改进为中心》，载《法学》2011 年第 7 期。

［80］任容庆、陈耀东：《我国分时度假权属定位分析》，载《学术交流》2017 年第 8 期。

［81］马费成、夏义堃：《我国政府信息服务的现状与创新》，载《图书情报工作》2003 年第 12 期。

［82］王辰瑶、金亮：《网络新闻“标题党”的现状与叙述策略——对 8 家网站新闻排行榜的定量分析》，载《新闻记者》2013 年第 2 期。

［83］姚海放：《论信息规制在广告法治中的运用》，载《政治与法律》2010 年第 5 期。

［84］彭学龙：《信息经济学视角下的商标制度》，载《知识产权》2012 年第 8 期。

［85］金晓博、林婧：《探究网购模式下“冷静期制度”实施问题》，载《哈尔滨学院学报》2016 年第 11 期。

［86］王丹霞：《网购消费者的后悔权研究——评新〈消费者权益保护法〉第二十五条》，载《消费经济》2014 年第 1 期。

［87］倪斐：《我国网络交易中消费者权益立法保护的不足与完善》，载《河北法学》2011 年第 4 期。

［88］俞梦睿：《消费者冷静期制度的法律属性与立法定位》，载《江淮论坛》2017 年第 1 期。

［89］邢会强：《信息不对称的法律规制——民商法与经济法的视角》，载《法制与社会发展》2013 年第 2 期。

［90］金励：《对直销交易消费者反悔权的探索》，载《中国青年政治学院学报》2011 年第 2 期。

［91］侯学勇：《解释能够保证法律规范的准确适用吗——传统法律解释观念反思》，载《政治与法律》2011 年第 7 期。

［92］胡大雁：《金融交易冷静期规则：制度比较与借鉴》，载《南方金融》2014 年第 4 期。

［93］杨疏影：《金融消费者知情权保护的理论机理及其实证进路》，载《理论与改革》2014 年第 1 期。

［94］薛源：《欧盟对分时度假及相关产品的法律规制》，载《河北法学》2008 年第 9 期。

［95］杜志华、陆寰：《欧盟消费者保护的新工具——软法》，载《法学评论》2010 年第 4 期。

［96］吴元元：《食品安全信用档案制度之建构——从信息经济学的角度切入》，载《法商研究》2013 年第 4 期。

［97］张镝：《试论消费者后悔权制度建立的法理依据》，载《商业时代》2012 年第 14 期。

［98］胡大雁：《我国保险领域冷静期制度发展现状、检视与展望》，载《西南金融》2014 年第 11 期。

［99］周子凡：《消费者后悔权的冷思考》，载《行政与法》2010 年第 1 期。

［100］鞠晔：《论冷静期制度在消费者权益保护领域的构建》，载《北京交通大学学报（社会科学版）》2012 年第 1 期。

（二）学位论文

［1］张靖：《我国消费者保护中的冷却期制度研究》，湖南大学 2011 年博士学位论文。

［2］卢春荣：《消费者撤回权制度比较研究》，复旦大学 2012 年博士学位论文。

［3］黄琪：《信息不对称与市场效率的关系研究》，山东大学 2014 年博士学位论文。

［4］张光华：《美国次贷危机研究——基于信息经济学的思考》，吉林大学 2011 年博士学位论文。

［5］王婉飞：《我国分时度假规制研究》，浙江大学 2004 年博士学位论文。

三、外文文献

［1］Nott，Bryan，*Mind the Bentley*（Cancellation of Contracts Made in a Consumer's Home or Place of Work etc. Regulations 2008）（United Kingdom），Solicitors Journal，Vol. 155，No. 35（2011）.

［2］Claire Souren，*the Efficiency of a Cooling off Period*，Erasmus Progamme，European Master in Law and Economics，Year 2005 – 2006.

［3］Russell B. Korobkin & Thomas S. Ulen，*Law and Behavioral Science*：*Removing the Rationality Assumption from Law and Economics*，California Law Review，Vol. 88（2000）.

［4］Ross Richard R.，*the Illinois Cooling – off Provision*：*Three Days to Do What*，Southern Illinois University Law Journal，Vol. 2（1997）.

［5］Judgment of the European Court of Justice of 22/4/1999，case C – 423/97 Travel Vac SL v. Anselm Sanchis，ECRp，I – 2195（1999）.

［6］Christian Twigg – Flesner，*Innovation and EU Consumer Law*，Journal of Consumer Policy，Vol. 28（2005）.

[7] John Dickie, *Consumer Confidence and the EC Directive on Distance Contracts* , Journal of Consumer Policy, Vol. 21 (1998) .

[8] Grossman S. and O. Hart, *An Analysis of the Principal – Agent Problem*, Econometrica (1983) .

[9] Mirrlees J. , *Notes on Welfare Economics*, *Information and Uncertainty*, *in Essays on Economic Behavior under Uncertainty*, edited by Michael Balch, Daniel McFadden and Shif – yen Wu. Amsterdam: North – Holland (1974) .

[10] Mirrlees J. , *The Optimal Structure of Authority and Incentives within an Organization*, Bell Journal of Economics (1976) .

[11] Schmalensee R. , *A Model of Advertising and Product Quality*, Journal of Political Economy (1978) .

[12] Akerlof G. , *The Market for Lemons*: *Qualitative Uncertainty and the Market Mechanism*, Quarterly Journal of Economics (1970) .

[13] Ewoud Hondius, *The Innovative Nature of Consumer Law*, Journal of Consumer Policy (16 February 2012) .

[14] Horst Eidenmiiller, *Why Withdrawal Rights*? European Review of Contract Law (2011) .

[15] Beik R. , Sherry J. , *Consumer Culture Theory*, Oxford: JAI Press, 2007.

[16] Rott P. , *Consumers and services of general interest*: *Is EC consumer law the future*? Journal of Consumer Policy (2007) .

[17] Wilhelmsson T. , *Consumer Law and the Environment*: *From Consumer to Citizen*, Journal of Consumer Policy (1998) .

四、电子资料

[1]《中消协：网购企业落实消费者“后悔权”调查报告》，载中国消费者协会官网，http：//www. cca. org. cn/jmxf/detail/24207. html。

[2]《英国消费信用法（2006）》，legislation. gov. uk，http：//www. legislation. gov. uk/ukpga/2006/14/contents。

[3]《英国消费者信用（欧盟指令）条例（2010）》，legislation. gov. uk，http：//www. legislation. gov. uk/uksi/2010/1010/contents/made。

[4] *Mail，Internet，or Telephone Order Merchandise Rule*（2011 –9），https：//www. ftc. gov/enforcement/rules/rulemaking – regulatory – reform – proceedings/mail – internet – or – telephone – order.

[5] *The Cancellation of Contracts made in a Consumer's Home or Place of Work etc. Regulations 2008*，legislation. gov. uk. http：//www. legislation. gov. uk/uksi/2008/1816/contents/made.

[6] *The Consumer Protection（Distance Selling）Regulations 2000*，legislation. gov. uk，http：//www. legislation. gov. uk/uksi/2000/2334/contents/made.

[7] *Directive* 2011/83/*EU of the European Parliament and of the Council*，（*2011*），https：//eur – lex. europa. eu/eli/dir/2011/83/oj.

[8] *Council Directive of 20 December 1985*（*85/577/EEC*），（1986），https：//eur – lex. europa. eu/legal – content/EN/TXT/？qid = 1529421843427&uri = CELEX：31985L0577.

[9]《2017 消费者权益日调查报告》，载荔枝网，http：//news. jstv. com/a/20170315/1489560306790. shtml。

[10]《41 次〈中国互联网络发展状况统计报告〉》（全文），载中共中央网络安全和信息化委员会办公室、中华人民共和国国家互联网信息办公室官网，http：//www. cac. gov. cn/2018 –01/31/c_ 1122347026. htm。

[11]《世界报：德国消费者过度负债风险上升》，载环球网，http：//china. huanqiu. com/News/mofcom/2013 –08/4301743. html。

[12]《去银行被“忽悠”买了理财产品，一年不到亏损 22 万元》，载腾讯财经，http：//money. qq. com/a/20180403/013479. htm。

[13] 中国旅游研究院：《中国国内旅游发展年度报告 2016—2017》，载

http://www. ctaweb. org. cn/cat/zdcg/202103/2ff33e8325264f0d88469f85f12a0dea. shtml。

［14］中国旅游研究院：《中国家庭旅游市场需求报告 2018》，载中国日报网 2018 年 5 月 18 日，https：//baijiahao. baidu. com/s？ id = 1600802875084492233&wfr = spider&for = pc。

［15］《分时度假　又一个吸金黑洞》，载南方周末网 2016 年 3 月 17 日，http：//www. infzm. com/ content/115936。